Erika Beck-Herla

GRENZLAND-AFFÄREN

Erika Beck-Herla lebt in der idyllischen Domstadt Regensburg und führt dort eine Praxis für Psychologische- und Aura-Soma-Beratung. Neben ihrer beruflichen Tätigkeit durchlief sie eine sechsjährige Ausbildung in Atemtherapie, Yoga und Bauchtanz. Nach einem Kurzstudium in Anatomie und Physiologie an den DPS Regensburg, wo sie noch zeitweise als Dozentin tätig ist, absolvierte sie in München die Ausbildung zur Diplom-Aura-Soma-Beraterin (eine englische Farbtherapie). Inspiriert durch die Energie der Farben erwarb sie schließlich den Reiki-Meister und Lehrer-Grad und vermittelt dieses Wissen durch Einzelseminare für alle Reiki-Grade in ihrer Praxis.

Erika Beck-Herla

GRENZLAND-AFFÄREN

Roman

 Bekum Verlag, Regensburg

Die Deutsche Bibliothek – CIP Einheitsaufnahme

Beck-Herla, Erika:
Grenzland-Affären

Copyright 2001 by Bekum Verlag, Regensburg
Alle Rechte vorbehalten
Druck: Studio Druck, Regensburg
Satz und Graphik: Mensch & Computer Profi-Telekommuniktions AG, Straubing
Printed in Germany
ISBN 3-936006-00-8

WIDMUNG

Diesen Roman widme ich in Dankbarkeit und Liebe

Margarete, meiner energischen kreativen Freundin, die mit Begeisterung und Überzeugungskraft wesentlich dazu beigetragen hat, dass dieser und weitere Romane aus meiner Feder veröffentlicht werden konnten.

Angela, die mich abgeschirmt und Störungen von außen fernhielt, so dass ich mich in die Welt meiner Romane zurückziehen und meine Intuition und Phantasie aktivieren konnte.

Erika, dem ruhenden Pol meines Umfeldes, in deren Gegenwart ich abschalten konnte von den Eindrücken des Schreibens und meiner Praxistätigkeit und wieder „Ich selbst" wurde.

Nicht zu vergessen, Axel Köppen, ein technisches Naturtalent, der sich zum Teil bis Mitternacht bemühte und manch technisches Wunder an meinem PC vollbrachte, wodurch ich unbeschreibliche Arbeitserleichterungen erfuhr.

Juni 2001
Erika Beck-Herla

Fast gespenstisch, geisterhaft anmutend, schläft das kleine Dorf Schollach im fahlen Licht des wolkenverhangenen Vollmondes, einem neuen Tag entgegen. Die friedliche nächtliche Stille wird nur durch das zeitweilige Bellen irgendeines Hofhundes gestört. Ein fast heiliger Frieden scheint über den wenigen Bauernhöfen, Häusern und Ställen zu liegen. Doch der Schein trügt, die Gefühle, Gedanken und Handlungen der Menschen dieses Dorfes sind außer Kontrolle geraten. Es schwelt und brodelt im Verborgenen. Jeder trägt Gelassenheit und Gleichgültigkeit nach außen, obwohl alle wissen, was hier vorgeht, seitdem einige Flüchtlingsfamilien im Dorf Unterkunft gefunden haben und hierfür den Bauern ihre Dienste durch Verrichten landwirtschaftlicher Arbeiten auf Hof, Acker und in den Ställen zur Verfügung stellen. Das Dörfchen scheint aus einem Dornröschenschlaf gerissen zu sein, seitdem es durch die nur einen Kilometer entfernte tschechische Grenze zum Grenzland geworden ist

Der zweite Weltkrieg ist zu Ende, Deutschland hat den Krieg verloren und das Sudetenland wurde von den Tschechen annektiert, was einen Flüchtlingsstrom nach Bayern, das amerikanische Besatzungszone wurde, ausgelöst hat. Die wenigen Flüchtlingsfamilien aus dem Sudetenland, die in dem kleinen Dorf, das nur aus drei Großbauernhöfen, einem Schulhaus und einigen kleinen Häusern bestand, waren ohne Hab und Gut bei Nacht und Nebel mit Hilfe einer Pascherbande über die Grenze gebracht und in dieses grenznahe bayerische Dörfchen geschleust worden.

Die heimatlosen Menschen wurden von den einheimischen Bauern mit großem Misstrauen vorübergehend aufgenommen. In der großen alten Mühle fanden zwei Flüchtlingsfamilien Unterschlupf und jeder der drei Großbauernhöfe des Dorfes nahm ebenfalls eine geflüchtete Familie auf, so dass sich über Nacht circa 25 fremde Menschen in die Dorfgemeinschaft gedrängt hatten. Nachdem diese Menschen über keinerlei Mittel verfügten, die Reichsmark hatte keinen Wert mehr, um für Essen und Unterkunft zu bezahlen, nahmen die Bauern als Gegenleistung die Arbeitskraft der Flüchtlingsmänner für landwirtschaftliche Arbeiten in Anspruch. Da es sich durchwegs um Familien mit Kindern handelte, ließ man die Flüchtlingsfrauen bei den zum Teil noch kleinen Kindern oder beschäftigte sie je nach Geschicklichkeit, stundenweise im Haus und Hof mit Arbeiten wie Putzen, Nähen, Bügeln und Kochen. Man bekam den Eindruck, als hätte sich für die wenigen Bauern, die hier seit Generationen in einer geschlossenen Gemeinschaft lebten und ihre Höfe bewirtschafteten, eine neue und sehr interessante Welt aufgetan, der man argwöhnisch, lauernd und zum Großteil vorerst verschlossen gegenüberstand.

Den Flüchtlingen wurde es nicht leicht gemacht, sich hier wohl zu fühlen. Man zeigte ihnen durchwegs deutlich, dass sie zu einer anderen Kategorie Mensch gehörten und ging sicherheitshalber auf Distanz.

So jedenfalls empfanden es auch die bettelarmen und vor dem Nichts stehenden Menschen, die ihre Heimat und ihr Zuhause für ein ungewisses Leben in Freiheit aufgeben mussten, weil sie keine andere Wahl hatten.

In der großen alten Mühle, mit dem geräumigen Innenhof, die unmittelbar neben einem mittelgroßen Fluss, dem Mühlbach stand, fanden zwei dieser Flüchtlingsfamilien mit ihren Kindern eine vorübergehende Bleibe. Die Besitzer der Mühle, Alfons und Sofie Wankerl, beide Mitte Fünfzig, hatten selbst drei erwachsene Kinder. Da war der älteste Sohn Hubert, ein fescher, gar nicht bäuerlich aussehender großer Mann, mit einem athletischen Körper, markanten, jedoch ernstem Gesicht, schwarzen Haaren und dunkelbraunen Augen, 35 Jahre alt, alleiniger Erbe und verantwortlich für alle Abläufe in der Mühle. Der zweitälteste Sohn Karl war erst 22 Jahre alt, groß und hager, mit schlechter Körperhaltung, hatte dunkelblonde meist ungepflegte, halblange Haare und machte in seiner Gesamterscheinung einen schlampigen Eindruck. Er wurde von seinem Bruder Hubert mehr oder weniger als Handlanger benutzt. Von den Eltern war geplant, dass Karl eines Tages in einen anderen Bauernhof einheiraten und seinen Erbanteil in Form von Grundstücken, bestehend aus vielen Hektar Wald und Wiese erhalten sollte.

Rosa, die 31-jährige einzige Tochter des Müller-Ehepaares wurde von den beiden Brüdern Hubert und Karl wie eine Magd behandelt Sie betreute Küche, Haus und Garten und versorgte den gesamten Viehbestand, der aus Hühnern, Schweinen und Kühen bestand. Rosa war ein großes zaundürres, ausgemergeltes ältliches Mädchen mit dünnen, mittelblonden Haaren, die durch einen strengen Knoten im Nacken zusammengehalten wurden. Ihre knochigen großen Hände und ebensolche Füße mit

11

dünnen Beinen, vermittelten den Eindruck einer geizigen alten Jungfer.

Der alte Müller selbst war durch einen Unfall seit Jahren gelähmt und auf den Rollstuhl angewiesen. Er mischte sich nicht mehr in die Arbeit seiner Kinder und ließ teilnahmslos Tag für Tag an sich vorüberziehen. Nur bei den gemeinsamen Mahlzeiten in der großräumigen, spartanisch eingerichteten Küche, erfuhr er aus der Unterhaltung seiner Kinder, was sich tagsüber in der Mühle, auf Hof und Feld und in der näheren Umgebung zugetragen hatte.

Sofie war die zweite Frau des Müllers und Mutter seiner beiden jüngeren Kinder.

Des Müller's erste Frau Barbara wurde einige Monate nach der Geburt des ersten Sohnes Hubert, eines Morgens verblutet auf der breiten Holztreppe gefunden, die zu den Schlafräumen ins Obergeschoss der Mühle führte.

Weder der Müller noch seine ebenfalls in der Mühle wohnende Schwiegermutter hatten diesen tragischen Zwischenfall bemerkt. Nachdem die junge Müllerin Barbara nach der Geburt ihres ersten Sohnes häufig über starke Unterleibsschmerzen geklagt hatte, war man der Meinung, dass eine unheilbare Unterleibserkrankung zu ihrem Tod geführt hatte. Den mehrmaligen Aufforderungen des Müller's und ihrer Mutter, sich wegen der immer häufiger auftretenden Unterleibsbeschwerden in ärztliche Behandlung zu begeben, kam sie wahrscheinlich aus falscher Scham niemals nach. Sie verweigerte jeden Arztbesuch und wurde innerhalb kurzer Zeit immer schwächer und apathischer, bis man sie eines Morgens leblos in ihrem eigenen Blut liegend, auf der

Treppe fand.
Hubert war seinerzeit knapp ein Jahr alt und wurde nach dem Tod seiner Mutter von seiner Oma, Barbara's Mutter, versorgt und umhegt.
Der Müller begab sich schon bald wieder auf Brautschau und heiratete zwei Jahre später die kinderlose Witwe Sofie aus dem Nachbarsdorf.
Schon vor der Hochzeit vereinnahmte der Müller rigoros das nicht unbeträchtliche Vermögen der verzweifelten Witwe, die keine Chance sah, den großen Hof und die ebenso umfangreiche Landwirtschaft ohne ihren Mann alleine weiter zu führen.
Sofie wurde von ihrem Ehemann und auch von der Mutter seiner ersten Frau von Anfang an als reines Arbeitstier eingesetzt. Immer wieder musste sie den Anordnungen der herrischen Schwiegermutter Folge leisten und fand auch beim Müller in keiner Weise ein offenes Ohr für eine Aussprache über die ihr zustehenden Rechte. Für ihn war diese zweite Ehe ein reiner Akt der Vernunft. Es galt eine tüchtige Arbeitskraft zu ersetzen, die ihm durch den Tod seiner ersten Frau verloren gegangen war, außerdem hatte er sich vorgenommen, mindestens drei Kinder zu zeugen, um seine Mühle und sein Vermögen in die Hände leiblicher Kinder legen zu können und letztlich dachte er dabei auch an den kleinen Hubert, der nicht von seiner Großmutter erzogen werden sollte. So übernahm Sofie unter der strengen Kontrolle des Müllers Schwiegermutter die Erziehung des kleinen Hubert.
Nach zwei verhängnisvollen Fehlgeburten, durch welche sie sich die Achtung des Müller's endgültig verscherzt hatte, schenkte sie ihm dann zuerst Tochter Rosa und

einige Jahre später den jüngsten Sohn Karl. Sofie hatte sich im Laufe der Zeit damit abgefunden, immer die Schwiegermutter an ihrer Seite, widerspruchslos ihre drei Kinder großzuziehen und nebenbei alle für eine Bäuerin anfallenden Arbeiten, ohne die Hilfe einer Magd zu bewältigen. Ihr Arbeitstag begann morgens um 5.00 Uhr und endete abends um 21.00 Uhr, wenn sie todmüde ins Bett sank.

Als nach 15 Jahren Maria, die Schwiegermutter des Müllers überraschend an einer Herzattacke verstarb, weinte Sofie ihr keine Träne nach, ebenso wenig berührte sie der entsetzliche Unfall ihres Mannes, der ihn zum Krüppel machte. Diese beiden Schicksalsschläge ermöglichten ihr endlich etwas mehr persönliche Freiheit. Mit ihren drei Kindern verstand sie sich gut.

Die anfallenden Arbeiten wurden in vier Arbeitsbereiche aufgeteilt. Jeder hatte seine eigenen Aufgaben zu bewältigen und die wenige Zeit die ihr für ihren Mann blieb, schien trotzdem noch zuviel zu sein. Den Müller ließen sie nur mehr am Rande existieren. Er war nicht mehr in den Lebens- und Arbeitsablauf der Mühle integriert.

Für den heutigen Abend hatte man ein gemeinsames Beratungsgespräch geplant, um zu entscheiden, wo die beiden Flüchtlingsfamilien in der großen Mühle untergebracht werden sollten.

Eine Familie stammte aus Karlsbad. Es waren Emma und Paul Vogt, sie 30 Jahre, er 32 Jahre alt mit ihrer 6-jährigen Tochter Lisa und dem zweijährigen Sohn Lukas sowie der Mutter von Paul Vogt, Anna Vogt.

Die zweite Familie kam aus Eger. Hierbei handelte es sich um Thekla 32 und Anton Buricek 36 Jahre alt, mit ihren drei Kinder im Alter von sieben, neun und elf Jahren inklusive einer Oma, der Mutter von Thekla Buricek

Paul Vogt und seine Familie verfrachtete man in den ersten Stock der Mühle. Dort wurden zwei Zimmer, die durch eine Türe miteinander verbunden waren, entrümpelt und den Flüchtlingen zur Verfügung gestellt. Die Zimmer waren in einem desolaten Zustand, die Wände feucht, der Fußboden morsch und die hölzernen Fensterrahmen schienen jeden Augenblick auseinander zufallen.
In einem der Zimmer befand sich ein Waschbecken, dessen gelb-brauner Belag erkennen ließ, dass es jahrlang nicht mehr benützt und sehr selten saubergemacht worden war. Schlafmöglichkeiten wurden in Form von alten Kanapee's und Holzbetten in beiden Zimmern aufgestellt. Die Toilette befand sich im gleichen Stockwerk, unweit der beiden Zimmer, was von der Familie Vogt mit großer Freude begrüßt wurde.
Eine Kochmöglichkeit war nicht vorhanden und geplant, da die Müllerfamilie sich vorerst bereit erklärt hatte, dass beide Flüchtlingsfamilien die Hauptmahlzeiten in der großen Bauernküche gemeinsam mit ihnen einnehmen durften.
Direkt über den Zimmern der Vogts befand sich der Getreidespeicher mit vielen Silos. Dieser Speicher hatte zwei Zugänge, einen direkt von der Mühle aus und einen im Wohnhaus. Unmittelbar neben der Wohnungstüre der Familie Vogt führten einige Stufen nach oben zu einer etwas breiteren Holztüre, durch die man nach weiteren

zehn Treppen den Getreidespeicher betreten konnte.
Die Familie Vogt war fürs Erste glücklich und zufrieden, nach der anstrengenden und nervenaufreibenden Flucht, in dieser Mühle Asyl gefunden zu haben.
Paul Vogt wurde sofort von Hubert, dem ältesten Sohn, in die Arbeit des Säckeschleppens eingespannt, die er teils gefüllt mit ungemahlenem Getreide, teils vollgefüllt mit Mehl von und zu den wartenden Traktoren bzw. Anhängern der Lieferanten und Abholer auf dem Rücken schleppen musste. Paul nahm ohne Widerrede diese schwere Arbeit an, war er doch heilfroh, mit seiner Familie ein Dach über den Kopf gefunden zu haben und mit seinem Arbeitseinsatz einen Ausgleich für Essen und Unterkunft schaffen zu können.

Die zweite Flüchtlingsfamilie, namens Buricek mit den drei Kindern und der Großmutter, insgesamt sechs Personen, wurden in einem anderen Teil der Mühle einquartiert. Für diese Familie wurden ebenfalls zwei Zimmer entrümpelt, die als Abstellräume jahrelang weder Luft noch Licht gesehen hatten und in gleicher Weise möbliert wie die Unterkunft der Familie Vogt.
Der Familienvater Anton Buricek, ein blasser, hochgewachsener und schwächlich aussehender Mann wurde beauftragt, mit dem mühleneigenen Traktor und Anhänger das frisch gemahlene Mehl auszuliefern bzw. Getreide bei kleinen Bauern abzuholen, die selbst über kein Fahrzeug verfügten und zur Mühle zu bringen.
Seltsam war, dass sich die in der Mühle wohnenden beiden Flüchtlingsfamilien vom ersten Tag an aus dem Weg gingen, obwohl anzunehmen gewesen wäre, dass das

gemeinsam erlittene Schicksal sie in dieser fremden Umgebung eher zusammenschweißen würde.
Thekla Buricek nahm in einem der benachbarten Großbauernhöfe eine Stelle als Magd an.
Emma Vogt hingegen wurde durch gemeinsamen Beschluss der Müllerfamilie auserkoren, in der Mühle die Haus- sowie Küchenarbeiten zu übernehmen, wodurch die Vogt Oma zum Teil die Erziehung der beiden Kinder übernehmen musste.
So geschah es, dass die Vogt-Familie dank einer guten Fügung des Schicksals nicht auseinandergerissen wurde und alle arbeitsfähigen Familienmitglieder in der Mühle beschäftigt und gebraucht wurden.

Die schulpflichtigen Kinder der beiden Familien wurden im folgenden Monat in der Dorfschule eingeschrieben, die aus einer gemischten Klasse bestand, in drei Altersstufen aufgeteilt war und von einem etwas vertrottelt aussehenden, sehr gut genährten Dorfschullehrer, namens Johann Polster geführt wurde.
Lehrer Polster kam aus einer nahen Kreisstadt und bewohnte in dem kargen, unpersönlichen Schulhaus während der Woche eine kleine Wohnung. Freitag Abend fuhr er mit seinem Zündapp-Motorrad nach Hause und Montag früh erschien er wieder pünktlich zum Unterricht. Lehrer Polster haftete stets ein unangenehmer Geruch an, der als eine Mischung aus ungelüfteten Kleidungsstücken und altem Schweiß zu definieren war. Dies wurde allseits akzeptiert, so roch eben Lehrer Polster.

Die ersten Wochen in dem grenznahen Dörfchen wurden für die wenigen Flüchtlingsfamilien eine Zeit des Zähne zusammenbeißens. Belastet von Trauer und mit Unglück im Herzen versuchten sie, ihre Arbeit ordentlich und zur Zufriedenheit der Einheimischen, die sie aufgenommen hatten, zu verrichten, um nicht in Ungnade zufallen oder als undankbar zu gelten.

Argwöhnisch und zurückhaltend beobachteten auch die Mühlenbesitzer anfangs die beiden bei ihnen lebenden Flüchtlingsfamilien. Ebenso vorsichtig und distanziert verhielten sich diese innerlich gebrochenen Menschen.

Nachdem Emma Vogt täglich das Mittag- und Abendessen für die Müllersfamilie kochte, sah sie auch ihren Mann regelmäßig zu den Essenszeiten in der unpersönlichen großen Küche. Beide bemühten sich, die Müllersleute bei den gemeinsamen Mahlzeiten kurzweilig zu unterhalten.

Persönlichen Blickkontakt wagte das Ehepaar Vogt kaum unter den vielen beobachtenden Augen der großen Müllersfamilie. Vor allem der alte Müller, der stillschweigend im Rollstuhl neben dem Tisch saß, kontrollierte jede Bewegung, jedes Wort der Flüchtlingsfamilie. Oma Vogt hatte in den ersten Wochen ihres Hierseins so ungeheuren Respekt vor diesen Leuten, dass sie lange Zeit freiwillig auf das gemeinsame Mittag- und Abendessen verzichtete, um sich nicht den Blicken der ihr fremden Familie auszusetzen. Sie ernährte sich in dieser Zeit nur von trockenem Brot und Milch, da diese Nahrungsmittel in der Mühle reichlich zur Verfügung standen. Des Müller's Tochter Rosa war eine perfekte

Brotbäckerin. Wöchentlich einmal heizte sie den großen Steinbackofen auf dem Hof an, um aus frisch gemahlenen Mehlsorten leckeres Brot zu backen, das eine nahrhafte Delikatesse für alle darstellte. Beide Flüchtlingsfamilien bekamen hiervon, soviel sie essen konnten, ebenso großzügig wurden sie mit Kuhmilch versorgt, die Rosa zweimal täglich frisch gemolken bereitstellte.

Die sechsjährige, etwas frühreife Lisa Vogt nahm schweigend beobachtend an den täglichen Mahlzeiten teil. Ihre Eltern hatten ihr befohlen, nur zu sprechen, wenn sie gefragt würde. Dem Kind schenkte keiner Beachtung. Man behandelte sie, wie auch den Müller, als wäre sie nicht anwesend. Kaum hatte sie den letzten Bissen hinuntergeschluckt, verdrückte sich Lisa wort- und grußlos, um in der nahen Umgebung der Mühle zu spielen oder ging zu ihrer Oma nach oben, um Schularbeiten zu machen.

Im Laufe vieler Wochen verringerte sich langsam die Distanz zwischen den Dorfbewohnern und den Flüchtlingsfamilien.

Zur Familie Buricek pflegte die Müllerfamilie nach wie vor ein kühles Verhältnis. Frau Buricek kam spätabends nach dem Melken der Kühe vom Nachbarhof zurück, ihr Mann Anton nahm an den gemeinsamen Mahlzeiten in der Mühle nicht teil, da er von den Mehlauslieferungen und Getreideabholungen zu unregelmäßigen Zeiten in die Mühle zurückkam.

Dafür bekam er täglich eine reichliche Brotzeit ausgehändigt. Die verstaute er auf seinem Traktor, um sie unterwegs nach Lust und Liebe essen zu können. Manchmal setzte er sich in den großen Innenhof der Mühle, wenn Paul Vogt seinen Traktor belud und aß dort seine Ration. Er suchte keinen privaten Kontakt zur Müllerfamilie, auch nicht zur Familie Vogt. Seine Schwiegermutter lehnte es kategorisch ab, an den gemeinsamen Mahlzeiten in der Mühle teilzunehmen. Sie holte täglich aus der Küche frische Milch und Brot für sich und die drei Buricek-Kinder. Den Rest des Nahrungsbedarfs deckte sie während der Sommermonate mit frischem Obst und Gemüse, was im großen Garten der Mühle für beide Familien in reicher Auswahl zur freien Verfügung stand.

Anton Buricek ließ deutlich erkennen, dass er sich in die harten Methoden des Bauernlebens nicht integrieren konnte. Von Beruf Musiklehrer, war er sehr sensibel und man sah, dass die körperliche Arbeit ihm große Schwierigkeiten bereitete. Im Gegensatz zu Paul Vogt, der kräftig gebaut war und mit Leichtigkeit die zahllosen Doppelzentner- und Zentnersäcke auf seinen breiten Rücken schleppte, um diese auf die Traktoren der wartenden Bauern zu laden. Paul arbeitete vor allem in den Sommer- und Herbstmonaten zum Teil bis 21.00 Uhr abends und fühlte sich in der ersten Zeit derart müde, dass er fast ohnmächtig ins Bett fiel und von Muskelkater geplagt auch in der Nacht nicht schlafen konnte. Doch schon bald hatte sich sein Körper an die Umstellung gewöhnt und er arbeitete mit

Freuden in der Mühle.

Emma, seine sehr attraktive Frau fand bald den ihr innewohnenden gesunden Humor zurück. Schon nach wenigen Monaten, beeindruckt von ihren Kochkünsten und ihrer Vielseitigkeit, boten ihr die Müller's eines Tages das vertraute "DU" an.
Emma nähte für die Müllerin auf deren alter Nähmaschine neue Vorhänge und bekam von ihr ein Fahrrad geschenkt, um Nähsachen und kleinere Haushaltsartikel in der nahegelegenen Kleinstadt einkaufen zu können. Bald beschränkte sich Emma's Tätigkeit nicht nur auf den Dienst in der Küche. Sie änderte und besserte die Kleidung der Familie aus und wagte sich selbstbewusst daran, einfache Kleidungsstücke für die Müllerin und Tochter Rosa anzufertigen. So gewann sie täglich mehr die Achtung der Familie.
Der alte Müller hatte sie schnell in sein Herz geschlossen und freute sich, durch ihre Anwesenheit nicht mehr den ganzen Tag alleine im Haus zu sein. Nach kurzer Zeit wusste Emma seine Lebensgeschichte und alle Details über den dramatischen Tod seiner ersten Frau Barbara.
Dem Müller tat die schöne junge Flüchtlingsfrau sichtbar leid. Wann immer möglich war, steckte er ihr ein Bündel Geldscheine zu, die zwar nicht viel Wert hatten, aber trotzdem ein Zahlungsmittel für Emma darstellten.
Sie nahm diese Geldgeschenke dankbar an, ohne sich darüber überflüssige Gedanken zu machen. Paul und sie besaßen keinen Pfennig, da beide für Unterkunft und Essen arbeiteten und freuten sich über jede Mark.

Der Müller behandelte Emma als wäre sie seine große Tochter oder besser gesagt, wie etwas sehr Kostbares. Vielleicht weckte sie in ihm Erinnerungen an seine erste Frau oder er empfand Mitleid wegen ihres traurigen Schicksals. Emma war überzeugt, in ihm einen ehrlichen, echten Freund gefunden zu haben, der wie sie, mit Geduld und ohne zu klagen, sein nicht einfaches Schicksal als abgeschobener Außenseiter der Familie ertrug.

Emma war eine auffallend schöne Frau, mittelgroß mit einem makellosen Körper, üppigen Busen, sehr schmaler Taille und auffallend schönen Beinen. Ihre brünetten mittellangen Haare trug sie meist offen, seitlich mit zwei Kämmchen nach hinten gehalten. Als einzige der Flüchtlingsleute hatte sie schon nach kurzer Zeit ihre Lebensfreude wieder gefunden. Es gelang ihr immer öfter, die Menschen der Mühle mit ihrer guten Laune anzustecken, wenn alle in der großen Küche um den blankgescheuerten riesigen Holztisch, der noch nie ein Tischtuch gesehen hatte, saßen.

Ihr Mann Paul, Tochter Lisa und Paul's Mutter wurden bei diesem gemeinsamen Mahlzeiten wenig beachtet. Die Aufmerksamkeit und das Interesse der Familie gehörte Emma. Immer häufiger fragte man sie um Rat bei vielen Entscheidungen, sogar bei Neuanschaffungen räumte man ihr Mitspracherecht ein.

Schon nach wenigen Monaten überließ man ihr das alleinige Regiment in der Küche, obwohl ihr in den ersten Wochen akribisch genau vorgeschrieben wurde, was sie zu kochen und auf den Tisch zu bringen hatte und welche Zutaten sie hierfür verwenden durfte

Das große Maß an Aufmerksamkeit, das man ihr schon bald im ganzen Dorf entgegenbrachte, schien ihrem Mann Paul nicht zu gefallen, ihn sogar zu beunruhigen. Er wurde zusehends noch stiller als er es von Natur schon war und die private Unterhaltung zwischen dem Ehepaar Vogt wurde, auch wenn man alleine in der ärmlichen Wohnung war, nur auf Sparflamme geführt.

Eines Tages, als die Müllerin mit ihrem zweitältesten Sohn Karl gegen Abend von der Feldarbeit nachhause kam, sagte sie, als alle am großen Tisch Platz genommen hatten:

"Na Emma, du verdrehst ja allen Männern den Kopf, wenn du mit deinem Fahrrad durch das Dorf fährst. Findest du nicht, dass dein Ausschnitt etwas zu tief ist und dein Dirndl zu hoch über's Knie rutscht, wenn du radelst?"

Sofie holte kurz Luft und sprach sofort weiter:

"Als du heute Nachmittag den großen Brotzeitkorb zum Kartoffelfeld gebracht hast, fielen den vier Feldarbeitern und sogar unserem Karl die Kartoffeln aus der Hand, als sie dich so freizügig auf deinem Rad sitzend, daherkommen sahen."

Mit einem von ihr ungewohnt scharfen Ton in der Stimme fuhr sie fort:

"Für unser Dorf passt so etwas nicht, merke dir das. Jetzt, wo du von allen Großbauern als anständige Frau akzeptiert und fast wie eine Einheimische behandelt wirst, kannst du dir solche Freizügigkeiten nicht erlauben."

Emma stieg bei diesen Worten die Schamröte ins Gesicht. Sie stand in ihrem rot-weißen Dirndl hilflos und wie versteinert vor dem Tisch, wo sie die große Pfanne mit

Kartoffelauflauf abstellen wollte.
Jeder sah, dass sie völlig die Fassung verloren hatte.
Hubert, der älteste Müllersohn, nahm die große Eisenpfanne aus ihren Händen und stellte sie in die Tischmitte. Er unterbrach die lähmende Stille, die durch die harte Kritik der Müllerin eingetreten war.
"Mutter," sagte er, "lass die Emma ruhig zeigen, was sie hat, sie kann sich wirklich sehen lassen in ihrem Dirndl. Wir wissen alle, dass sie eine sehr anständige Ehefrau, fleißige Arbeitskraft und gute Mutter ist und wenn wir ehrlich sind, sind wir doch froh, dass sie bei uns ist!"
Er fuhr fort:
"Mutter, wenn du noch einmal jung wärst wie Emma, vielleicht würdest du dich jetzt ähnlich kleiden wie sie. Außerdem kommt Emma aus einer Großstadt, wo es normal war, dass Frauen sich so anziehen wie sie."
Der alte Müller hatte schon beim ersten Satz seines ältesten Sohnes zustimmend zu nicken gewagt und Rosa, die in keiner Weise mit Schönheit gesegnet war und in den letzten Monaten ein sehr inniges Verhältnis zu Emma bekommen hatte, schickte böse Blicke zu ihrer Mutter und bekam vor Wut einen roten Kopf über diese ungerechten Worte bezüglich Emma's Aussehen.
Rosa hatte sich, seit Emma in die Mühle gekommen war, äußerlich völlig verändert. In ihrer Kleidung dominierten kräftigere Farben und durch Emma's Geschicklichkeit bei Näharbeiten, hatte sie einige neue Röcke und Blusen in ihrem Schrank hängen. Auch der strenge Knoten im Nacken gehörte der Vergangenheit an. Emma hatte ihre Haare ein Stück gekürzt und ihr beigebracht, sich etwas attraktiver zu frisieren.

Rosa bewunderte Emma in allem, sie war zu ihrem großen Vorbild geworden.
Nachdem Hubert sein Gespräch beendet hatte zischte Rosa böse:
"Mutter, jetzt darfst aber aufhören, die Emma ist in Ordnung, mehr als manch andere von uns im Dorf. Seit sie hier wohnt, ist unser Leben doch viel interessanter und lustiger geworden. "
Jetzt nickte sogar der schüchterne Karl zustimmend.
Paul, Emma's Ehemann hörte mit niedergeschlagenen Augen und blassem Gesicht dieser für ihn peinlichen Diskussion zu, ebenso Emma's Schwiegermutter und ihre kleine Tochter Lisa. Die spielte nervös mit den Knöpfen ihres Strickjäckchens und beobachtete mit gesenktem Kopf ihre sehr in Verlegenheit geratene Mutter.

Mit erstauntem Blick vernahm die Müllerin die massive Verteidigung in Wort und Gestig ihrer gesamten Familie. Empört erhob sie sich vom Tisch und ergriff nochmals das Wort zu Emma gewandt:
"Schön für dich Emma, du hast in dieser kurzen Zeit unsere ganze Familie auf deine Seite gebracht, das ist mir bis heute nicht gelungen. Meinetwegen ziehst du in Zukunft an, was du für richtig hältst, ich werde mich hüten, dich nochmals zu kritisieren. Im Grunde genommen habe ich es nur gut mir dir und deinem Ruf gemeint."
Bevor sie die Küche verlassen konnte, begann Emma endlich zu sprechen, mit immer noch rotem Kopf:
"Warte Sofie," sagte sie, "mir tut es leid, dass ich dich durch mein Äußeres so in Rage gebracht habe. Ich sehe in

25

meiner Kleidung ebenso wie deine Familie, nichts Anstößiges. Ich bin eine lebenslustige Frau und habe ein natürliches Körperbewusstsein, ohne jeden Hintergedanken. Vielleicht kannst du mich so akzeptieren, wie ich bin. Ich habe euch alle lieb gewonnen und in mein Herz geschlossen und möchte nicht, dass wegen mir ein Misston in eurer Familie entsteht. Bitte setz dich wieder zu uns und lass uns in Frieden die Mahlzeit beenden. Es wäre schade, wenn unsere Harmonie wegen einer solchen Lappalie gestört würde."
Sofie nickte zustimmend und nahm etwas zögernd wieder ihren Platz ein.
Hubert rettete mit einem interessanten Gespräch über das bevorstehende Schlachtfest in der Mühle (viermal jährlich wurden zwei Schweine geschlachtet und verarbeitet), die Peinlichkeit der Situation.
Paul Vogt verließ, noch den letzten Bissen im Mund, unter dem Vorwand, sich nicht gut zu fühlen, die Küche. Seine Mutter und Tochter Lisa folgten ihm.
Emma räumte den Tisch ab und spülte das schmutzige Geschirr, während die Müllerfamilie die exakte Planung der bevorstehenden Hausschlachtung diskutierte.
Schon bald verließen die Müllerin, Karl, Rosa und als letzter der Müller mit seinem Rollstuhl die Küche, um schlafen zu gehen.
Nur Hubert blieb heute wider Erwarten am abgeräumten Küchentisch sitzen.
"Geh Emma," sagt er, "gib mir noch ein Bier und setz dich ein paar Minuten zu mir. Du kannst sicher heute nicht einschlafen, wegen der Vorhaltungen meiner

Mutter".

Emma stellte Hubert das gewünschte Bier auf den Tisch und blieb vor ihm stehen. Sie fand es gerade an diesem Abend nicht gut, mit Hubert alleine in der Küche zu bleiben. Während sie noch unsicher überlegte, schien Hubert ihre Gedanken zu lesen.

"Emma," sagt er, "du traust dich nicht zu setzen, weil du Angst hast, jemand unserer Familie würde darin wieder etwas Schlechtes sehen. Komm setz dich zu mir, ich möchte mit dir ein bisschen plaudern."

Emma kam seiner Aufforderung nach und nahm Platz.

Mit schlechtem Gewissen dachte sie an Paul, ihre Tochter und Schwiegermutter, die sicher oben warteten, um ihr ebenfalls Vorhaltungen über ihr freizügiges Dirndl zu machen.

Die Hartnäckigkeit Huberts siegte, als er ihr bittend und tief in die Augen sah.

Hubert hatte ihr vom ersten Augenblick an imponiert, sein Durchsetzungsvermögen und seine Selbstsicherheit, mit der er fast alle Entscheidungen in der Mühle traf. Nicht zuletzt faszinierte sie sein markantes, männliches, fast südländisches Aussehen.

Er war nicht der Typ, der jedem Rock hinterher sah, das hatte sie längst festgestellt. Nur wusste sie nicht, war es Arroganz oder nur Schüchternheit, die er hinter einer gewissen Härte zu verstecken versuchte. Jedenfalls benahm er sich so, als wäre das weibliche Geschlecht für ihn völlig uninteressant.

Gerade dieses Verhalten reizte Emma. Auch ihr hatte er bisher keine Beachtung geschenkt, obwohl sie bei den anderen Bauern und deren Söhnen viel Achtung und

Aufmerksamkeit registrieren konnte.
Bei Hubert hatte sie in keiner Situation das Gefühl, dass er in ihr eine Frau sah oder männliche Sympathie für sie empfand.
Darum war sie heute überrascht, als er sie bat, zu einem privaten Gespräch bei ihm in der Küche zu bleiben.
Zögernd begann er zu sprechen, indem er mit beiden Händen nervös sein Bierglas drehte:
"Emma, ich möchte dich noch einmal bitten, die Worte meiner Mutter zu vergessen. Sie wird dich nie mehr kritisieren, denn sie hat heute gespürt, dass sie die Familie gegen sich hat, wenn sie dir keine Ruhe lässt und das möchte Mutter nicht.
Frieden ist ihr wichtig. Sie hatte es in der Mühle jahrelang sehr schwer, doch immer war sie es, die Frieden zwischen uns Geschwistern gestiftet hat oder zwischen dem Müller und uns bei einem Streit wieder vermittelte. Nein Emma, Mutter brauchst du in Zukunft nicht mehr zu fürchten."

Er hielt inne und sah Emma lange in die Augen, bevor er sehr leise sagte:
"Emma, du gefällst mir sehr, du bist die erste Frau, an der ich alles akzeptieren kann. Keine Angst, ich werde dir nie zu nahe treten, doch möchte ich dir das heute sagen.
Als meine Mutter dich so öffentlich kritisierte, verspürte ich plötzlich starke Zuneigung für dich. Emma, wenn du etwas brauchst für dich und deine Familie oder dir jemand Böses will, bitte sage es mir, ich werde für dich tun, was in meiner Macht steht."
Emma saß völlig verwirrt Hubert gegenüber. Erstaunt lauschte sie seinen Worten. Sie spürte deren prickelnde

Wirkung und registrierte eine eigenartige Erregung.
Monate ist es her, seit sie von Paul weder Zärtlichkeit noch Anerkennung erhalten hatte. Sie verstand ihn, er war ganz einfach überarbeitet, ausgepowert und brauchte viel Schlaf in seiner Freizeit, um seine Kräfte zu aktivieren. Er rackerte sich ab, seine Arbeit war Schwerstarbeit. Daher wusste sie, dass sie nicht erwarten konnte, dass er seinen Pflichten als Ehemann nachkam, wie in früheren Zeiten.
Ein schnelles Abreagieren seines Sexualtriebes, höchstens einmal im Monat war alles, was zwischen ihnen noch lief, obwohl er ein aktiver und sehr potenter Mann in den vergangenen Jahren ihres Zusammenlebens war.
Nach diesen Gedanken stand Emma auf und sagte zu Hubert:
"Es ist besser, wenn ich jetzt hochgehe, mein Mann wartet sicher auf mich, deine Worte haben mich erschreckt Hubert, aber auch sehr glücklich und stolz gemacht, gute Nacht".
Hubert versuchte ihren Blick zu halten. Emma drehte sich schnell zur Küchentüre und ging langsam und nachdenklich die Treppe hinauf zu ihrem armseligen Heim.
Paul und Lisa schliefen schon, nur ihre Schwiegermutter schien auf sie zu warten.
Böse sagte sie:
"Schämst du dich nicht, nach der Kritik der Müllerin noch eine Stunde bei dem Müllersohn alleine in der Küche zu sitzen. Möchte bloß wissen, was ihr Beide zu reden habt. Ich habe einen kleinen Abendspaziergang um die Mühle gemacht, da sah ich euch in trauter Zweisamkeit am Küchentisch sitzen.
Paul rackert sich für uns ab und du kümmerst dich um ihn

in den letzten Monaten überhaupt nicht mehr."
Aggressiv antwortete Emma:
"Wann sollte ich mich um ihn kümmern, er schläft doch nur. Außerdem lasse ich mir von dir keine Vorwürfe machen, merke dir das heute und für alle Zeit. Ich tue ebenfalls mein Bestes, koche, putze, bügle und nähe für die Müllerfamilie, einen Großteil der Bäuerinnen hier im Dorf und für uns, von früh 6.00 Uhr bis abends 21.00 manchmal 22.00 Uhr. Kümmere du dich etwas intensiver um unsere beiden Kinder. Lisa würde sich sicher freuen, wenn du manchmal mit ihr spazieren gehen würdest und sie nicht den ganzen Tag alleine in der Umgebung der Mühle verbringen müsste. Du weißt genau, dass nur wenige Bauernkinder sich mit ihr abgeben. Doch das scheint dich nicht zu stören. Du sitzt mit Lukas den ganzen Tag entweder im Garten oder in der Wohnung und Lisa ist sich völlig selbst überlassen. Also kehre vor deiner Türe, bevor du über mich herfällst und mir haltlose Vorwürfe machst. Und keine Angst, keiner nimmt deinem Sohn etwas weg. Immerhin bin ich eine Flüchtlingsfrau und trotz aller Sympathie der Einheimischen, für diese ein Mensch dritter Klasse."

Emma hatte sich während des Gesprächs entkleidet und schlüpfte zu Paul unter die Bettdecke, der entspannt, laut schnarchend ihr Kommen nicht mehr wahrnahm.

Emma konnte keinen Schlaf finden, die Worte Hubert's hatten ihre Wirkung bei ihr nicht verfehlt. Sie spürte schon seit einiger Zeit, dass ihr dieser schöne junge

Müller nicht gleichgültig war, doch hatte er nie Interesse oder einen Blick für sie gezeigt und nun diese wunderbaren Worte.
Sie liebte ihren Mann Paul von ganzem Herzen und kuschelte sich jetzt an seinen Rücken, um sich selbst zu bestätigen, nur ihn alleine zu gehören.
Die Berührung seines Körpers löste in ihr tiefes Mitleid mit ihm aus. Sie wusste, dass er seine ganze Kraft in seine Arbeit investierte und dass sein Bedürfnis nach Zärtlichkeit von Müdigkeit und totaler innerer Leere verdrängt wurde.
Emma nahm sich fest vor, jedes aufkommende Gefühl für Hubert schon im Keim zu ersticken und zu bekämpfen. Sie wollte sich ihm gegenüber freundlich und korrekt verhalten, so als wären seine Worte nicht gefallen. Vielleicht würde er seine bestehenden oder aufkeimenden Wünsche unterdrücken oder davon wieder loskommen.
Zärtlich streichelte sie den Hinterkopf ihres Mannes, legte ihren Arm um seinen Körper, schmiegte sich noch inniger an ihn und schlief glücklich mit vielen guten Vorsätzen ein.
Beim Aufwachen am Morgen begrüßte Emma ihren Mann sehr zärtlich. Er schüttelte verwundert darüber den Kopf, streichelte flüchtig über ihren Körper, blickte dann erschreckt zur Uhr und stand sofort auf.
Emma blieb noch einige Minuten in ihrem warmen Bett, bis Paul das Waschbecken für sie freigab.
Sehnsüchtig hätte sie sich jetzt gewünscht, dass Paul ihr seine Männlichkeit gegeben hätte. Doch selbst wenn Paul heute das gleiche Bedürfnis wie sie verspürt hätte, wäre es nicht möglich gewesen, sexuell zu verkehren, da Lisa und

Schwiegermutter in unmittelbarer Nähe schliefen und Sex nur ausführbar war, wenn sich Kinder und Schwiegermutter außer Haus befanden und diese Gelegenheit bot sich fast nie an.
Einmal hatten Paul und Emma während der Nacht versucht, da scheinbar die anderen im Tiefschlaf lagen, ihre Lust zu befriedigen, als Lisa erwachte, sich im Bett aufrichtete und empört rief:
"Was treibt ihr Beide da unter der Bettdecke," worauf Paul erschreckt seine Aktivität unterbrach und nie mehr den Versuch unternahm, mit Emma Sex zu praktizieren, während Schwiegermutter und Kinder schlafend neben ihnen lagen.

Seit dem nächtlichen Zusammentreffen zwischen Hubert und Emma entstand eine immer stärker spürbare Spannung zwischen ihnen. Hubert versuchte bei jeder sich bietenden Gelegenheit, Emma mit Blicken zu fixieren, ihr gelang es selten, seinen fragenden Augen auszuweichen. Emmas Angst, ihr Mann und die Müllerfamilie würden ihre Blickkontakte bemerken, wuchs von Tag zu Tag. Beim Servieren des Essens wurde sie unsicher und fahrig. Sie wehrte sich tapfer gegen die ständig wachsenden Gefühle für die kräftige Männlichkeit Hubert's, was ihr täglich schwerer fiel, da Hubert sie wortlos mit seinen Augen und vielen kleinen, scheinbar unbeabsichtigten Berührungen völlig aus dem Gleichgewicht brachte.

Eines Vormittags, Wochen innerer Qualen waren für Emma und Hubert inzwischen verstrichen, betrat er die

Küche, wo Emma Vorbereitungen für das gemeinsame Mittagessen traf. Er bat den dort anwesenden Müller nach draußen, um ihm in der Mühle etwas zeigen zu wollen. Einige Minuten später kam Hubert alleine zurück, riss die am Herd stehende Emma in seine Arme, presste sie an seinen Körper und gab ihr mit seiner Zunge deutlich zu verstehen, was er sich von ihr wünschte. Emma konnte und wollte sich nicht wehren, der Angriff kam unerwartet und voller Kraft.
Hubert ließ sie sofort wieder los, sah ihr ins Gesicht und flüsterte erregt fordernd:
"Emma ich möchte mit dir schlafen, ich muss dich haben, überleg es dir, gib mir ein deutliches Zeichen deines Einverständnisses, bitte überleg es dir und lasse mich nicht zu lange warten."
Nach diesen Worten verließ er mit schnellem, sehr energischem Schritt die Küche.
Emma klopfte sich hastig den weißen Mehlstaub, der in großen Flecken über ihr dunkelblaues Kleid verteilt war, aus dem Stoff. Sie hatte ein hektisch rotes Gesicht vor Aufregung, Angst und schlechtem Gewissen.
Sie spürte, wie sie zum Spielball ihrer Gedanken wurde und zitternd, völlig aus dem Gleichgewicht, versuchte sie die Gerichte für Mittag zu Ende zu kochen.
Gott sei dank blieb der alte Müller bis zum gemeinsamen Mittagessen der Küche fern.
Als Paul heute abgehetzt wie immer die Küche betrat, spürte Emma tiefe Verzweiflung in sich, so als hätte sie ihn bereits mit Hubert betrogen.
Sie wehrte sich wieder mit ihrer ganzen Kraft gegen die in ihr aufkommende starke Leidenschaft und spürte, dass sie

diese nicht mehr verdrängen konnte.
Das Mittagessen fand an diesem Tag nur mit halber Besetzung statt. Die Müllerin und Rosa waren mit einigen Arbeitern auf dem Feld geblieben und Emma's Aufgabe war, sobald sie ihre Arbeit getan hatte, mit dem Fahrrad einen großen Essenskorb zu den Leuten im Freien zu bringen.
Sie trug ein zweiteiliges längeres dunkelblaues Sommerkleid, als sie sich auf ihr Rad setzte. Heute war sie sicher, dass die Bäuerin nichts an ihr auszusetzen fand. Für Emma war das sehr wichtig, sie wollte keinen Unfrieden mit der Müllerin.

Emma radelte durch den warmen Spätsommernachmittag, das helle Licht der Sonne umschmeichelte Felder, Wiesen und Bäume. Müde und satt von den Anstrengungen des Wachsens und Reifens des Sommers lag das Land vor ihr und löste in ihr ein Gefühl von Stille und Zufriedenheit aus, wie man es oft verspürt nach einem Tag der ausgefüllt war mit harter Arbeit.
Der über allem liegende würzige Duft von geschnittenen Gräsern, löste Traumbilder und tiefe, weit zurückliegende Erinnerungen in ihr aus, von denen sie sich zurücktragen ließ in eine andere Zeit, in eine Zeit in der sie in ihrer Heimat noch im Einklang mit ihrer kleinen Familie lebte und dort die gleiche Ordnung herrschte, wie hier in der Natur.
In dieser fast feierlichen Stimmung nahm sie sich wieder fest vor, Hubert in Zukunft mehr als bisher aus dem Weg zu gehen, so weit dies möglich war, um ihn nicht vor den Kopf zu stoßen. Sie wollte ihr Eheglück mit Paul nicht

durch einen Ehebruch, hervorgerufen durch sexuelles Verlangen zerstören.

Sie war sich in diesem Moment sicher, Hubert widerstehen zu können, denn es gab zwischen ihnen nur sehr wenige private Berührungspunkte oder Gelegenheit, mit ihm allein zu sein.

Die Mühle hatte viele Augen, angefangen vom alten Müller, der sich pausenlos in Emma's Nähe aufhielt, zusätzlich Rosa, die nur in Ausnahmefällen mit der Müllerin aufs Feld fuhr, sich sonst bei den Tieren und in den Ställen der Mühle aufhielt.

Paul und Hubert arbeiteten in der Mühle Hand in Hand, so dass es auch für Hubert nur sehr schwer möglich sein würde, für kurze Zeit zu verschwinden.

Gute Beobachter waren natürlich Emma's Schwiegermutter, die sich mit Lukas viel in der Umgebung der Mühle aufhielt und vor allem Lisa, ihre stille, scheinbar immer auf der Lauer liegende Tochter.

Sie schlich um die wartenden Fahrzeuge der Bauern, lauschte neugierig deren Witzen und kam, wenn sie gerufen wurde, meist aus einer entlegenen Ecke einer Scheune. Sie fand täglich noch Hühnereier in den Scheunen, obwohl Rosa mit großer Genauigkeit zweimal täglich alle Legeplätze der Hühner abgesucht und ausgeleert hatte. Rosa staunte immer wieder über diese Eierfunde und sagte oft zu Lisa:

"Ich möchte nur wissen, wo du in den Scheunen überall rumkriechst, dass du nach mir noch so viele Eier findest."

Lisa lachte zu solchen Bemerkungen schüchtern und bewegte sich langsam wieder aus dem Gesichtskreis von Rosa.

Nicht auszudenken, stellte sich Emma vor, wenn eine dieser Personen gesehen hätte, wie Hubert sie in der Küche voller Lust umarmt und geküsst hatte.
Emma kam immer mehr zu der Überzeugung, dass es zu keiner intimen Begegnung zwischen ihr und Hubert kommen durfte. Auf ein deutliches Zeichen ihres Einverständnisses mit ihm zu schlafen, würde er lange warten, lächelt sie vor sich. Sie wollte und durfte ihren fleißigen Mann nicht betrügen und spürte die Liebe zu ihm in der lebenden Natur stärker denn je .
Er war immer ein aufmerksamer Vater ihrer gemeinsamen Kinder gewesen. Hier hatte sich ebenfalls ein Defizit eingeschlichen, denn seine knappe Freizeit reichte nicht, sich mit ihnen zu beschäftigen.
Manchmal fragte er Lisa nach ihren Leistungen in der Schule, was eigentlich überflüssig war, denn Lisa galt als stille, sehr fleißige und aufmerksame Schülerin, was die Zeugnisse von Lehrer Polster deutlich zeigten. Sie erledigte ihre täglichen Hausaufgaben ohne Aufforderung.
Bei Lisa hatte man das Gefühl, sie lebte in einer eigenen kleinen Welt, zu welcher sie niemanden Zutritt gewähren wollte.
Emma hatte oft beobachtet, wenn andere Flüchtlingskinder kamen, um mit ihr am nahen Mühlbach zu spielen oder schwimmen zu gehen, lehnte sie es ab und zog sich sofort in die Wohnung zurück.
Sie wäre am liebsten allein, erklärte sie Oma und Eltern immer wieder.

Emma wurde bewusst, als sie über die ernteschwangeren Felder fuhr, dass sie sich in dieser ländlichen Idylle

zwischen all den Bauern gut eingelebt hatte und sich sehr wohl fühlte.
Über ein Jahr gehörten die Flüchtlinge schon zu der kleinen Dorfgemeinschaft, wie schnell die Zeit verging wurde Emma dadurch erstaunt klar.
Sie lieferte ihren großen Essenskorb bei den schon hungrig wartenden Menschen auf dem Feld ab, nahm die wohlwollenden Blicke der Müllerin, bezogen auf ihre dezente Kleidung wahr und fuhr gut gelaunt, etwas leichter und schneller als vorher, den langen Weg zurück zur Mühle. Sie schob ihr Fahrrad in den Schuppen und begab sich für zwei kurze Stunden in ihre schlichte Wohnung zu ihrem kleinen Sohn Lukas, um den sie sich viel zu wenig kümmern konnte.

Durch den Einzug des Herbstes herrschte in der Mühle Hochbetrieb. Manchmal standen bis zu sechs Fahrzeuge in einer Schlange vor dem großen Tor, um das reife goldgelbe Getreide, dass erst vor einigen Stunden die Ähren verlassen hatte, in der Mühle abzuliefern.
Es erforderte viel Zeit, bis die Säcke gefüllt mit Gerste, Weizen und Korn verwogen wurden und die Bauern den Hof wieder verlassen konnten.
Der Inhalt der verwogenen Säcke wurde anschließend von Paul in den Trichter gefüllt und rieselte durch das darin befindliche Sieb, je nach Getreidesorte in die verschiedenen Silos.
Das Rütteln der Sortiersilos auf dem Getreidespeicher, oberhalb der Vogt-Wohnung, erzeugte ein leises Vibrie-

ren in den armselig eingerichteten Räumen, wo in diesem Moment Emma glücklich mit ihrem Sohn spielte.

Es war die Zeit, in der die Bauern Gott für ihre reichliche Ernte danken wollten, und sich in ihnen ein zufriedenes Gefühl und große Freude über die der Natur innewohnende Weisheit und Ordnung ausbreitete.
Aus diesem Grunde feierten die hier umwohnenden Menschen um diese Zeit ein großes Erntedankfest mit anschließendem Feuerwehrball.
Natürlich freuten sich auch die Dorfbewohner von Schollach auf das bevorstehende Ereignis.
Emma und Paul hatten daran noch nicht teilgenommen, kannten aber viele Details aus abendfüllenden Erzählungen der Müller Familie.
Angeblich wurden bei diesem Anlass viele Bauerntöchter und Söhne von ihren Eltern zu praktischen Vernunft-Ehen zusammengeführt. Die jungen Leute wurden hierzu nicht befragt, auch von Liebe sprach man nicht.
"Die kommt von selbst, wenn man zusammenlebt," war die Meinung der Eltern.
Wichtig war, dass Sohn oder Tochter in einen schönen großen Hof einheiraten konnte. Noch wichtiger war, dass Geld wieder zu Geld kam und in einer solchen Ehe so schnell wie möglich viele Kinder gezeugt wurden.
Selten legten die an einem solchen Abend zusammengebrachten jungen Menschen ihr Veto gegen diese von ihren Eltern geschmiedeten Ehen ein.
Es hatte den Anschein, dass die Bauerntöchter und Söhne, deren Leben bisher nur aus Feld- und Stallarbeit bestand, froh darüber waren, einem andersgeschlechtlichen Partner

zugeführt zu werden, um wenigstens ihre unterdrückte Sexualität ausleben zu können.
Aus diesem Drang entstand dann zur Freude der Eltern ein Kind nach dem anderen.

Im Laufe der Zeit war Emma eine gefragte Dorfschneiderin geworden, was ihrer kleinen Familie viele wirtschaftliche Vorteile brachte.
Wegen des bevorstehenden Erntedankfestes nähte sie seit Wochen für viele weibliche Dorfbewohnerinnen prächtige farbenfrohe Festtagsdirndl.
Zwei besonders schöne Modelle hatte sie für Rosa und die Müllerin angefertigt. Stoffauswahl und Schnitt hatte man Emma überlassen und sie war sehr darum bemüht, jedem Dirndl ein anderes Gesicht zu geben.
"Nun wird es Zeit, auch für mich etwas zu nähen," sagte Emma, als noch vier Tage bis zu dem Ereignis vor ihr lagen.
Sie hatte sich einen hellroten leichten Baumwollstoff mit kleinen weißen Tupfen gekauft und in ihrer Phantasie wusste sie sehr präzise, wie ihr Festtagskleid aussehen würde.
Einen weiten Glockenrock, der sich beim Tanzen wie ein Teller ausbreiten würde, ein enges, mit einer weißen Kordel verschnürtes Oberteil mit kleinen Puffärmeln, das Dekolteé etwas gewagt, jedoch nicht zu herausfordernd, schwebte ihr vor.
Zarte weiße Baumwollspitze sollte den Abschluss an den kleinen Ärmeln, um das schlichte doch raffinierte Dekolleté und den Saum des weiten Glockenrockes bilden.
Hierzu wollte Emma weiße hochhakige Schuhe tragen,

die sie sich vor Wochen für diesen Ball gekauft hatte und wofür sie den Lohn ihrer ganzen Näharbeit opfern musste. Sie träumte davon, die schönste Frau dieses Festes zu werden.

Paul freute sich sehr, einmal seinem Alltagstrott entfliehen zu können und hatte in den letzten Tagen des öfteren zu Emma gesagt:
"Endlich können wir wieder einmal tanzen, mein Mädchen. Die ganze Nacht werden wir nützen, um ein wenig von dem Versäumten nachzuholen."
Je näher das Fest rückte, umso öfter forderte er sie auf:
"Mach dich ganz besonders schön Emma, diesen blöden Bauern werde ich zeigen, welch herrliche Frau du bist".
Stolz und glücklich registrierte Emma Paul's Vorfreude und sein großes Interesse an ihrer Person und ihrem Aussehen.

Sie freute sich besonders darüber, dass es ihr bisher gelungen war, Huberts Anbandelungsversuchen geschickt aus dem Weg zu gehen. Sie hatte ihren Paul bisher nicht blamiert und ein sehr gutes Gewissen.

Die letzten Tage vor dem Erntedankfest vergingen wie im Fluge und es schien in der Woche vorher kein anderes Thema zu geben, als diese Veranstaltung.
Sogar die getreidebringenden Bauern brachten ihre Vorfreude durch deftige Witzeleien und gewagte Prognosen im Hinblick auf das bevorstehende Fest zum Ausdruck.
Die fünf Flüchtlings-Ehepaare des Dorfes hatte man eingeladen, ein Zeichen großer Anerkennung stellten Paul

und Emma bei ihren Unterhaltungen fest. Die Bauern hatten sich großzügig bereit erklärt, die Beförderung der geladenen Ehepaare zum Veranstaltungsort zu übernehmen. Dies stellte kein Problem dar, da zu jedem der vier großen Anwesen ein geräumiger Benz gehörte, die erwachsenen Söhne fuhren DKW oder VW.

Hubert übernahm bei den Müller's die Chauffeurdienste. Zuerst fuhr er seine Mutter Sofie, Schwester Rosa und Bruder Karl zu dem herrlich geschmückten Dorfwirtshaus mit angebautem Ballsaal.
Anschließend holte er seinen Vater samt Rollstuhl sowie Emma und Paul .
Die ebenfalls in der Mühle wohnende Familie Buricek wurde vom schwarzglänzenden Benz des Arbeitgebers Gschwendtner, bei dem Frau Buricek als Magd arbeitete, mitgenommen.

Vinzenz Gschwendtner war der größte und reichste Bauer des Dorfes. In seiner Garage standen drei pompöse Mercedes in schwarzer Farbe, wovon zwei seinen verheirateten Söhnen und deren Ehefrauen gehörten, die gemeinsam mit ihm das unermesslich große Anwesen bewirtschafteten.
Anton Buricek war mit der Gschwendtner Familie gut bekannt, da er seine Frau Thekla allabendlich von ihrer Hofarbeit abholte und tagsüber häufig Mehllieferungen in den Gschwendtner Hof ausführte.

Vinzenz Gschwendtner, 55 Jahre alt, war ein herrsch-

süchtiger, sehr großer, korpulenter Bauer mit rotem Gesicht, das Zeugnis davon ablegte, wie gerne er seinem selbstgebrannten Schnaps zusprach. Obwohl er es nicht nötig gehabt hätte, da jeder im Dorf wusste, dass sein Reichtum unschätzbar war, konnte man ihn als lautstarken Angeber schlechthin bezeichnen. Er war der ungekrönte Bürgermeister von Schollach.
Wenn er sprach, ließ er außer seiner Meinung keine andere gelten. Despotisch, selbstherrlich und gefühllos herrschte er über Ehefrau, Söhne und Schwiegertöchter.
Keiner hatte jemals gewagt, ihm zu widersprechen, da man seine guten Beziehungen und dadurch seine Macht fürchtete.
Er hatte keine Freunde und bei zufälligen Begegnungen mit anderen Dorfbewohnern unterordneten sich diese schon von vornherein, um seinen Ärger nicht heraus zufordern.
Seine zehn Jahre jüngere Frau Kuni hatte er im zarten Alter von achtzehn Jahren geheiratet. Sie musste sehr bald den elterlichen Hof verlassen, da ihr Bruder als Hoferbe, eine Frau ins Haus brachte.
Durch ihre Mitgift verdoppelte sie das damals bereits große Vermögen des Vinzenz Gschwendtner.
Ihr Vater, dem wichtig war, sie mit einem vermögenden, einflussreichen Bauern mit gutem Namen zusammenzubringen, hatte mit Gschwendtner sen. die Ehe der beiden ungleichen Menschen beschlossen.
Ohne die Chance einer Widerrede zu bekommen, musste die junge, sensible Kuni den damals schon sehr direkten, derb aussehenden Vinzenz zum Ehemann nehmen.
Sie schenkte ihm nach der Eheschließung in kurzem

Abstand zwei gesunde, kräftige Söhne, hatte später zwei Todgeburten, die Vinzenz ihr bis zum heutigen Tage nicht verzeihen konnte.

Durch eine Notoperation bei der letzten Todgeburt wurde sie zu ihrem größten Unglück unfruchtbar.

Jahrelang lebte sie wie in einer Hölle neben ihrem zynischen und brachialen Mann, dessen Bemerkungen von Spott und Hohn förmlich tropften, wenn er ihr ihre Wertlosigkeit als Bäuerin seines Imperiums täglich auf's Neue vorwarf.

Kuni erschüttert über soviel Verständnis- und Lieblosigkeit, zog sich immer mehr zurück. Sie verrichtete nur Arbeiten im Haus, da sie wegen ihrer Zartheit den Strapazen der Feldarbeit nicht gewachsen war.

Versöhnt mit sich und der Welt wurde Vinzenz erst an dem Tag, als es ihm gelang, kurz nacheinander seine beiden Söhne an reiche Bauerntöchter zu verkuppeln.

Nach großzügigen Umbauarbeiten seines riesigen Anwesens stellte er den beiden jungen Familien geräumige Wohnungen zur Verfügung. Dadurch konnte der gesamte Ablauf aller anfallenden und zu verrichtenden Arbeiten weiterhin unter seiner Regie stattfinden.

Was ihm bei seiner Frau versagt blieb, schenkten ihm seine beiden Söhne.

Sie zeugten seit ihrer Verheiratung jedes Jahr ein Kind, so dass er stolz auf sieben Enkel blicken konnte.

Aufgrund der Zeugungsfähigkeit seiner Söhne und Gebärfreudigkeit der Schwiegertöchter, erwartete er mindestens noch einmal die gleiche Anzahl von Enkeln.

Es war nicht die Freude am Nachwuchs, die ihn so beflügelte, sondern der Gedanke an viele billige

43

Arbeitskräfte, die seinem Hof in einigen Jahren zur Verfügung stehen würden.

Fünf Mägde und mindestens ebenso viele Landarbeiter schufteten während der Sommer- und Herbstmonate auf dem Gschwendtner Hof. Thekla Buricek arbeitete als unmittelbare Arbeitskraft an der Seite von Kuni Gschwendtner.

Sie stellte das Gegenteil von Frau Gschwendtner dar. Mit breiten Körperbau, kräftigen Beinen, Armen und Händen, einem großflächigen freundlichen Gesicht, verkörperte sie einen sehr maskulinen Typ, die während der Arbeit viel lieber blaue Arbeitshosen trug, als die für Mägde üblichen halblangen Röcke. Thekla konnte zupacken wie ein Mann, das zeigten ihre kräftigen Hände. Ihr Mann Anton, ein ehemaliger Klavierlehrer war das extreme Gegenteil. Wenn Gegensätze sich anziehen so traf dies auf das Ehepaar Buricek zu.

Vinzenz Gschwendtner verstand sich mit Thekla Buricek blendend, man spürte deutlich, dieser Frauentyp war ihm sympathisch, unempfindlich, unverwüstlich, kräftig und zeitweise ziemlich rau in ihrer Ausdrucksweise.

Immer wieder lobte er sie vor seiner Familie:
"Thekla du bist in Ordnung, du hältst was aus, du wärst eine gute Bäuerin."

Er sah in ihr eine Arbeitskraft, die ihr Geld doppelt verdienen würde, was ihre Arbeitsleistung betraf.

Wenn Anton Buricek nicht jeden Abend seine Frau aus dem Gschwendtner Hof holen würde, käme sie wahrscheinlich die halbe Nacht nicht nach hause.

Nur mit Mühe und sanfter Gewalt, hat der zurückhaltende

Anton einmal in der Mühle erzählt, kann er Thekla am Abend von ihrer Arbeit wegholen. Würde er es nicht tun, säße er jeden Abend alleine in seinen vier Wänden.

Hubert traf mit Emma, Paul und seinem Vater im Auto, zur gleichen Zeit wie Vinzenz Gschwendtner mit seiner Frau Kuni und dem Ehepaar Buricek vor dem großen Landgasthof ein.
Um dessen Eingang rankte sich ein einfaches, aber in seiner Schlichtheit schönes Gebinde aus goldenen Ähren, durchwirkt mit den roten und gelben Blumen des Spätsommers. Auf dem Boden standen Körbe, die gefüllt waren mit den reichen Früchten der Ernte.
Er schien im sanften Licht des Spätsommerabends auf das Eintreffen der festlich gekleideten bäuerlichen Gemeinde zu warten, die in seinem Inneren glücklich und gelöst über eine reichliche Ernte, ein Fest feiern wollte.

Hubert und Paul hoben den alten Müller aus dem Benz und verfrachteten ihn in seinen Rollstuhl. Alfons der Müller, hatte in diesem Jahr darauf bestanden, an diesem Erntedankfest teilnehmen zu wollen.
"Vielleicht lebe ich nächstes Jahr nicht mehr" sagte er, als er diesen Wunsch äußerte.
Die Müllerin sagte darauf zu ihren Kindern:
"Wenn ihr ihn transportiert und wieder nach hause bringt, soll es mir recht sein, ich kümmere mich nicht um ihn, ich will mich endlich mal wieder mit meinen vielen Bekannten und Freundinnen unterhalten, die ich das ganze Jahr nicht sehe."

45

Emma begrüßte lachend das Ehepaar Gschwendtner. Vinzenz schoss sofort scharf mit Worten, als er sie in ihrem raffinierten Dirndl erblickte: "Gefährlich, sehr gefährlich heiß schaust aus in deinem roten Dirndl, hoffentlich passt dein Alter gut auf dich auf," schrie er, während er laut lachend durch den herrlich geschmückten Eingang das Wirtshaus betrat.
Thekla Buricek begrüßte Emma mit frostigem Lächeln. Von Anfang an, seit ihrem Eintreffen in dem kleinen Dorf Schollach gingen die Buricek's auf Distanz, und so war es bis heute geblieben.
Mit Kuni Gschwendtner in ihrer Mitte, die ihren Mann Vinzenz alleine vorausgehen ließ, verschwand das Ehepaar Buricek in der Gaststätte.

Voraus der alte Müller in seinem Rollstuhl, begaben sich nun Hubert, Emma und Paul in das geschmückte Haus, durch das köstliche Gerüche von frischem Braten, Soßen und Salaten zogen.
Auf dem Hof vor dem Festhaus herrschte lautes Stimmengewirr. Einer kannte den anderen und meist hatte man sich seit einem Jahr nicht mehr gesehen.
Die Menschen befanden sich in Festtagskleidung und Stimmung und man spürte, wieder ein Jahr gesund mit Hof und Ernte geschafft zu haben, beflügelte die Gemüter.

Die geladenen Flüchtlingspaare saßen jeweils bei ihren Gönnern und Arbeitgebern am Tisch.
Die Müller Familie zeigte allen Anwesenden sehr deut-

lich, dass sie die Flüchtlinge Paul und Emma Vogt in ihre Gemeinschaft integriert und akzeptiert hatten.
Emma hatte ihren Platz zwischen Sofie, der Müllerin und den im Rollstuhl sitzenden alten Müller. Eine seltene Ehre für eine Flüchtlingsfrau, zwischen den Hofbesitzern sitzen zu dürfen. Paul saß zwischen Hubert und seiner Schwester Rosa.
Die Müllerin befand sich in guter Stimmung. Durch die Nähkunst Emma's saßen die drei bestgekleidetsten Frauen des Abends an einem Tisch.
Sofie sah in ihrem Dirndl mit den großen roten Rosen auf weißem Grund jugendlich und elegant aus. Emma hatte ihr die langen dunklen Haare am Hinterkopf locker in Bananenform eingeschlagen und ihr zu ein paar langen silbernen Ohrgehängen mit dazupassendem Collier aus der Schmuckschatulle des Müller's erster Frau geraten.
Für Rosa hatte Emma einen weiß-türkis, kleinkarierten Stoff besorgt, daraus ein bodenlanges Dirndlkleid mit aufwendig angereihten Rock und einer glänzenden türkisen Dirndlschürze genäht. Emma's Absicht hierbei war, Rosa's dünne Beine und knochigen Körper etwas zu kaschieren, was ihr vorzüglich gelungen war.
Der alte Müller und seine Söhne waren sichtbar stolz auf ihre drei schönen Frauen und genossen die bewundernden Blicke der anwesenden Bäuerinnen und Bauern.

Am Gschwendtner Tisch demonstrierte man ebenfalls Solidarität mit der Flüchtlingsfamilie Buricek, die eigentlich an den Müllertisch gehört hätte.
Vinzenz Gschwendtner saß neben Thekla Buricek und unterhielt sich mit ihr in seiner unüberhörbaren Lautstärke

über Ackerbau und Viehzucht.
Kuni Gschwendtner beschäftigte sich angeregt und glücklich mit Anton Buricek. Sie befanden sich in Gesellschaft des Flüchtlings-Ehepaares Lamatsch, das Unterschlupf im Großbauernhof der Gschwendtnerfamilie gefunden hatte.
Bei Theo Lamatsch, 45 und seiner Ehefrau Ulla, 43 Jahre alt, handelte es sich um ein kinderloses Lehrerpaar aus Franzensbad, denen als letztes die Flucht mit einem Schleuser auf Schleichwegen über die Grenze nach Schollach gelungen war.
Als der Flüchtlingsstrom bei Nacht und Nebel damals immer stärker zunahm, wurde die Bewachung der Grenzgebiete schärfer und die Tschechen versuchten mit Schusswaffen jegliche schwarze Grenzüberschreitung zu verhindern.
Erst dann nahm das Paschen, wie man das schwarze Grenzegehen nannte ab und es wurde ruhiger.
Das Ehepaar Lamatsch, zwei zurückhaltende Menschen, arbeiteten ebenfalls für den Großbauern Gschwendtner. Sie zeigten deutlich, dass sie keine sozialen Kontakte mit ihrer Umgebung wünschten, auch nicht mit anderen Flüchtlingen. Sie verrichteten ihre Arbeit ordentlich und ohne Widerrede, wie es auf dem Gschwendtner Hof üblich war, gaben aber bei jeder Gelegenheit zu verstehen, dass sie die unwürdigen landwirtschaftlichen Arbeiten nur notgedrungen und vorübergehend ausführen würden.
Die Gschwendtnerfamilie akzeptierte dieses Verhalten. Für sie zählte, dass sie willige und zuverlässige Arbeitskräfte waren, die ihnen aufgetragenen Arbeiten ordentlich verrichteten, solange sie Wohnung und Kost

auf dem Hof in Anspruch nahmen.
Auch heute, neben Anton Buricek und der Bäuerin sitzend, unterhielten sie sich angestrengt miteinander und ignorierten die gesamte Familie Gschwendtner.
Bevor der Tanz eröffnet wurde, verließ das Ehepaar Lamatsch demonstrativ die lustige Gesellschaft.

Der Genuss des Alkohols ließ das Stimmengewirr auf ein fast unerträgliches Maß ansteigen. In den brechend vollen Gastzimmern herrschte eine unangenehme Schwüle, die von Essensdüften angereichert, zu einer kräftigen Gesichtsfarbe vieler Gäste führte.

Endlich gegen 21.30 Uhr schoben die Wirtsleute die große Verbindungstüre zum Ballsaal auseinander und eine zünftige Vier-Mann-Kapelle der Feuerwehr begrüßte mit einem lautstarken Tusch die anwesenden Gäste zum traditionellen Feuerwehrball.
Innerhalb weniger Minuten wechselte das anwesende Publikum in die luftigen und zum Tanz einladenden Gefilde des großen festlich geschmückten Ballsaales.
Es schien, dass keiner den ersten Tanz versäumen wollte.
Die Musik begann mit einer flotten Polka, es folgten in abwechslungsreicher Folge Walzer, Dreher, Foxtrott und Märsche, dazwischen langsame und gefühlvolle Musikstücke und viele bekannte Schlager.

Auf der Tanzfläche herrschte dichtes Gedränge. Es kam eine Lebensfreude zu Tage, die bei diesen im Alltag sehr ernsten Menschen nicht zu vermuten war. Paul bat bereits

beim ersten Musikstück seine attraktive Frau Emma zum Tanz.
Viele bewundernde Blicke richteten sich auf das schöne Paar.
Emma sah hinreißend aus, das knappe rote Dirndl unterstrich ihre gut proportionierte Figur auf sehr vorteilhafte Weise.
Sie war glücklich, seit langer Zeit fühlte sie wieder, dass Paul sie noch begehrte und liebte.
Hubert forderte zum ersten Tanz seine Mutter auf, die zweite Serie tanzte er mit Rosa, anschließend setzte er sich zu seinem Vater und begann mit ihm eine angeregte Unterhaltung.
Emma beobachtete während des Tanzens mit Paul sehr konzentriert das Benehmen Hubert's.
Sie war neugierig, ob er sich für eine der in großer Anzahl anwesenden Bauerntöchter jeden Alters, interessieren würde.
Ihre Neugierde wurde nicht befriedigt, denn auch nach drei Stunden mitreißender Tanzmusik saß Hubert nach wie vor an der Seite seines Vaters und unterhielt sich mit ihm und seinem Bruder Karl.
Karl zeigte sich extrem tanzfaul. Er beobachtete interessiert die tanzenden Paare, traute sich aber anscheinend nicht, eine der anwesenden Bauerntöchter aufzufordern.
Nur mit Mutter und Schwester hatte er einen Anstandstanz absolviert, seither saß er passiv an seinem Platz.
Emma spürte, wie der genossene Alkohol allmählich seine Wirkung tat.
Sie tanzte etwas aufreizender, lachte etwas lauter als sonst

und versuchte plötzlich mit Hubert zu flirten.
Dieser hatte sie bisher keines Blickes gewürdigt, was ihr zu Beginn des Festes sehr angenehm war.
Jetzt, zu fortgeschrittener Stunde versuchte sie, ihn mit Blicken aus der Reserve zu locken.
Es schien ihr nicht zu gelingen, er benahm sich desinteressiert, ließ auch ihre Blicke unerwidert.
Die Müllerin war seit Stunden nicht mehr bei Ihrer Familie. Sie wanderte von Tisch zu Tisch, gut gelaunt und sehr gesprächig. Die Kommunikation mit den vielen bekannten Menschen tat ihr sichtbar gut.

Es war bereits nach Mitternacht, als Paul und Emma beschlossen, ihren erhitzten Körpern und ihrem Gemüt Ruhe zu gönnen. Sie gingen zurück an den tanzmüden Tisch der Müller's.
Nach einer langen Mitternachtspause kündigte die Musikkapelle eine Serie langsamer Tanzmelodien an.
Völlig unerwartet wandte sich Hubert an Paul und fragte: "Hast du etwas dagegen, wenn ich mit deiner Frau einmal tanze?"
"Nein, nein, tanze nur mit ihr," antwortete Paul.
"Bravo, " mischte sich der alte Müller lachend ein, "wenn ich nicht im Rollstuhl säße, ich hätte dich schon lange zum Tanzen aufgefordert Emma."
Hubert und Emma gingen wortlos und langsam zur Tanzfläche, Hubert legte den Arm um ihre Taille, ihre Körper berührten sich, erst zögernd, dann immer intensiver.
Beide versuchten, die Mitte der Tanzfläche zu erreichen, um sich den beobachtenden Augen der an den Tischen

sitzenden Menschen zu entziehen.
"Emma," sagte Hubert heiser und sehr leise, "ich bin verrückt nach dir, ich habe dich heute mit Absicht übersehen, weil mich dein Anblick zum Wahnsinn treibt. Du bist schön wie nie zuvor. Keine der anwesenden Frauen kann dir das Wasser reichen.
Mich hat von unseren jungen Frauen hier," er sagte dies sehr verächtlich," noch nie eine interessiert, aber du interessierst mich, nur du. Ich möchte dich haben Emma und zwar bald, sehr bald."
Emma versuchte mühsam Haltung zu bewahren, wenigstens äußerlich gab sie sich Mühe ihr Gesicht nicht zu verlieren.
Sie spürte den Druck seines kräftigen Armes in ihrer schmalen Taille und die fordernden Bewegungen seines schlanken, sehnigen Körpers. Seine Wärme drang durch ihr Kleid, machte sie schwach. Sie fühlte, sie war ihm verfallen, mehr als ihr jemals bewusst war. Sie glaubte, eine Marionette in seinen Armen zu sein. Willenlos vor Lust und Leidenschaft nickte sie, als er wieder bat: "Schlaf mit mir, lass mich in dich."
Er presste ihren Oberkörper an sich und forderte energisch:
"Dein Nicken reicht mir nicht, sage ja, deutlich ja, ich muss es aus deinem Mund hören."
Emma sah ihn völlig verwirrt an, sie drückte sich an ihn, alle Anwesenden vergessend und stammelte laut und deutlich:
"Ja, ja ja" und etwas leiser," ich werde mit dir schlafen, ich brauche dich und deinen Körper."
Befreit lachte Hubert auf, lockerte seinen Griff etwas und

sein Gesichtsausdruck wurde glücklich und siegessicher.
Emma, immer noch hilflos, schwebte mit einem Gefühl, als hätte sie keinen Boden mehr unter den Füßen an den Tisch zurück, als die Tanzrunde zu Ende war.
Zum nächsten Tanz holte sie der schüchterne Karl, er sprach sehr wenig und konzentrierte sich stark darauf, nicht auf ihre Füße zu treten.
Voll Stolz über seine schöne Tanzpartnerin, die wie eine Feder über die Tanzfläche schwebte, schaute er strahlend in die Runde, als wollte er zeigen, was mein Bruder kann, das kann ich auch.
Die Musik forderte ein letztes mal zur Damenwahl auf, bevor sie das Spielen einstellte. Emma bat ihren Mann um diesen Tanz.
Paul sah müde aus und gähnend zu Hubert gewandt bat er:
"Du hast heute nur eine Runde getanzt, wie wäre es, wenn du mir diesen letzten Tanz mit Emma abnehmen würdest?"
Hubert kam mit verhaltener Freude sehr gerne dieser Aufforderung nach.
Emma spürte, wie ein Zittern ihren Körper durchlief, als Hubert hinter ihr zur Tanzfläche ging.
Seine Nähe noch einmal zu spüren bedeutete, wieder in diesen sinnraubenden Rausch zu fallen der alle Grenzen öffnete.
Sie bewegten sich rhythmisch aneinandergeschmiegt, zu den Klängen einschmeichelnder Melodien.
Bei ihren Tanzbewegungen spürte Emma deutlich, was sie an männlicher Härte bei Hubert erwartete.
Tief in ihre Augen blickend und ohne Worte fühlte er das

Vibrieren ihres erregten Körpers und sah das gefährliche Flackern in ihren Augen.
Jetzt wusste er sicher, Emma würde ihm gehören, ihren Widerstand hatte er heute endgültig gebrochen.

Als sie von der Tanzfläche zurückkamen, bat der alte Müller, der nun anscheinend müde geworden war, nach hause gefahren zu werden. Hubert nahm bei der ersten Fahrt seinen Vater sowie Paul und Emma mit zur Mühle.

Die Müllerin war froh, noch ein halbes Stündchen dort bleiben zu können, sie fühlte sich frisch und wollte nach eigenen Angaben noch stundenlang bei ihren vielen Bekannten verbringen.

Rosa saß schlafend in einer Ecke des Saales, ihr war es in den letzten Stunden zu langweilig geworden. Trotz ihres schönen Kleides hatten nur ihre Brüder und Paul Vogt mit ihr getanzt. Traurig goss sie darauf hin einige Gläser Wein in sich hinein, zog sich in einen stillen Winkel zurück und schlief dort ein.

Als Emma vor Hubert's Augen in den Benz stieg, griff er fordernd von hinten zwischen ihre Schenkel. Emma zuckte zusammen und höchst erregt nahm sie neben Paul im Fond des Wagens Platz.

In der Mühle angekommen, rief der alte Müller gähnend, „Gute Nacht" und verschwand schnell in seinem Parterre-Schlafzimmer. Hubert hatte es ebenfalls eilig wegzukommen, um Schwester und Mutter zu holen. Es war sehr spät geworden.

Als Paul die Haustüre aufschloss, sagte Emma:
"Paul bitte komm mit in die Scheune, ich muss dich

haben, ich kann heute nicht einschlafen, ohne dich in mir gespürt zu haben. Diese Tanzerei hat mich ungeheuer aufgeheizt, du weißt, wenn wir erst mal oben sind, haben wir keine Chance mehr, uns zu lieben."
Paul antwortete müde:
"Wenn es unbedingt heute noch sein muss, na meinetwegen, ich persönlich hätte kein Bedürfnis danach."
Emma nahm ihn lachend an der Hand und zog ihn über den Hof zur kleinen Scheune.
In wenigen Minuten ließ sie seinen müden Penis zu prallem Leben erwachen, warf sich vor ihm ins Heu, raffte ihren Glockenrock hoch, zog Paul temperamentvoll zu sich herunter und drängte ihm, verrückt vor Lust ihren liebesbereiten Körper entgegen.
Seine Müdigkeit vergessend, gab er ihr mit seiner ganzen Kraft das, was sie von ihm jetzt unaufschiebbar gefordert hatte.

Als die Scheinwerfer von Hubert's Benz den Hof erhellten, zog Paul gerade die Haustüre hinter sich ins Schloss.
Lustvoll stöhnend flüsterte Emma glücklich, als sie zu Paul ins Bett stieg:
"Es war phantastisch Paul, dass du mir endlich wieder einmal gegeben hast, was mir in letzter Zeit so sehr fehlte."
Paul nickte, schon auf dem Weg in die vertraute Tiefe des Traumreiches entschwindend.
Emma fühlte sich müde und entspannt und ohne viel über die Erlebnisse des Abends nachzudenken, ließ auch sie

sich bereitwillig vom Schlaf mitnehmen.

Der dem Fest folgende Tag war ein Sonntag. Die Müllerin hatte mit Emma vereinbart, dass sich die Familie erst am Abend, nachdem alle richtig ausgeschlafen hatten, zu einem gemeinsamen Essen in der Küche treffen würde.
Emma begab sich am Spätnachmittag hinunter, um eine große Schüssel Wurstsalat und eine Platte mit saurem Preßsack herzurichten.
Eine ungewohnte Stille herrschte im Haus, kein Mitglied der Müllerfamilie war zu sehen, nur der alte Müller saß in der Küche und sein Gesicht strahlte, als Emma zur Küchentüre hereinkam.
"Guten Morgen Emma," sagte er, "hast ausgeschlafen, das war eine verdammt lange Nacht. Es war wunderschön auf dem Fest, wenn ich nicht mitgefahren wäre, hätte ich viel versäumt."
Emma bestätigte begeistert nickend seine Worte:
"Ja, es war eine schöne und lange Nacht, so eine Abwechslung sollte es öfter mal geben, nicht nur einmal im Jahr. Man geht nach einem solch erlebnisreichen Abend mit viel mehr Freude an die Arbeit."
Emma stellte den großen vollen Milchkrug auf den Tisch, legte einen fünf Pfund schweren Laib Bauernbrot und ein riesiges Messer daneben. Beim Anblick des duftenden Brotes verspürte auch sie heute ein Hungergefühl.

Plötzlich klopfte es an der Küchentüre, Thekla und Anton Buricek traten ein. Emma und der alte Müller sahen die beiden erstaunt an, da sie bisher nie an den gemeinsamen

Mahlzeiten in der Mühle teilgenommen hatten.
Thekla Buricek sagte undiszipliniert:
„Wo sind denn die anderen, wir hätten mit euch etwas zu besprechen Müller."
Anton Buricek blieb an der Türe stehen, er schien sich in diesem Moment neben seiner resoluten Ehefrau nicht sehr wohl zu fühlen.
"Setzt euch," antwortete der Müller freundlich, "die Bäuerin und die Buben müssten jeden Augenblick hier sein."
Zögernd nahm zuerst Thekla, einige Sekunden später auch Anton Buricek Platz.
Emma legte das Besteck auf den Tisch und goss Milch in die bereit stehenden großen Tassen, als Hubert mit der Müllerin und kurz darauf Paul, Karl und Rosa in die Küche kamen.
Die Müllerin rief überrascht:
"Ja, wen sieht man denn da einmal bei uns am Tisch, habt ihr zwei euch heute verirrt?"
"Nein, nein Bäuerin," antwortete Thekla sofort hastig, wir wollten euch nur sagen, dass wir nächsten Monat von der Mühle weg ziehen."
Zielgerichtet sprach sie weiter:
"Der Gschwendtner hat uns gestern beim Erntedankfest angeboten, dass wir in seinem Hof eine renovierte Dreizimmer-Wohnung beziehen könnten.
Selbstverständlich haben wir dieses Angebot sofort angenommen, denn in den zwei Zimmern bei euch konnten wir uns mit den drei Kindern und der Oma kaum umdrehen.
Für mich ist es besonders ideal, da Anton mich am Abend

nicht mehr abzuholen braucht und ich nur eine Treppe hochgehen muss, um in unserer Wohnung und bei den Kindern zu sein.

Für unsere drei Kinder ist es eine willkommene Lösung, die beiden Großen können die Gschwendtner-Enkel beaufsichtigen und mein Jüngster hat einen gleichaltrigen Spielkameraden."

Erstaunt, zum Teil fassungslos lauschten die Müllersleute Thekla's Worten.

Mit einer aufmunternden Kopfbewegung forderte sie anschließend Anton, ihren Mann auf:

"Anton, was dich betrifft, sagst ihnen bittschön selbst."

Erwartungsvoll, mit leichtem Triumph in den Augen lehnte sie sich zurück und sah ihn intensiv an.

Anton Buricek bekam einen hochroten Kopf, er räusperte sich verlegen und begann, viel leiser als seine Ehefrau, zu sprechen:

"Hubert" sagte er, "ich werde voraussichtlich nur noch vier Wochen in der Mühle arbeiten.

Diese Arbeit war von Anfang an nichts für mich. Ich habe in meinem Leben noch nie körperlich und vor allem, soviel gearbeitet Ich widme mich seit Jahren der Musik und habe mein Talent als Musiklehrer schon an viele Erwachsene und Kinder weitergegeben.

Durch Kuni Gschwendtner's gute Beziehungen kann ich in dem schönen Städtchen Waldsassen, nicht weit von hier wie ihr wisst, ab nächsten Monat wieder in meinem geliebten Beruf tätig sein."

Entschuldigend in die Runde blickend, spricht er weiter:

"Durch die Arbeit bei euch hätte ich in Kürze meine Lebensfreude verloren und hoffe, dass meine empfind-

lichen Hände bald wieder so sensibel werden wie früher. Durch die Strapazen in der Mühle habe ich momentan jedes Fingerspitzengefühl verloren.
Tut mir leid Hubert, musst halt den Karl wieder ein bisschen mehr für deine Mehlauslieferungen einspannen.
Ich danke euch allen im Namen meiner ganzen Familie, dass ihr uns vor 14 Monaten so spontan in eurer Mühle aufgenommen habt."
Jeder der Anwesenden spürte, er kann im Gegensatz zu seiner Frau Gefühle ausdrücken und sich im Gespräch viel besser als sie, mit zwischenmenschlichen Problemen auseinandersetzen.
Hubert versuchte, seine Enttäuschung über diese Worte nicht zu zeigen, doch sein spöttisches Lächeln zeigte, dass er durch das soeben Gehörte verunsichert war und es erst verarbeiten musste.
Sofie beendete das Gespräch.
"Ich wünsche euch alles Gute, dir Thekla auf dem Gschwendtner Hof und dir Anton in deinem Beruf als Musiklehrer."
Neugierig und lebhaft fragt sie Anton spontan:
"Wie kommst du denn jeden Tag nach Waldsassen und zurück?"
Anton antwortet ruhig und gelassen:
"Die Kuni hat mir dort ein möbliertes Zimmer besorgt, ich komme nur am Wochenende zu meiner Familie nach Schollach. Jeden Montag früh kann ich mit Gschwendtner jun. nach Waldsassen fahren, der dort landwirtschaftliche Erzeugnisse wie Milch, Eier, Kartoffeln und Unmengen Gemüse zu einem Großhändler bringt.
Eine Möglichkeit, am Wochenende wieder zurückzufah-

ren, wird sich sicher auch finden."
Thekla reagiert jetzt aggressiv:
"Mach dir keine Gedanken, wie du nach Schollach zurückkommst. Ich bin für Vinzenz inzwischen eine sehr wichtige Arbeitskraft geworden und unser Verhältnis hat sich sehr intensiviert. Wenn es sein muss, werde ich ihn bitten, mir Geld für ein gebrauchtes Zündapp-Motorrad oder ein Fahrrad zu leihen.
„Ich werde dieses Problem für dich lösen," sagte sie kumpelhaft und überheblich.
"Nun komm Anton, lassen wir die Leute essen, drüben wartet man auf uns."
Sie erhob sich energisch und drehte sich spöttisch lächelnd zu Emma:
"Jetzt hast die Müller's ganz für dich alleine Emma und deine Tochter braucht meinen Kindern nicht mehr aus dem Weg zu gehen."
Emma gab keine Antwort.
Sie fand Thekla's Wesensart abstoßend und schüttelte nur ihren Kopf.
Mit einem leisen "Guten Abend" von Anton und einem lauten, knappen "Gute Nacht" von Thekla, kehrte das Ehepaar den Müllerleuten den Rücken und verließ den Raum.
Zuerst herrschte lähmendes Schweigen, einer sah den anderen fragend an, der Appetit schien ihnen für's Erste vergangen zu sein.

Jetzt ging es um die Desensibilisierung der kritischen Situation.
"Mist" sagte als erster Karl," jetzt kann ich wieder den

ganzen Dreck alleine machen."
"Reg dich nicht auf" protestierte Hubert," dass der Anton das nicht ewig macht, war uns doch klar, oder?"
Der Müller versuchte eine Reduktion der Gereiztheit zu erreichen, er bemerkte:
"Bevor der Anton kam, seid ihr um die Runden gekommen, also wird es jetzt ohne ihn auch wieder laufen, außerdem habt ihr noch Paul."
Die Müllerin sinnierte:
"Dass diese Freundschaft zwischenzeitlich so gewachsen ist, hätte ich nicht gedacht Über den Auszug aus der Mühle bin ich nicht böse, die alte Buricek war ein böses Weib, die konnte einem nicht in die Augen schauen. Ich hatte bei der Familie immer das Gefühl, sie lebt in anderen Dimensionen und passt nicht zu uns."
Paul und Emma übernahmen bei dieser Diskussion keine sprachlichen Initiativen.
Plötzlich meldete sich Rosa zu Wort, die bisher zurückhaltend und schweigend am Tisch saß und den anderen zuhörte.
"Ich muss euch etwas erzählen," sagte sie stockend und verlegen," dann werdet ihr vielleicht von dem, was wir soeben von Anton gehört haben, mehr verstehen."
Zögernd begann sie ihr Informationsgespräch:
"Gestern auf dem Fest, es war gegen Mitternacht, wurde es mir im Saal zu langweilig, die Luft war dick und stickig, so beschloss ich, ein bisschen in die laue Nacht hinauszugehen.
Ich kann mich genau erinnern, als ich den Saal verließ, tanzte der Gschwendtner Vinzenz mit Thekla und verlangte immer wieder lautstark von der Musik

Zugaben". Die Musikkapelle erfüllte ihm seine Wünsche und spielte drei Polka's zusätzlich.
Ich hörte dies durch die geöffneten Saalfenster, als ich draußen im Dunklen auf einer Bank saß.
Da sah ich plötzlich Anton Buricek aus dem Gasthof kommen. Er ging eiligen Schrittes über den Hof in meine Richtung, blieb aber hinter dem großen blumengeschmückten Brunnen stehen.
Ich dachte, dem geht es wie mir und wollte gerade aufstehen, um mit ihm ein paar Worte dort in der lauen Nacht zu reden, als Kuni Gschwendtner aus dem Hauseingang trat und zielsicher auf den hinter dem Brunnen stehenden Anton Buricek zusteuerte.
Die letzten Schritte lief sie und was glaubt ihr, er breitete seine Arme aus und hat sie buchstäblich aufgefangen.
Er hat sie geküsst und gestreichelt und zwischen ihren Küssen haben sie sich lange in die Augen gesehen, gelächelt und immer wieder geküsst. Sie haben sehr leise gesprochen, ich konnte leider kein Wort verstehen.
Zuerst habe ich geglaubt ich träume, doch es war kein Traum was ich hier sah, es war die nackte Realität."
Rosa sagte feierlich:
"Kuni und Anton küssten sich so innig, ich bin sicher sie lieben sich. Nach einigen Minuten löste sie sich aus Anton's Armen, lief schnell zurück, ordnete mit den Händen flüchtig ihre Haare und zupfte an ihrem Dirndl. Am Eingang drehte sie sich nochmals um und winkte Anton zärtlich zu. Er winkte zurück und schaute ihr sehnsüchtig nach, schlich dann zu den offenen Fenstern des Ballsaales, wahrscheinlich um zu sehen, ob Kuni unbemerkt wieder an den Gschwendtner Tisch gekommen

war. Eilig begab er sich dann in den Innenraum des Wirtshauses.
Ich konnte vor Schreck einige Minuten nicht aufstehen, erhob mich dann neugierig um zu sehen, wie sich die beiden in Gesellschaft der anderen benehmen würden.
Sie saßen nebeneinander wie vorher und unterhielten sich angeregt. Jetzt konnte ich ihren Blicken entnehmen, dass zwischen ihnen etwas nicht stimmte. Hätte ich meine Beobachtung im Hof nicht gemacht, wäre mir das wahrscheinlich nicht aufgefallen."
Die Fassungslosigkeit auf allen Gesichtern, ausgelöst durch die Erzählung von Rosa, war nun weitaus krasser als bei der Offenbarung der Buricek's und explosionsartig brach eine hitzige Diskussion aus.
Jeder verstand nun den raschen Umzug in die Dreizimmer-Wohnung zu den Gschwendtner's.
"Kuni wird das Nötige hierzu beigetragen haben," sind sich die Anwesenden einig.

Was die so kurzfristig erfolgte Einstellung von Anton als Musiklehrer mit möbliertem Zimmer in Waldsassen betraf, darüber konnte sich jedes der Familienmitglieder seine eigenen Gedanken machen, mehr oder weniger ausschweifend, je nach Phantasie.
Bei Müller's war man über diese umwerfende Neuigkeit zutiefst erschüttert. Hubert erhob sich und holte eine Flasche selbstgebrannten Kornschnaps.
Er stellte ohne zu fragen, vor jedem ein gefülltes Glas, niemand lehnte ab, den konnte man jetzt vertragen.
Mit nachdenklichen und todernstem Gesicht sagte der alte Müller sehr ruhig:

"Wenn der Gschwendtner dahinter kommt, bringt er entweder die Kuni oder den Anton um."
Entsetzt sahen alle ihn an und wussten, dass er mit seiner Prognose recht hatte.
Man ging an diesem Abend bald auseinander, obwohl sich jeder darauf gefreut hatte, Neuigkeiten und Beobachtungen der langen Festnacht zum Besten zu geben und auszutauschen.
Die Müllerin sagte resignierend:
"Ich hätte euch einiges zu erzählen gehabt, über unser Dorf wird zur Zeit viel getuschelt.
Wir wohnen hier und leben trotzdem wie auf dem Mond, aber für heute reichen die Sensationen.
Meine Neuigkeiten sind harmloser, ich erzähle sie euch ein anderes mal und wünsche eine gute Nacht."

Paul legte zärtlich den Arm um Emma, als er mit ihr die Küche verließ und Hubert sandte ihr einen tiefen sehnsüchtigen Blick hinterher, den sie kurz, doch sehr innig erwiderte.

Paul küsste Emma, als sie auf der Treppe nach oben gingen und gab ihr kurz vor ihrer Wohnungstüre zu verstehen, dass er Lust hätte, mit ihr zu schlafen.
Emma, innerlich aufgewühlt durch die Beobachtungen von Rosa, wehrte ihn zunächst unter dem Vorwand ab, müde zu sein.
Heute war Paul es, der sich nicht abweisen ließ.
Er hob Emma hoch, trug sie an der Wohnungstüre vorbei und öffnete die Türe zum Getreidespeicher, die sich unmittelbar neben ihrem Wohnungseingang befand.

Mit leisen Schritten ging er mit ihr die wenigen, verräterisch laut knarrenden Holztreppen empor und ließ sie auf die dort in reichlicher Anzahl stehenden vollgefüllten Mehlsäcke gleiten. Emma, deren Nachholbedarf an Sex durch das gestrige kurze Liebesintermezzo in der Scheune nicht gedeckt war, spürte schon heißes Verlangen in sich hochsteigen, als Paul sie in seinen Armen zum dunklen Speicher hoch trug.
Bereitwillig und voller Lust öffnete sie auf den weichen Getreidesäcken liegend, für ihn einladend und provokativ ihre Schenkel. Erregt durch Emma's herausfordernden Anblick ließ Paul sein Hose zu Boden gleiten und drang tief in ihren vor Lust zuckenden unteren Körperteil ein.
Als Emma begann, seinen Rhythmus zu erwidern, war er bereits am Ende.
Enttäuscht flüsterte sie:
"Das Vergnügen mit dir wird immer kürzer. Man merkt, dass dir die Kondition fehlt, deine sexuelle Enthaltsamkeit schadet dir Paul, es wird Zeit, dass du wieder öfter zur Sache kommst."

Emma sah, dass Paul plötzlich ängstlich in die Finsternis des Getreidespeichers lauschte. Sie verstand ihn, es wäre peinlich, wenn Hubert noch einen Rundgang zu den Silos gemacht und sie in dieser intimen Situation entdeckt hätte.
Hastig schloss er seine Hose, zog Emma von den Säcken hoch und schnellen Schrittes verließen sie, ihre Schuhe in den Händen tragend, den Getreideboden, um in ihrer kleinen Wohnung unbemerkt unterzutauchen.

Die kurze sexuelle Vereinigung mit Paul hatte Emma wenig Erfüllung gebracht.
Gedanklich kehrte sie sofort wieder zu der Beziehung zwischen Anton Buricek und Kuni Gschwendtner zurück.

Betrübt über den Zufall, dass Rosa Zeuge dieser heimlichen, verbotenen Liebe wurde und voll innerer Unsicherheit konnte Emma nicht schlafen, wälzte sich von einer Seite zur anderen.
Wenn sie mit Hubert ein Verhältnis beginnen würde, müssten sie sehr vorsichtig sein. So eine Indiskretion dürfte ihnen nicht passieren. Die Angst ließ eine Hitzewallung durch ihren Körper fluten.
Trotz Ängsten und Bedenken wusste sie, sie würde sich Hubert hingeben, nichts auf der Welt konnte sie davon abhalten. Den Zeitpunkt wollte sie dem Zufall überlassen.
Bevor Emma einschlief, spürte sie wieder diese Wachheit in ihrem Rumpfbereich, ein Prickeln wie selten zuvor und die deutliche Bereitschaft ihres ganzen Körpers, Hubert zu empfangen, an seiner Lust teil zu haben, um mit ihm schwindelnde Höhen zu erleben.

Emma stellte seit geraumer Zeit fest, dass Lisa sich immer weiter von der Familie entfernte und zurückzog.
"Sie benimmt sich nicht wie ein achtjähriges Kind," dachte Emma.
Als sie Paul von ihren Vermutungen berichtete, antwortete er beruhigend:
"Ich finde Lisa's Verhalten völlig normal, sie ist ein sehr sensibles Kind und eine Einzelgängerin. Durch ihre

Zurückhaltung kann sie nicht in schlechte Gesellschaft kommen. Überlege Emma, von uns hat sich seit der Flucht vor eineinhalb Jahren, niemand Zeit für sie genommen außer manchmal meine Mutter."
Paul's Worte konnten Emma's Bedenken nicht zerstreuen und sie nahm sich vor, in Zukunft jede freie Minute Lisa zu widmen.

Kurz darauf, ein goldener Herbstnachmittag lag über dem Land, verdrückte sich Lisa, kaum hatte sie ihren Teller leergegessen aus der Küche und sagte zu Emma:
"Ich habe heute keine Hausaufgaben zu machen und gehe spielen."
Auf diese Weise meldete sie sich immer bei ihrer Mutter ab.
Emma nickte und wollte, sobald sie ihre Küchenarbeit beendet hatte, Lisa folgen um mit ihr an diesem herrlichen Herbsttag etwas zu unternehmen.
Nachdem sie die Küche in Ordnung gebracht hatte, schlenderte sie voll Freude über den Hof, winkte Paul und Hubert, die vor dem Eingang zur Mühle bei den Bauern und deren Fahrzeugen standen und schlug den Weg hinter die Mühle, zum Mühlbach ein.
Von dem Flüsschen, das neben dem Mühlengebäude vorbeirauschte war durch den Bau eines Kanals ein Teil des Wassers in künstliche Bahnen umgeleitet worden, um das riesige Mühlrad zu drehen, das wiederum durch seinen Betrieb die Mühlsteine bewegte.
An dem Gebäudeteil der Mühle, durch den das Wasser plätscherte um das hinter ihm befindliche Mühlrad zu trägen Drehbewegungen anzutreiben, waren Gitterroste in

Wasserbreite angebracht, die angeschwemmten Unrat abhielten, um Beschädigungen am Mühlrad zu vermeiden. Vor diesen Abfangrosten befand sich eine schmale private Holzbrücke, über die man den Kanal hier überqueren konnte.
Der kleine Steg war nicht sehr stabil, hatte kein Geländer und in der Bodenfläche fehlten einige Bretter, durch die man das fließende Wasser beobachten konnte.
Das Brückerl hatte die Müllerfamilie gebaut und war nur zu deren Nutzung vorgesehen.
Überquerte man es, kam man zum hinteren Teil der Mühle und zu dem hinter der Mühle vorbei fließenden Flüsschen.

Der gefährliche Übergang wurde in erster Linie benützt, um an den Gitterrosten hängen gebliebenen Unrat, meist Äste verschiedener Größe, selten ertränkte Katzen oder andere Tierkadaver herauszufischen.

Zu dieser manuellen Gitterreinigung knieten sich Hubert oder Karl auf die Bretter und entfernten mit einer Mistgabel, einem langen Holzspieß oder einer selbstgebastelten Reuse den angeschwemmten Abfall.
Die Schutzroste wurden täglich zweimal, falls erforderlich auch öfter gereinigt. Am schlimmsten sah es dort nach einem Gewitter oder Sturm aus, wenn Unmengen von abgebrochenen Ästen und Blättern die Gitter verstopften.

Der Fluss hatte bis zur Mühle einen weiten Weg durch Dörfer und Auen hinter sich und es war nicht verwunderlich, dass er Unrat mit sich führte, ein Teil davon in die künstlich umgeleitete Wasserbahn geriet und an den Gitterrosten hängen blieb.

Hinter dem Steg kam man zu einem abgeleiteten teilweise ausgetrockneten Flussbett.

Es roch dort nach abgestandenem Wasser und verwesten Fischen, hierhin wurde auch der Abfall aus den Gitterrosten geworfen.

Emma benützte heute die kleine Brücke und überquerte den künstlichen Kanal, obwohl sie nicht damit rechnete, dass Lisa sich auf dem tristen und unschönen Fleckchen Land aufhalten würde. Sie wollte nur nachsehen, man konnte ja nie wissen, doch Lisa war nicht zu sehen.

Emma verspürte große Lust sich neben dem Übergang eine Weile auszuruhen, dem monotonen Geräusch des sich langsam drehenden Mühlrades zuzuhören und das Wasser zu beobachten, wie es sich durch die Gitterstäbe drängte, um im Inneren des Gebäudes mit seiner Kraft das riesengroße hölzerne Mühlrad zu bewegen.

Bei diesem Anblick konnte sie die Gedanken des Alltags loslassen, sich von Verflossenem verabschieden, das nicht mehr zurückzuholen war und sich einfach fallen lassen.

Sie gönnte sich dieses harmlose Vergnügen eine halbe Stunde und schritt dann im warmen Schein der Oktobersonne weiter den baumbewachsenen Ufer des kleinen Flusses entlang. Sie fühlte sich unbeschwert und glücklich, sah am anderen Ufer zwei Fischer ihrem Hobby frönen und freute sich darauf, Lisa zu begegnen. Sie rief wiederholt ihren Namen, es hätte ja sein können, dass sie irgendwo hier im Gebüsch am Ufer sitzen würde, um den Fischen zuzusehen, die, wenn man sie fütterte,

bis an den Uferrand schwammen, um sich keinen Krümel entgehen zu lassen.
Lisa brachte oft selbstgeflochtene kleine Kränzchen aus Gräsern und Blüten sowie bunte Wiesenblumensträuße nach hause.
Dieses lebendige Zubehör wuchs auf der endlos langen saftigen Uferwiese in reicher Fülle, doch von Lisa selbst war nichts zu sehen.
Emma hatte ungefähr einen Kilometer zurückgelegt, als sie die Biegung eines Feldweges zu einem auf der gegenüberliegenden Seite liegenden kleinen Wald und abgeernteten Feldern mit aufgeschichteten Strohballen führte.
Sie bedauerte, Lisa nicht gefragt zu haben, wo sie den Nachmittag verbringen würde und schlug unverrichteter Dinge einen ihr bekannten Rückweg ein, da sie keine Chance sah, ihr Kind zu finden, denn diese kannte von ihren täglichen Erkundungsgängen die Gegend viel besser als sie.
Am Abend würde sie Lisa fragen, ob sie Lust hätte, mit ihr gemeinsam einen Teil ihrer Freizeit zu verbringen.

Einige Gehminuten von der Mühle entfernt lagen große Stöße aus geschälten dicken Baumstämmen, daneben ebenfalls zu hohen Bergen geschichtet, die von diesen Bäumen abgesägten Äste.
Die geschälten und vorbereiteten Baumstämme waren verkauft und wurden bis zur Abholung neben der Mühle gelagert. Die Äste waren nach zwei Stärken sortiert Kleines Astwerk verheizte man in der Mühle, dicke Äste wurden von Hubert, Karl und Paul mit der gefährlich

aussehenden Kreissäge zerkleinert und als Brennholz zum Verkauf angeboten. Im Umkreis des voluminösen Holzlagers verbreitete sich der erdig würzige Geruch von Harz und frisch geschnittenem Holz, der in Emma eine tiefe Verbundenheit zur Erde und zur Natur auslöste.

Die ordentlich angehäuften Berge von frisch geholzten Bäumen und Ästen waren so hoch, dass man von der Vorderseite der Mühle nicht sehen konnte, wann und ob jemand sich dahinter befand.

Emma gelangte auf einen holprigen Feldweg zu der hinteren Seite des Holzlagers mit den unüberblickbar hohen Holzstößen, als sie plötzlich Lisa in unmittelbarer Nähe sah. Erfreut wollte sie ihren Namen rufen, als sie diese in einer eigenartigen Körperhaltung bemerkte.

Lisa hatte ihr Kleidchen hochgerafft, saß mit gespreizten Beinen auf einem herausstehenden geschälten Ast in einer Höhe, dass ihre kleinen Füße den Boden nicht berühren konnten und bewegte ihren Unterkörper hektisch vorwärts und zurück.

Neugierig trat Emma langsam näher.

Lisa hatte die Augen geschlossen, war völlig weggetreten. Sie stöhnte und bewegte sich erst in langsamen Tempo, dann immer schneller werdend hin und her, bis sie vor Lust zu quietschen begann, die Beine spreizte und wieder schloss.

Emma stand wie vor den Kopf gestoßen da.

Lisa, dieses kleine Luder befriedigte sich auf diesem Ast selbst.

„Mein Gott," dachte sie" und das mit acht Jahren; ist das Kind frühreif, bloß weg von hier, damit sie mich nicht

sieht."
Emma traute sich kaum zu bewegen, höchstens fünf Meter trennten sie von Lisa.
Sie drückte sich zwischen die unregelmäßig herausstehenden Äste.
Doch schon nach wenigen Minuten konnte sie ihre Angst loslassen, denn kaum hatte Lisa sich von ihrem Vergnügen erholt, begann sie erneut ihren kleinen Körper in aufrechter Sitzhaltung in langsamen Rhythmus auf dem Ast hin und herzuschieben, sie genoss ihr Lustgefühl in vollen Zügen und sah dabei mit weit aufgerissenen Augen nach oben in den blauen Himmel.
Emma wartete, bis sie ekstatisch auf den nächsten Höhepunkt zurutschte und die Augen schloss, um diese Sekunden zu nützen, schnellstmöglich aus dem Gesichtskreis von Lisa zu verschwinden, wobei sie keine Befürchtung zu haben brauchte, dass Lisa sie sehen oder hören würde, denn sie war so bei der Sache, dass sie erst aufmerksam geworden wäre, wenn jemand unmittelbar neben ihr gestanden wäre oder sie berührt hätte.

Emma lief aufgeregt zur Mühle zurück.
Wirbelstürme von Gedanken schossen durch ihren Kopf.
Sie durfte keinem Menschen davon erzählen, Paul nicht und ihrer bösen Schwiegermutter sowieso nicht Die Gedankenflut ließ sie auch nicht los, als sie zwei Stunden später das Abendessen für die Müllersfamilie zubereitete.
Sie überlegte, ob sie mit Lisa über die Sache sprechen sollte.
Im Grunde tat Lisa nicht Schlechtes, gefährlich war nur, dass jemand sie dabei beobachten könnte.

Emma musste einsehen, dass das Bedürfnis sich selbst zu befriedigen bei Lisa anscheinend sehr früh eingetreten war.
Ein natürlicher Trieb, der früher oder später bei jedem Mädchen oder Jungen befriedigt werden will.
Wenn sie es nur nicht so öffentlich machen würde, dachte Emma, jeder konnte bei ihrer Lustbefriedigung zusehen, wenn sie es hinter diesem Holzlager trieb.
Nicht nur das machte ihr als Mutter große Sorgen.
Ein weiteres Problem war, dass sie nicht wusste, ob sie Lisa sagen sollte, dass sie zufällig Zeuge dieser Selbstbefriedigung geworden ist.
Sie hatte Angst, Lisa würde zu ihr aus Scham das Vertrauen verlieren und das wäre in dieser Situation wirklich das Schlimmste, was geschehen könnte.
Emma entschied, sich mehr um Lisa zu kümmern und vorerst mit ihr nicht über den Vorfall zu sprechen.
Sie würde ihr vorschlagen, heute nach dem Abendessen einen gemeinsamen Spaziergang zu machen.

Als Lisa vom Tisch aufstand sagte sie:
"Lisa, warte auf mich, ich hätte Lust mit dir später ein wenig spazieren zu gehen."
Lisa sah ihre Mutter erstaunt an.
"Prima Mama, ich warte draußen im Hof auf dich."
Emma begann die restlichen Töpfe zu spülen.
Die Müllerfamilie saß noch diskutierend am Tisch, Emma spürte, dass Hubert sie mit Blicken durchbohrte und wenn sie zur Seite sah, versuchte er einen Blick zu erhaschen.

Emma hörte, während sie in der Küche die letzten

Handgriffe erledigte, dass Lisa leichtfüßig aber doch laut, unentwegt die Treppe hinauflief.
Sie dachte, was macht das Kind vor der Küchentüre für einen Lärm und begab sich in den Hausflur mit den unebenen steinernen Fußboden.
Emma staunte über das, was sich ihren Augen darbot.
Lisa lief die Treppe hoch, setzte sich oben mit gespreizten Beinen, wie auf dem Ast hinter dem Holzstoß, auf das Treppengeländer und rutschte mit verklärten Augen herunter. Unten angelangt, rannte sie wie verrückt wieder nach oben, schwang sich flink erneut auf das Treppengeländer und rutschte abermals herunter.
Sie warf einen kurzen Blick zu Emma, als würde die sie überhaupt nicht interessieren.
"Bist du endlich fertig Mama," rief sie hektisch.
"Nein, nicht ganz, ich habe nur nach dir gesehen, weil du so viel Lärm machst, wenn du permanent mit deinen klappernden Sandalen die Treppen hinaufläufst, während die Müller's beim Abendessen sitzen.
Was soll das für ein Spiel sein, dass hier abläuft?"
Lisa hielt inne.
„Auf dieses Spiel bin ich gerade erst gekommen, als du sagtest, ich sollte auf dich warten. Im Hof war es mir zu langweilig, da kam mir diese Idee mit dem Treppengeländer.
Mama das macht Spaß."
"Höre auf damit „protestierte Emma, "du zerreißt dir deine Unterhose."
"Du hast ja eine Nähmaschine, mit der kannst du sie wieder zusammennähen."
Frech lachend ruft sie Emma nach:

"Oder soll ich sie zum Rutschen ausziehen?"
Emma bekam einen roten Kopf, lief in die Küche zurück und hoffte, dass Lisa's letzte Worte niemand gehört hatte.
In ihrem Kopf hämmerte es:
„Das Kind ist frühreif, hoffentlich nimmt das nicht schlimmere Ausmaße an, hoffentlich bleibt das in Grenzen".
Schnell beendete sie ihre Arbeit und sagte zu den enttäuschten Müllersleuten:
"Ich muss mich ein bisschen mehr um Lisa kümmern und mache mit ihr einen Abendspaziergang um die Mühle."
"Das machst aber nicht jeden Tag," antwortete Sofie lachend, "die ist doch groß genug, dass sie sich alleine beschäftigen kann, bisher hat sie es auch getan."
"Spannt heute mal den Paul als Unterhalter ein," rief Emma.
Worauf Rosa entgegnete:
"Der redet doch nichts, da bist du uns viel lieber".
"Morgen bleibe ich wieder hier," versprach Emma " und dann Müllerin möchte ich deine Neuigkeiten vom Erntedankfest hören, mit denen du uns am Sonntag-Abend den Mund so wässrig gemacht hast, gute Nacht schlaft alle gut," rief sie freundlich in die Küche und versuchte, Hubert einen kurzen Blick zu schenken.

Lisa saß mit feuerroten Backen vor der Haustüre auf einem großen Stein.
"Sie kann nicht mehr," dachte Emma," sie hat sich heute ohne Unterbrechung selbst befriedigt."
Lisa war lustig, gelöst und sehr gut aufgelegt Sie führte Emma in die Scheune, zeigte ihr die nur ihr bekannten gut

versteckten Legeplätze einiger Hühner und erzählte, dass die rote Hofkatze Junge bekommen habe, eines schöner sei als das andere und bat Emma inständig, ein Kätzchen mit nach oben nehmen zu dürfen.

"Ein Katzenbaby nur für mich alleine Mama," bat sie, dann hätte ich jemanden, der mit mir Schlafen geht und mit dem ich oben spielen könnte, wenn jetzt der Winter kommt."

Emma, eine große Tier- und vor allem Katzenfreundin lächelte verständnisvoll.

Sie schlichen gemeinsam zu dem kleinen Schuppen, wo die Katzenmutter sie fauchend empfing.

Lisa rief:

"Susi, Susilein, ich bin's doch nur."

Sofort hörte die Katze auf zu fauchen und Lisa durfte sich mit Emma dem Versteck nähern, in der die vier kleinen Kätzchen schlummerten.

Eng zusammengekuschelt lagen sie in der kleinen geschützten Höhle, die sich in einem Heuhaufen im hintersten Teil der Scheune befand.

Lisa und Emma setzten sich vor die gut getarnte Öffnung, um die winzigen Katzenbabys beobachten zu können.

"Das hier möchte ich" bettelte Lisa und deutete auf das einzige rote Kätzchen dieses Wurfes.

"Meinetwegen" entgegnete Emma, „sobald es die Mutter nicht mehr braucht, kannst du es dir holen und versuchen, an unsere Wohnung zu gewöhnen."

Nach einiger Zeit, als die Katzenmutter ihre Jungen sattgesäugt und schlummernd in absoluter Geborgenheit wusste, verließ sie die Scheune.

Lisa erklärte ihrer Mutter:

"Jetzt hat sie Hunger bekommen und fängt sich eine Maus."
Beim Anblick der friedlich schlafenden Katzenkinder fasste Emma ganz spontan den Entschluss, diese Gelegenheit zu nützen, um mit Lisa ein aufklärendes Gespräch zu beginnen:
"Diese Katzenbabys sind doch etwas wunderschönes, nicht wahr Lisa. Ich finde, dass alle Babys, egal ob Menschen- oder Tierbabys sehr zart und zerbrechlich aussehen und man spürt, dass sie auf die Hilfe und den Schutz guter Eltern oder Menschen angewiesen sind."
Emma sah Lisa ins Gesicht und fragte:
"Weißt du denn überhaupt, wie Baby's entstehen Lisa?"
Lisa antwortete sehr selbstsicher:
"Selbstverständlich Mama weiß ich wie Katzenbaby's entstehen.
Ich habe schon einige Male beobachtet, was der graue Kater vom Gschwendtnerhof mit unserer Susi macht, bevor sie dann einen dicken Bauch bekommt und einige Wochen später junge Kätzchen zur Welt bringt.
Als ich das erstemal zusah, glaubte ich, der Kater würde Susi wehtun und habe ihn verjagt.
Kurze Zeit später kam er wieder und als ich sah, dass Susi nicht weglief, sondern sich vor ihm ins Heu warf und sich darin wälzte, wusste ich, dass sie sich wünschte, dass er mit ihr etwas machen sollte.
Er krabbelte mit den Vorderpfoten auf ihren Rücken und steckte ihr etwa Langes, das plötzlich aus seinem Körper herausgewachsen war, in den Popo. Er zuckte dann schnell und heftig und Susi hielt dabei ganz still. Daran merkte ich, dass ihr das gefiel."

Emma hörte sich interessiert Lisa's Erzählung an und unterbrach sie nicht.
Lisa berichtete weiter:
"Der Gschwendtner Kater machte das mit Susi einige Tage hintereinander und Mama, stell dir vor, es kamen meist noch zwei andere Kater vom Dorf, die in dieser Zeit das gleiche mit Susi machten und immer, nachdem alle Kater auf Susi gezuckt hatten, bekam sie ein paar Wochen später kleine Katzenkinder. Daher weiß ich, wie Katzenbaby's gemacht werden."
Emma spürte ein peinliches Gefühl und eine gewisse Scheu, nun das Gespräch zu übernehmen und Lisa aufzuklären.
Lisa ließ ihr keine Zeit für lange Überlegungen. Sichtbar erregt durch die eigene Erzählung fragte sie plötzlich:
"Mama werden auch Menschenbaby's so gemacht?"
"Ja, sehr ähnlich, ich werde dir jetzt sagen, wie das bei uns Menschen vor sich geht."

Emma begann ihre Aufklärung damit, Lisa den Unterschied zwischen männlichem und weiblichem Geschlecht deutlich vor Augen zu führen.
Sie schilderte Lisa detailgetreu die Anatomie eines Mannes, wofür Lisa großes Interesse zeigte und mit glänzenden Augen zuhörte.
Anschließend informierte sie Lisa mit großer Offenheit über den weiblichen Körper, die Funktion der weiblichen Geschlechtsorgane und das Körpergefühl einer Frau.
Als sie geduldig Lisa's unzählige neugierige Fragen zu diesem Thema und deren Zufriedenheit beantwortet hatte, war Emma froh, den ersten Teil der Aufklärung hinter

sich gebracht zu haben.
Nach einer kurzen, wortlosen Denkpause erklärte Lisa mit wissendem Gesichtsausdruck ihrer Mutter:
"Mama, wie es die Menschen machen, brauchst du mir nicht erzählen, dass weiß ich sehr genau."
Emma erschrak, sah Lisa erstaunt und fragend an, während in ihr quälende Gedankenbilder kamen und gingen.
"Weißt du, ich beobachte seit vielen Wochen die Gschwendtner Kuni und den Buricek Anton. Mama, wenn zwei Menschen das zusammen tun, muss ihnen das sehr gut gefallen, denn die Kuni und der Anton stöhnen dabei so sehr und die Kuni ruft unentwegt: „Tut das gut, tut das gut Anton."
Emma wurde blass, sie war kaum fähig, ihre Fassung zu bewahren.
Sie unterbrach Lisa.
"Warum hast du mir davon niemals erzählt Lisa?"
"Wann hätte ich dir davon erzählen sollen Mama, du hattest für mich doch nie Zeit, seit wir hier in der Mühle sind, früher hätte ich dir so etwas gleich erzählt."
"Und wo Lisa, wo schaust du den beiden zu?"
"Da steht eine alte Scheune auf der Wiese, weit hinter dem Hof des Schricker-Bauern, in der zwei alte Landmaschinen abgestellt und einige Strohballen gelagert sind. Diese Scheune ist ungefähr 15 Minuten Fußweg von hier entfernt.
Einmal war ich dort spazieren, als ein Gewitter kam und es stark zu regnen begann, da lief ich in diese Scheune, um mich unterzustellen. Ich war erst wenige Minuten dort, als eine Person auf einem Fahrrad in Richtung

Scheune geradelt kam.
Ich erkannte die Gschwendtner Kuni, sie war tropfnass von dem starken Regen und fuhr direkt in die kleine alte Scheune hinein, in der ich saß.
Ich lief schnell nach hinten, weil ich nicht mit ihr reden wollte, zu den dort gelagerten Strohballen und versteckte mich dazwischen.
Die Kuni stellte ihr Fahrrad in der Scheune ab und setzte sich direkt vor meinem Versteck auf einen großen Strohballen.
Ich dachte mir, wenn es zu regnen aufhört, wird sie wegfahren, dann kann auch ich die Scheune verlassen.
Sie war schön angezogen und gut aufgelegt, denn sie summte vor sich hin.
Plötzlich hörte ich Schritte hinter der Scheunenwand und merkte, dass jemand um die Scheune herumging. Dann sah ich Anton in die Scheune kommen. Ich war erstaunt, dass auch er sich hier unterstellen wollte, wo ich von Papa wusste, dass er an diesem Tag einige Ladungen Mehl beim Gschwendtnerbauern anliefern sollte.
Ich konnte nicht weiter darüber nachdenken, dann ging es schon los.
Der Anton lief direkt auf die Kuni zu, umarmte sie und gab ihr viele, viele Küsse. Dann zogen sich die beiden ganz schnell nackt aus. Der Anton hat die Kuni überall angefasst, an ihrem Busen und zwischen ihren Beinen.
Anschließend hat er sie auf einen Strohballen gelegt und hat das harte Teil eines Mannes, über dass du mich vorhin aufgeklärt hast, in sie hineingesteckt.
Ich sage dir Mama, wenn ich nicht von den Katzen gewusst hätte, wie die es machen, hätte ich laut

geschrieen, weil ich geglaubt hätte, der Anton würde die Kuni umbringen, so wild haben die sich gebärdet.
Ich dachte mir, wenn unsere Katze sich stillhält, wenn der Kater bei ihr aufsteigt, dann tut das sicher auch der Kuni gut.
Der Anton hat es ihr mindestens 10 Minuten ganz fest gegeben, bis beide laut zu wimmern begannen und dann ruhig geworden sind.
Kurz darauf stieg der Anton von der Kuni herunter, machte seinen Geschlechtsteil mit dem Taschentuch sauber und zog schnell seine Kleidung wieder an.
Die Kuni blieb ruhig und nackt liegen, sie hatte es nicht so eilig wie er und schaute dem Anton beim Anziehen zu.
Gesprochen haben sie nicht viel, sagten nur immer wieder zueinander:
„Ich liebe dich."

Als er aus der Scheune lief, rief er ihr zu:
„Übermorgen um die gleiche Zeit wieder hier Kuni, ich freue mich schon auf dich."
Einige Minuten später hörte ich ganz in der Nähe einen Traktor anspringen. Da wusste ich, dass er auf dem Feldweg, der durch den kleinen Wald führt, seinen Traktor abgestellt hatte, um sich mit Kuni in der Scheune zu treffen.
Als er weg war streichelte Kuni über ihren Körper, zog sich langsam an und fuhr mit ihrem Fahrrad, so als wäre nichts geschehen zum Gschwendtner Hof zurück.
Natürlich bin ich zwei Tage später um die gleiche Zeit, versteckt hinter meinem Strohballen wieder auf der Lauer gelegen und konnte es kaum erwarten, bis sie kamen und

wieder konnte ich direkt vor meinen Augen zusehen, wie sie es gemacht haben.
Sie haben noch einen zweiten Treffpunkt Mama. Zweimal in der Woche treffen sie sich in dieser Scheune, manchmal bin ich auch zu spät gekommen. Wenn ich ihr Rad stehen sah, lief ich schnell weg.

Wenn sehr schönes Wetter ist, fahren sie getrennt zum Flussufer, gehen vorher nackt ins Wasser, schwimmen ein bisschen, legen sich dann ins Gebüsch und Anton macht es anschließend sehr lange und wild mit ihr. Diese Treffpunkte weiß ich deshalb, weil sie in der Scheune immer ihr nächstes Zusammensein vereinbaren.
Auch am Flussufer schaue ich ihnen regelmäßig zu.
Ich lege mich direkt hinter dem Gebüsch ins Gras.
Erwischen können sie mich nicht, weil beide von vorne kommen und ich durch dichte Sträucher gut versteckt bin.
Mama, ich habe ihnen schon mindestens fünfzigmal zugesehen.
Es ist immer wieder aufregend und wunderschön für mich."
Emma lauschte sehr erregt dieser ausführlichen Schilderung ihrer kleinen Lisa, aus der die Worte herausflossen, als hätte man ein Ventil geöffnet.
Das Bedürfnis, sich endlich ihrer Mutter anvertrauen zu können, kam so deutlich zum Ausdruck, dass Emma sich schämte, ihre Tochter in den vergangenen Monaten so ins Abseits gedrängt zu haben.
Inzwischen war es stockdunkel in der Scheune geworden.
"Mama," flüsterte Lisa," warum machst du das eigentlich nicht mit Papa, wenn das so etwas Schönes ist?

Ihr habt euch doch lieb und ich habe noch nie gesehen, dass er dir sein männliches Stück hineingibt? Anton und Kuni haben dabei so viel Spaß und Freude, sie lachen, stöhnen und kichern, es muss herrlich sein".
"Mama," flüsterte sie noch leiser:
"Ich wollte das auch mit einem Mann machen, bitte sag mir, wann darf ich einen Mann lieben?"
Das ist der Höhepunkt, dachte Emma und antwortete, entsetzt über diese Bitte von Lisa:
"Du bist viel zu jung und zu klein, um so etwas zu tun. In ein paar Jahren, wenn du einen Freund gefunden hast und ihr euch lieb habt, kannst du es mit ihm probieren. Dein Körper muss sich noch einige Jahre entwickeln, bevor du ihn einen Mann schenken kannst."
"Nein, das stimmt nicht," ruft Lisa mit Vehemenz aus, Mama, wenn ich den beiden immer so ganz nah zusehe, zuckt es bei mir genau dort, wo Anton der Kuni seinen Geschlechtsteil hineingibt."
Emma spürte, den Wechsel der Gegensätze gewachsen zu sein und dachte, jetzt spreche ich sie sofort wegen ihrer Selbstbefriedigung an. Es ist dunkel, meine aufsteigende Verlegenheitsröte kann Lisa nicht sehen und ich muss ihr bei den folgenden Worten nicht in ihre Augen sehen.

"Lisa," begann Emma vorsichtig," ich habe dich vor einigen Tagen hinter dem großen Holzstoß beobachtet und weiß, was du dort gemacht hast.
Bitte Lisa, lauf jetzt nicht weg, ich verstehe seit heute, warum du das getan hast."
Emma ergriff Lisa's Arm, damit sie ihr nicht entwischen konnte.

Es geschah das Gegenteil. Lisa warf sich Emma in die Arme, drückte ihren Kopf an ihre Brust und begann bebend zu schluchzen.
"Mama, bitte sei nicht böse, ich schäme mich so vor dir, weil du mir zugesehen hast."
Emma streichelte Lisa beruhigend.
"Hör auf zu weinen Lisa, was du getan hast, ist völlig normal. Nach dem, was du mir heute alles erzählt hast, bin ich dir nicht böse, ich verstehe dich voll und ganz."
Lisa schluchzte weiter und stammelte immer wieder: "Mama ich schäme mich, Mama ich schäme mich."

Emma wartete geduldig, bis sich ihre Tochter beruhigt hatte, streichelte ihr Haar, ihren Kopf, ihr kleines Gesicht. Lisa tat ihr leid und sie spürte, dass ein Gefühl starker Mutterliebe, wie schon lange nicht mehr, in ihr hochstieg und sich tiefe Schuldgefühle über ihre vernachlässigten Mutterpflichten bemerkbar machten.
Hätte sie sich nur ein wenig mehr um Lisa gekümmert in der vergangenen Zeit, hätte sie zu diesen Beobachtungen wahrscheinlich keine Gelegenheit gefunden und ihr Trieb zur Selbstbefriedigung wäre nicht schon mit acht Jahren so extrem an die Oberfläche getreten.
Schade, dass es so gekommen ist, bedauerte Emma im Stillen.
Als Lisa sich beruhigt hatte sprach Emma leise zu ihr: "Lisa für heute reicht es, was wir gesprochen haben.
Ich glaube, wir haben uns sehr aufgeregt, aber nun ist alles raus, das bedeutet eine große Erleichterung für dich und natürlich auch für mich."

"Mama," rief Lisa," ich möchte dir noch schnell etwas sagen zu dem was du hinter dem Holzstoß beobachtet hast. Du sollst wissen, wie es das erstemal geschah. Bitte setz dich nocheinmal kurz zu mir ins Heu."
"An einem Frühsommertag, als ich Anton und Kuni wieder einmal beobachtet hatte, war ich wie immer sehr erregt und spürte dieses Zucken zwischen meinen Beinen. Ich lief, nachdem die beiden die Scheune verlassen hatten, zu den großen Holzstößen neben der Mühle und setzte mich dort auf einen Ast.
Völlig unbewusst ließ ich meine Beine baumeln und spürte plötzlich, dass diese Bewegungen in mir ein starkes Lustgefühl auslösten.
Ich begann langsam intensiver hin und herzurutschen, schloss meine Augen und stellte mir dabei vor, was Kuni und Anton zusammen taten. Dann merkte ich, je schneller ich diese Rutschbewegungen machte, umso stärker wurde das prickelnde Gefühl in meinem ganzen Körper.
Auf einmal wurde ich ganz glücklich, so glücklich, wie ich noch nie in meinem Leben war und ich dachte, ich beginne zu fliegen, bis in den Himmel hinein.
Seither Mama, laufe ich, nachdem ich den beiden zugesehen habe sofort hinter den Holzstoß und verschaffe mir, sooft ich Lust habe, dieses herrliche Gefühl, bis ich machmal todmüde bin.
Mama, auf dem Treppengeländer klappt es auch, aber nicht so schön wie auf meinem Ast."
"Lisa," warnte Emma, darüber sprechen wir morgen Abend. Ich habe dir dazu sehr viel zu sagen, bist du damit einverstanden?"

Lisa nickte begeistert
"Nun Lisa, habe ich noch eine Bitte an dich, bevor wir schlafen gehen:
Du darfst keinem Menschen, weder in der Schule noch hier in der Mühle sagen, was du beobachtet hast."
"Warum Mama," fragte Lisa ganz erstaunt, darf das niemand erfahren, die Beiden tun doch etwas Schönes, dass sie sehr glücklich macht?"
"Einerseits hast du recht, mein Kind" antwortete Emma," doch das, was die beiden zusammen tun, das dürfte die Kuni nur mit ihrem Mann und der Anton nur mit seiner Thekla machen.
Weißt du, wenn man verheiratet ist, darf man nur den eigenen Mann oder die eigene Frau körperlich lieben."
"Warum," fragte mit enttäuschtem Gesicht Lisa," das ist ungerecht Mama!"
"Lisa, mach dir jetzt darüber keine Gedanken, morgen unterhalten wir uns weiter und ich beantworte gerne deine vielen offenen Fragen.
Ich verspreche dir, ab sofort verbringen wir unsere Freizeit gemeinsam und niemand erfährt von unseren großen und kleinen Geheimnissen.
Meine kleine Lisa, ich habe dich sehr sehr lieb.
Es war heute ein sehr schöner Abend mit dir und sobald die Kätzchen selbständig sind, holen wir uns den roten Winzling nach oben."
Emma legte den Arm zärtlich um die schmalen Schultern ihrer kleinen Tochter.
Beide schlenderten glücklich lachend und müde über den nur spärlich erhellten Hof der Mühle.
Es war fast 22.00 Uhr, als sie ihre kleine Wohnung

erreichten.
Flink kleideten sie sich aus und schlüpften in ihre Betten, mit einem weichen Gefühl von Glück und Entspanntheit.

Für Lisa und Emma hatte sich seit dem aufregenden Abend in der dunklen Scheune die Welt verändert, beide waren eingetreten in ein Reich der Offenheit und Geborgenheit.
Sie verbrachten viel gemeinsame Zeit seit der großen Aussprache, die in den folgenden Tagen ihre Fortsetzung fand und es herrschte ein innigeres Verhältnis denn je, zwischen Mutter und Tochter.
Lisa hatte versprochen, ihren Beobachtungsposten in der Scheune aufzugeben und ihre Selbstbefriedigungsorgien zu reduzieren und vor allem darauf zu achten, dass sie dabei von niemandem beobachtet wurde.
Einige Zeit später, bei einem abendlichen Spaziergang sagte Lisa verlegen:
"Mama, ein Versprechen muss ich manchmal brechen, ich sage dir das vorher, damit du nicht böse bist, wenn du mich dabei erwischt."
"Und das wäre," fragte Emma erstaunt.
"Mama, nie mehr zur Scheune oder dem Gebüsch zu gehen, wo ich Anton und Kuni so lange beobachtet habe, kann ich dir nicht versprechen.
Ich habe jetzt zwei Wochen versucht, nicht mehr daran zu denken, aber ich spüre immer stärker den Wunsch, wieder dorthin zu gehen. Es war für mich aufregend und schön, den beiden zusehen zu können, so dass ich manchmal glaubte, ich wäre die Kuni und Anton würde es mit mir machen.

Mich hat das so glücklich gemacht.
Mama, einmal in der Woche muss und werde ich dorthin gehen, bitte verbiete es mir nicht, du hast gesagt, du bist meine Freundin."
Emma antwortete:
"Lisa, Ehrlichkeit zwischen uns ist sehr wichtig. Schau, was hätte ich davon, wenn du mir versprichst, die beiden nie mehr zu beobachten, dann trotzdem heimlich hingehst und mich belügst.
Ich habe in den letzten Tagen erkannt, dass du mit deinen acht Jahren schon ein sehr erwachsenes Mädchen bist und ich mich auf dich verlassen kann.
Überlege es dir immer gut, bevor du auf Beobachtungsreise gehst und gehe bitte nur, wenn du überzeugt bist, dass es sein muss."

Emma beschäftigte sich in Gedanken sehr viel mit Kuni Gschwendtner und Anton Buricek, seit sie von Lisa diese ausführlichen Informationen erhalten hatte.
Sie gönnte den beiden Menschen ihr Glück von Herzen, hatte jedoch hierbei die schlimmsten Befürchtungen. Das kleine Dorf hatte viele versteckte Augen und diese Beziehung konnte auf Dauer nicht verborgen bleiben, sagte ihre innerste Überzeugung.
Durch die kurzen Abende der dunklen Jahreszeit hatte Emma mit den Müllersleuten eine Vereinbarung getroffen, wonach sie sofort nach dem gemeinsamen Abendessen mit Lisa eine Stunde spazieren gehen würde, anschließend ihre Küchenarbeit erledigen und den Rest des Abends, wenn Lisa zu Bett gegangen war, den Müllers zur gemeinsamen Unterhaltung zur Verfügung

stehen würde.
So vergingen die Abende in der großen alten Mühle wieder zur Zufriedenheit aller Beteiligten.

Lisa hatte ihr rotes Kätzchen bekommen, es war ein Katerchen, sie nannte es Schimodi.
"Wie kommst du auf diesen komischen Namen," fragte ihr Vater.
"Mir gefällt dieser Name, ich möchte, dass mein Kater so heißt und auch ihr ihn alle so ruft."
Niemand hatte etwas dagegen einzuwenden.
Kater Schimodi genoss ein herrliches Leben. Jetzt vor Einbruch der winterlichen Kälte, hatte er als einziger von seinen Geschwisterchen das große Los gezogen. Die mussten in der heuträchtigen Scheune zwar auch nicht frieren und hatten viel Spaß daran, die vielen Mäuse zu fangen, die sich in der Mühle und deren Umgebung tummelten, doch ein klein wenig schöner hatte es Schimodi trotzdem.
Allabendlich bekamen die Katzen in einer großen Schüssel kuhwarme, frisch gemolkene Milch von Rosa. An dieser leckeren Milchmahlzeit durfte Schimodi täglich teilnehmen und dabei seine frechen, vielfarbigen Geschwister beschnuppern und mit ihnen kurze Zeit spielen. Bevor die Nacht anbrach, nahm Lisa ihn wieder mit hoch zur Wohnung.
Der kleine Kater wurde besonders von Lisa und Emma geliebt und verwöhnt. Paul hatte keinen großen Bezug zu ihm, da er sich selten in der Wohnung aufhielt, kraulte ihn aber geduldig, wenn er bei ihm schnurrend um Streicheleinheiten bettelte.

Nur der Vogt-Oma war Schimodi irgendwie ein Dorn im Auge. Lag er auf dem Fensterbrett, bildete sie sich ein, zum Fenster hinaussehen zu wollen und verjagte ihn. Solch kleine Gehässigkeiten beobachtete vor allem Emma des öfteren.
Darauf angesprochen erklärte die Oma:
"Katzen gehören nicht in die Wohnung, sondern in Hof und Scheune, vor allem nicht ins Bett von Lisa. Unsere Wohnung ist viel zu klein, da hat dieser Kater nichts zu suchen."
Es hatte den Anschein, als wäre die Oma eifersüchtig, weil Emma und vor allem Lisa dem kleinen Kater zuviel Aufmerksamkeit schenkten.
Seit Emma sich wieder intensiv um Lisa kümmerte, distanzierte sich diese immer mehr von ihrer Oma und spielte in jeder freien Minute mit Schimodi.
Vor Lukas nahm der süße Kater Reißaus. Wenn er tollpatschig auf ihn zustolperte, sprang Schimodi flink auf ein hohes Möbelstück.
Die ungestüme Art des Kindes mochte er nicht und als Lukas merkte, dass ihm der Kater nicht als Spielzeug zur Verfügung stand, verlor er bald das Interesse an ihm.

Eines Abends, kurz vor Weihnachten, die Müllerin war mit ihrem alten verrosteten DKW in Waldsassen gewesen, um bescheidene Weihnachtseinkäufe zu tätigen, sagte sie mit sensationslustig blitzenden Augen nach dem Abendessen:
"Es gibt wieder eine Neuigkeit in unserem Dorf.

Ich habe heute in der Stadt Kreszenz, die alte Magd vom Penzkoferhof getroffen.
Emma, du kennst doch den Josef und die Irma Penzkofer. Er ist 48, sie wird ungefähr gleich alt sein. Sie haben doch seinerzeit die Flüchtlingsfamilie Platzer mit ihren zwei Töchtern aufgenommen."
Emma bestätigte dieses Wissen durch ein lebhaftes Nicken.
Die Müllerin erzählte weiter:
"Stellt euch vor, der Penzkoferbauer hat mit der ältesten Platzer-Tochter ein Verhältnis und Irma, die Bäuerin selbst, hat die beiden erwischt. Sie war im Krankenhaus in Waldsassen, wurde zwei Tage früher entlassen und fuhr mit einem Bekannten vom Dorf nachhause, ging mit ihrem Krankenhausgepäck ins Schlafzimmer und wie peinlich für sie, da lag ihr Mann mit der 21-jährigen Eva Platzer im Ehebett.
Die Penzkoferin soll die Eva an ihren langen Haaren aus dem Bett gezerrt und geschrien haben, dass der ganze Hof zusammengelaufen ist.
Was glaubt ihr, wie der Bauer darauf reagiert hat:
Nackert wie er war, hat er sich vor die Eva gestellt und die Bäuerin angeschrieen:
„Lass die Eva in Ruhe, entweder du akzeptierst das, was du gerade gesehen hast oder du verschwindest vom Hof."
„Und was glaubt ihr, wer das alles gehört haben soll?
Eva's Eltern, ihre 16-jährige Schwester Anna, die Kreszenz und der alte Hofknecht, der schon 30 Jahre am Penzkofer Hof schafft."
Gott sei Dank, hat die Kreszenz gesagt, waren zu dieser Zeit keine fremden Leute am Penzkofer Hof. Die land-

wirtschaftlichen Aushilfen arbeiten nur während der Sommermonate dort.
Mit hochrotem Kopf und schriller Stimme hat die Penzkoferin zurückgeschrien:
Ich erzähle im ganzen Dorf, was du für einer bist, dann kannst dich nie mehr sehen lassen.
Da hat der Josef laut gelacht und spöttisch geantwortet:
Geh nur gleich und erzähle es allen Leuten, dann kannst du dich nicht mehr sehen lassen, weil dich alle Dorfbewohner auslachen.
Und seit diesem peinlichen Zwischenfall hat die Kreszenz gesagt, geht der Penzkofer, wann immer er Lust hat, zur Eva ins Zimmer und treibt's mit ihr, sooft er will, manchmal sogar nach dem Mittagessen, dann hören sie ihn und die Eva aus dem offenen Fenster stöhnen, dass es über den ganzen Hof hallt.
Eva's Eltern sind angeblich sehr froh über das Verhältnis.
Sie sagten zur Kreszenz:
„So gut wie es uns jetzt auf dem Penzkofer Hof geht, ist es uns noch nie gegangen, weil der Bauer ein Gspusi mit der Eva hat."
Emma fragte dazwischen:
"Was ist eigentlich mit den Penzkofer-Söhnen?"
Sofie klärt sie auf:
"Der älteste Penzkofer-Sohn Matthias hat schon vor Jahren den elterlichen Hof verlassen und in eine große Mühle, 200 km von hier eingeheiratet.
Sein kleiner Bruder, der auf tragische Weise vom eigenen Traktor überrollt wurde, blieb nach vielen Operationen ein Pflegefall, der ans Bett gefesselt ist und von der Bäuerin am Hof versorgt und gepflegt wird."

Die kleine Gesellschaft der Mühle saß staunend und sprachlos am Tisch. Fassungslosigkeit zeichnete sich auf ihren Gesichtern ab.
"Ja," meldete sich der alte Müller mit listigem Blick zu Wort," mit den Flüchtlingen ist frisches Blut in unser Dorf gekommen, dass sieht man ja auch bei uns durch unsere Emma, eine Blutauffrischung dieser Art schadet keinem von uns, im Gegenteil.
Wenn ich es mir genau überlege, kann ich den Penzkofer nicht verurteilen wegen seines Verhaltens, denn seit der Bub durch eigenes Verschulden zum Pflegefall geworden ist, fährt die Irma doch jeden Tag nach Waldsassen und sitzt stundenlang in der Kirche, um für den kranken Johann zu beten. Der wird auch durch's Beten nicht mehr gesund, dass wissen doch alle.
Mit seinen 48 Jahren ist der Penzkofer noch ein Mann und Bauer von Kraft und Saft und wenn er den ganzen Tag neben einem jungen Weib schaffen muss, kann man schon verstehen, dass er noch einmal brünftig wird."
Die Müllerin antwortet giftig und nervös:
"Die Penzkofer Irma ist schön dumm, wenn sie sich das bieten lässt. Ich ließ mir so etwas nicht gefallen. Entweder ich ging vom Hof und ließ ihn mit seinem kranken Sohn alleine oder ich würde die gesamte verkommene, ehrlose Flüchtlingsbande vom Hof jagen."
"Das ist leichter gesagt, als getan Mutter," entgegnete Hubert," wo sollte denn die Penzkoferin in ihrem Alter hin, ihr gesamtes Vermögen steckt mit in dem großen Hof. Außerdem glaube ich, würde sie den kranken Johann nie im Stich lassen.

Und nachdem der Bauer auf der Seite der Platzer's steht, würden die den Penzkofer Hof nie verlassen, wenn die Irma das von ihnen verlangen würde. Also hat sie keine Chance und es bleibt ihr keine Wahl, als das Verhältnis ihres Mannes mit dieser Eva vorerst zu akzeptieren."
Sofie schüttelte verzweifelt den Kopf:
"Wieder ein Einheimischer, der sich einen Flüchtling genommen hat, da ist die Gschwendtner Kuni also nicht die Einzige, der das Spaß macht.
Ich wollte wissen wer es bei uns im Dorf mit wem treibt, wovon wir nichts ahnen."
Emma spürte, wie ihr bei Sofie's Worten eine Hitze ins Gesicht stieg. Sie stand schnell auf und legte Holzscheite im großen Küchenofen nach, damit niemand der Anwesenden ihre Verlegenheit bemerkte.
Nach einer kurzen Beruhigungspause sprach die Müllerin in freundlichem Ton:
"Emma und Paul hört mal her, euch hätte ich etwas zu fragen:
„Habt ihr Lust, die leer gewordene Wohnung der Buricek's zu übernehmen. Für fünf Personen sind euere zwei Zimmer doch viel zu klein. Vielleicht kannst du deine Mutter und Lisa in der Buricek-Wohnung unterbringen, dann könntet ihr beide in Zukunft ungestört euer Eheleben genießen," sagte sie lachend zu Paul."
„Ich habe mir oft gedacht, wenn du mal Lust auf deine Frau hast, kannst ihr wahrscheinlich nichts tun, weil immer die ganze Familie in der Nähe ist."
Hubert fiel seiner Mutter barsch ins Wort: "Wenn du ihnen die Wohnung anbietest Mutter, brauchst ihnen nicht zusätzlich Vorschläge zu machen, was sie drinnen tun und

lassen sollen."
Lisa, die bisher nur wortlos am Tisch saß, schrie laut und hysterisch:
"Ich gehe nicht mit der Oma in die andere Wohnung, ich bleibe bei meiner Mama" und hilfesuchend zu Emma blickend:
"Mama, sag ihnen, dass wir zusammen bleiben."
"Sicher Lisa" beruhigte Emma," du bleibst mit deinem Schimodi bei mir und Papa.
Wir quartieren die Oma mit dem Lukas in der Buricek-Wohnung ein, das ist die einfachste Lösung."
Lisa sprang auf und fiel Emma glücklich schluchzend um den Hals.
Die Müllerin mischte sich ein:
"Ja, was ist denn mit dir los Lisa, mir fällt schon seit einiger Zeit auf, dass du dich verändert hast."
Stolz legte Emma beide Arme um ihre kleine Tochter.
Emma und Paul bedankten sich hoch erfreut über das großzügige Angebot bei der Müllerin und ihrer Familie.
"Endlich kommt in diese beengenden Wohnverhältnisse eine Änderung und ich kann in Ruhe schlafen, ohne die permanenten, lautstarken Störungen meines kleinen Lukas", seufzte Paul glücklich.
Geschmeichelt kündigte die Müllerin an:
"Bevor es mit dem Schnee losgeht, bekommt ihr nächste Woche neue Fensterrahmen und in einer der beiden Wohnungen installieren wir einen Herd Emma, damit du für deine Familie in Zukunft auch manchmal oben eine Mahlzeit zubereiten kannst."
Glücklich strahlend verlassen Emma, Paul und Lisa die Müllerische Küche.

Mit jedem Tag fühlen sie sich hier mehr zu Hause.

Tief verschneit schien die alte Mühle im Winterschlaf zu liegen und bot dem Beobachter ein malerisches Bild ländlicher Märchen-Idylle. Dem äußeren Eindruck nach schien es im Dorf sehr ruhig geworden zu sein. Hubert, Karl und Paul waren damit beschäftigt, viele kleine Reparaturen zu erledigen, die während der Hochsaison angefallen waren und aufgrund Arbeitsüberlastung nicht durchgeführt werden konnten, so wie anstehende Umbauarbeiten in der Mühle vorzunehmen und Anstriche auszubessern. Die beiden Traktoren mit den verschiedenen Anhängern, ebenso die zum Teil schon viele Jahre alten privaten Pkw's und Fahrräder der Mühlenbesitzer mussten in dieser ruhigen Zeit gewartet und gepflegt werden, um wieder für ein Jahr einsatzfähig zu sein.

Lisa musste schon seit vielen Wochen auf ihre anregenden Beobachtungen verzichten.
Seit Anton Buricek seine Musiklehrer-Tätigkeit in Waldsassen angetreten hatte, gelang es ihr nur an einem einzigen Samstag, ihre Voyeurposition erfolgreich einzunehmen.
Bei der momentanen Kälte und dichten, geschlossenen Schneedecke war anzunehmen, dass Anton und Kuni sich einen wärmeren Unterschlupf für ihre erotischen Abenteuer gesucht hatten, von dem Lisa nichts wusste.
Emma informierte die sehr enttäuschte Lisa, dass sie in Zukunft wahrscheinlich auf ihr Vergnügen verzichten

müsste, da die Beiden ihre Liebestreffen sicher in sein möbliertes Zimmer nach Waldsassen verlegt hatten, wo sie sich ungestörter und bequemer lieben konnten, als in der alten offenen Scheune oder im sichtfreien Ufergebüsch unter freiem Himmel.
An dem Gehörten zweifelnd antwortete Lisa: "Es wäre furchtbar für mich, wenn ich das nie mehr sehen könnte Mama".
Emma ihrerseits war sehr froh, dass nicht sie durch ein Verbot Lisa um ihren größten Spaß gebracht hatte, sondern dass das Schicksal ihr hierbei zu Hilfe gekommen war.
Während der Winterzeit hatte die Müllerin Emma an den Wochenenden vom Küchendienst in der Mühle befreit Rosa versorgte in den kalten Monaten die Müllerfamilie mit Selbstgekochtem und Emma verwöhnte mit Freude ihre kleine Familie, wobei ihr der neue Herd, der seit einigen Wochen in der kleinen Wohnung stand, gute Dienste leistete.
Paul's Mutter Anna schlief und lebte, wie von Emma entschieden, mit dem kleinen Lukas in der ehemaligen Buricek-Wohnung.
Wenn Emma an den Wochenenden kochte, versammelte sich die ganze Familie in der vorderen Wohnung zum Mittagessen, außerhalb dieser Zeit, so hatte es Emma ihrer Schwiegermutter beigebracht, war die Zweitwohnung der Aufenthaltsort für sie und Lukas.
Lisa war seit der Familienteilung ein noch glücklicheres Mädchen geworden, sie verbrachte ihre gesamte Freizeit mit Schimodi und jede Minute, die Emma ihr schenkte, nahm sie dankbar wahr.

Es war an einem eiskalten Samstag-Vormittag, Ende Februar. Emma traf Vorbereitungen, um ein kräftiges Mittagessen für ihre kleine Familie zu kochen, Oma und Lukas befanden sich in der Zweitwohnung und wurden für 12.00 Uhr zum gemeinsamen Essen erwartet. Lisa spielte noch im Bett liegend mit Schimodi und Paul hatte sich schon um 7.00 Uhr früh in die Mühle begeben, um mit Hubert das große Mühlrad zu reparieren, das von der Natur zum Stillstand gezwungen wurde, da Mühlbach und Kanal zugefroren waren.
Als Emma die Zutaten für das Essen bereitstellte, sah sie, dass der Mehlbehälter leer war.
Sie rief durch die geöffnete Türe zu Lisa:
"Bitte lauf schnell auf den Mehlspeicher und hole mir eine Schüssel von dem weißen Mehl Lisa, du weißt ja, wo die Säcke stehen, die für den Hausgebrauch bestimmt sind."
Emma erhielt keine Antwort.
Sie sah durch die geöffnete Türe in das gemeinsame Schlafzimmer und bemerkte, dass Lisa noch einmal eingeschlafen war, sie hatte sich mit Schimodi müde gespielt und lag friedlich schlafend ihren roten Liebling im Arm haltend im Bett.
"Dann eben nicht," seufzte Emma, nahm die leere Mehlschüssel, um auf den Getreidespeicher zu gehen, den sie seit der Liebesnacht mit ihrem Mann, kurz nach dem Erntedankfest nicht mehr betreten hatte.
Emma durfte sich mit Erlaubnis der Müllerin an allen Mehlsorten bedienen, so oft sie wollte und in jeder

Menge. Ihr Mehlbedarf war sehr gering, da sie nur am Wochenende kochte. Üblicherweise schickte sie Lisa dorthin, wenn sie Mehl benötigte und meistens füllte Paul's Mutter den Vorratsbehälter schon auf, bevor das Mehl zur Neige ging. Emma ärgerte sich, dass gerade sie heute bei dieser Kälte nach oben gehen musste, um Mehl zu holen. Als Emma die Holztüre zum Getreidespeicher aufsperrte und die Treppen betrat, fröstelte sie. Der Temperaturunterschied von mindestens 15 Grad war deutlich zu spüren. Durch den neuen Ofen in ihrer kleinen Wohnung war sie von gemütlicher Wärme verwöhnt. Leichtfüßig und schnell lief sie die wenigen Holztreppen hoch, wo eine zweite Holztüre direkt in den Speicher führte, in dem der Mehlvorrat gelagert war.

Emma verzichtete darauf, um keine Zeit zu verlieren, das spärliche Licht des Speichers anzuknipsen, da die vielen schneebedeckten Dachfenster reichlich milchiges Licht boten. Sie wusste genau, wohin sie gehen musste um das zu finden, was sie benötigte.

Sie stellte ihre Schüssel auf einen verschlossenen großen Kleiesack, nahm die bereitliegende kleine Plastikschaufel und beugte sich über den daneben stehenden geöffneten, noch halbvollem Mehlsack, der den von ihr gewünschten Inhalt enthielt.

Eben im Begriff, die Schaufel mit dem Mehl zu füllen, spürte sie zwei kräftige Hände in ihrer Taille. Emma verharrte einige Sekunden wie versteinert in ihrer gebeugten Haltung. Ein Beben ging durch ihren Körper, als sie die sofort weiter wandernden, tastenden Hände plötzlich unter ihrem Rock fühlte. Sie schnellte hoch, drehte sich um und wurde von Hubert starken Armen umschlungen.

Emma wurde in diesem Moment sofort Feuer und Flamme, der Weg in ihre eigene Tiefe tat sich bereitwillig auf. Hubert presste seinen Körper mit verlangender Gewalt an den ihren und küsste sie mit einer fordernden Härte, dass sie glaubte, ihre Lippen würden platzen.

Ohne langes Besinnen begann er stürmisch ihre festen Brüste zu umfassen und verursachte ihr mit seiner ungestümen Wildheit Schmerzen. Sie spürte das Ineinanderfließen all ihrer Gefühle, wurde zu einem reißenden Fluss und war bereit, sich mit ihm unter der Freiheit des Himmels auszutoben. Bereitwillig gab sie sich seinem heißen Verlangen hin.

Selbst wenn sie mit Hubert's Überfall nicht einverstanden gewesen wäre, hätte sie keine Chance gehabt, sich gegen seine stürmische Wildheit zu wehren.

Keuchend stöhnte er:

"Endlich Emma, endlich Emma."

Er handelte ungeduldig und ungestüm, drückte sie an die hölzerne Wand des Getreidespeichers, verschaffte sich mit seinen rauhen Händen Zugang zu ihrem Körper und bohrte vor ihr stehend, seine enorme Männlichkeit mit kraftvollen Stößen in ihren völlig unvorbereiteten Körper.

Emma genoss es, wie sich sein sehniger Körper im Rhythmus der kraftvollen Stoßbewegungen an sie presste, während er ihren Mund mit schmerzenden Küssen verschloss und seine Hände lust- und kraftvoll knetend, ihre Brüste stimulierten.

Emma fühlte sich in diesem Moment als sein Opfer, das

er nach langer Jagd erlegt hatte, über dass er sich nun mit seiner ganzen animalischen Kraft stürzte, es vereinnahmte und das vollendete, wovon er seit Wochen geträumt hatte.
Willig überließ Emma ihrem Körper seinem wilden Spiel, wehrlos an die harte Holzwand des Speichers gedrückt.
Kurz, bevor es zu einer Entladung seiner monatelang angestauten Lust kam, waren seine Bewegungen von unglaublich schneller, fast schmerzhafter Heftigkeit, kraftvollen Peitschenhieben gleich, die wie ein Echo auf dem Getreidespeicher einen Widerhall auslösten.
Röchelnd wie ein sterbender Stier erlebte Hubert seine erste Explosion in Emma's Körper.
"Emma" flüsterte er," es tut mir leid, ich habe dir heute sicher wehgetan, versteh mich bitte! Seit Monaten treibe ich es in all meinen Träumen mit dir und dann sehe ich dich heute, genau in dem Augenblick, als ich den Speicher betrete, um Bretter für die Reparatur des Mühlrades zu holen, über den Mehlsack gebeugt vor mir stehen. Dass ich bei diesem Anblick die Beherrschung verloren habe, musst du akzeptieren."
"Hubert bitte geh, stell dir vor, wenn Paul kommt, um zu sehen, wo du so lange bleibst oder Lisa mich sucht, die noch schlief, als ich auf den Speicher ging, um das Mehl zu holen. Sie hat in jedem Fall die von uns verursachten lauten Geräusche gehört."
Hubert hörte ihr mit entspanntem Gesichtsausdruck zu, schloss bedächtig, Emma nicht aus den Augen lassend, seine Hose und strich mit den Fingern seine dichten dunklen Haare nach hinten.
Er antwortete:
"Emma ich gehe sofort, aber versprich mir vorher, dass es

bald wieder passieren wird, es war herrlich mit dir, dein Körper fühlte sich so wunderbar an, ich möchte dich ohne Kleider sehen, deine nackten Brüste berühren und meinen nackten Körper an deinen pressen uns Haut an Haut spüren."
Er holte tief Luft und flüsterte ganz nah vor ihrem Gesicht:
"Emma, wenn es nicht zu gefährlich wäre, wollte ich jetzt sofort wieder in dich, ich bin verrückt nach dir, wir müssen sehr viel nachholen."
"Geh Hubert," bat Emma flehend mit gerötetem Gesicht und wirren Haaren, noch immer an die Speicherwand gelehnt.
Endlich konnte Hubert sich von ihr lösen und lief in raschem Tempo zum vorderen Eingang des Getreidespeichers. Emma atmete auf, als er ihren Blicken entschwunden war und sah an ihren Körper hinunter.
Sie erschrak:
"Mein Gott, wie sehe ich aus" stammelte sie.
Schlüpfer und Strümpfe lagen neben dem offenen Mehlsack, ihr dunkelgrünes Kleid war über und über mit Mehlstaub bedeckt, sie konnte sich kaum bewegen, um ihre Wäsche anzuziehen. Ihr Rücken tat entsetzlich weh und sie spürte ihren Körper nicht mehr.
"Ich werde grün und blau werden, " murmelt sie vor sich hin, „Hubert hat mich mit solcher Wucht gegen die Holzwand des Speichers gedrückt, dass ich zeitweise dachte, die Rippen würden mir brechen."
Emma überfiel Panik, als sie ihre gespannten und schmerzenden Lippen leckte und dabei Blut schmeckte.
Was sollte sie Lisa sagen, so konnte sie ihr nie unter die

Augen treten.

Plötzlich kam ihr der rettende Gedanke, sie musste einen Treppensturz vortäuschen, und zwar schnell, bevor Lisa auftauchen würde, um nach ihr zu sehen. Emma schlüpfte in ihre Schuhe, füllte schnell die Mehlschüssel, lief zur obersten Treppe und warf die blecherne Schüssel mit voller Wucht die Holztreppen hinunter, so dass der Mehlstaub in einer dichten weißen Wolke aufstieg und ließ sich anschließend auf ihrem lädierten Rücken liegend, über die Holztreppen hinuntergleiten.

Innerhalb der unteren Holztüre liegend, verursachte sie mit einem heftigen Tritt ein unüberhörbar lautes Schlaggeräusch.

Der vorgetäuschte, lautstarke Treppensturz verfehlte seine Wirkung nicht, Lisa riss mit einem Ruck die Türe auf und rief:

"Mama, Mama, mein Gott, hast du dir weh getan? Wie siehst du denn aus?"

Wenige Sekunden nach ihr trafen Oma mit Lukas ein.

"Emma" sagte sie," das kommt davon, weil du es immer so eilig hast. Spürst du Schmerzen? Hoffentlich hast du dir nichts gebrochen. Die Treppen in dieser Mühle sind brandgefährlich, eine ist schräger als die andere und viele sind vorne schon so nach unten getreten, dass man stürzen muss, wenn man nicht ganz besondere Vorsicht walten lässt."

Emma erhob sich, stöhnend vor Schmerzen.

"Da wirst du einige blaue Flecken in Kauf nehmen müssen", kündigte die Oma an.

Lisa lief in die Wohnung zurück, um Schaufel und Besen zu holen, das Mehl zusammen zukehren und die Treppe zu säubern.

"Emma, du ziehst dich jetzt aus und legst dich bis zum Mittagessen ins Bett, ich bringe dir gleich einen kalten Umschlag für deine aufgeschlagenen Lippen," befahl Paul's Mutter.

Emma protestierte zum Schein, ließ sich jedoch gerne überreden, für kurze Zeit im Schlafzimmer zu verschwinden, um mit sich selbst wieder in's Reine zu kommen. Hubert's heißer Überfall hatte sie vorübergehend aus dem Gleichgewicht gebracht.

"Ich koche heute für uns Emma," rief die Schwiegermutter durch die Türe. Dein Kleid habe ich schon ausgebürstet, du kannst es wieder anziehen, wenn du Mittag aufstehst. Zerrissen hast du es bei dem Sturz nicht, nur einige kleine Blutflecken befanden sich am Rock, die habe ich mit kaltem Wasser ausgewaschen und gleich trockengebügelt. Sieh mal nach, ob du dir vielleicht auch die Knie aufgeschlagen hast Emma."

"Nein" antwortete Emma, "habe ich nicht, alles in Ordnung Oma."

Emma wunderte sich über die Blutflecken.

Schnell nützte sie die wenigen Minuten, in denen die Schwiegermutter im Nebenzimmer mit den Töpfen klapperte und Lisa mit der Säuberung der Speichertreppe beschäftigt war, um sich zu waschen.

Sie sprang aus dem Bett, lief zum Waschbecken und sah Blutflecken auf ihrem weißen Schlüpfer, erschrak zuerst, fand darin aber die Erklärung für ihren beschmutzten Rock. Hastig versteckte sie ihn und zog frische Unterwäsche an. Sie konnte ihn erst waschen, wenn

Schwiegermutter und Lisa nicht mehr anwesend waren. Endlich lag sie ruhig in ihrem Bett. Gott sei Dank, dachte sie, dass mir als Notlösung für diese peinliche Situation dieser fingierte Treppensturz eingefallen ist, nicht auszudenken, wenn es anders gekommen wäre.
Sie spürte, wie langsam, aber allmählich sehr deutlich, ihre Anspannung losließ und ein warmes Gefühl in ihr hochstieg. Sie begann sich zu räkeln und zu strecken. Brust und Bauch hoben sich in milden Wellen, sie ließ sich total gehen und sank in eine unbeschreibliche Tiefe und spürte, dass jetzt die Basis für ihr Wohlfühlen geschah.

Emma hatte das Empfinden, in der vergangenen Stunde ein Erdbeben erlebt zu haben. Leider konnte sich ihre eigene Lust bei diesem Erstenmal nicht zur vollen Blüte entfalten. Hubert fiel so unerwartet und stürmisch über sie her, dass sich in ihr zuerst Überraschung, dann Schreck und schließlich Angst vor dem Ertapptwerden breit machte. Bevor die Lust auch bei ihr die Oberhand bekam, explodierten Hubert's Gefühle bereits.

Emma hatte, außer mit ihrem Mann, bisher kein körperliches Liebesglück erlebt. Das Liebesleben mit Paul war für sie bis zum heutigen Tag das Schönste was es gab. Sehr kraftvoll gebaut und von Lust überwältigt, war der Liebesakt zwischen ihnen bisher als sehr genussvoller Sex zu bezeichnen.
Nach ihrer ersten intensiven intimen Begegnung mit Hubert, würde sie Paul auf sexueller Ebene als Sturm und Hubert als Orkan bezeichnen.

Hubert war für sie ein attraktiver animalischer Vollblutmann, er vereinte in sich die unbändige Kraft eines reißenden Stromes, die Hitze glühender Lava, die Schönheit eines rassigen Hengstes und die Unergründlichkeit eines tiefen Sees.
Auf ihrem Bett liegend verspürte Emma noch einmal dieses erste Eindringen eines fremden Mannes in ihren Körper, ein unwiederbringliches Erlebnis von ungeheurer Kraft für sie.
Sie fühlte, wie bei diesen Gedanken neue Energien in sie eindrangen und sie stärkten, wobei sie das Empfinden hatte, noch niemals so geliebt worden zu sein. Durch seine hemmungslose Lust ließ er sie spüren, dass ihm das Vereinnahmen ihres Körpers Spaß bereitete.
Stolz stellt Emma fest:
"Es ist atemberaubend zu erleben, wie man mit seinem Körper einen so zurückhaltenden, beherrschten Mann verrückt machen kann, den bisher keine Frau reizen oder aus der Reserve locken konnte."
Es sah so aus, als hätte er das Vollblut seiner Manneskraft nur für sie aufgehoben. Ihr hatte er gezeigt, wie er es liebte, mit einer Frau den Liebesgenuss zu erleben.
Emma spürte bei dieser Vorstellung, wie sich in ihr das rhythmische Klopfen ihres Herzens und ein heißes Brennen bemerkbar machte. Die kleinen Verletzungen, die zu leichten Blutungen geführt hatten, nahm sie gerne in Kauf. Seine Männlichkeit war kräftiger und ausgeprägter als sie gewohnt war, denn schmerzhaft hatte sie bereits bei seinem ersten Eindringen den Dehnungsschmerz wahr genommen.
Ich werde mich bald und liebend gerne an seine prächtige

Härte gewöhnen, stellte Emma beruhigt und überzeugt fest und merkte, dass sich irgendwo in ihrem Körper schon wieder sinnliche Reaktionen zeigten. Sie lieferte sich gerne als Spielball ihren Gedanken aus.

Hubert, der Name war für sie wie ein schwingender Ton, der Resonanz in ihr fand und sie offen machte für viele neue Erfahrungen, die sie bei dem verbotenen Spiel mit ihm erwartete.

Emma versuchte, jeden Griff, jede Berührung seiner Hände noch einmal in Gedanken nachzuvollziehen.

Er war so verrückt nach ihren vollen Brüsten, hatte sie bearbeitet, als wären es die einzigen Brüste der Welt und wie hatte sich sein wunderbar fordernder harter Mund an ihr festgesaugt. Ein Prachtmann schwelgte Emma, hoffentlich bietet sich bald wieder die Gelegenheit das Heutige zu wiederholen.

Sie glaubte in diesem Augenblick all seine Kraft und Dynamik, seine Macht und Magie zu spüren.

Eine leichte Unruhe ließ Emma nicht los, weil Hubert hemmungslos sein Sperma in ihr entladen hatte.

Beim Erstenmal wird nichts geschehen sein, hoffte sie und überlegte:

Hatte er vor Lust die Beherrschung verloren und die Tragweite dieses Risikos vergessen oder dachte er diesbezüglich keine Rücksicht nehmen zu brauchen, da im Falle einer Schwangerschaft Paul, ihr Mann als Vater zur Verfügung stehen würde.

Natürlich wäre es für sie kein Problem, wenn Hubert sie geschwängert hätte, dieses Kind Paul zu unterschieben.

Schlimmer war für Emma überhaupt die Tatsache,

schwanger zu werden.
Sie schüttelte den Kopf, nein für rücksichtslos hielt sie Hubert nicht, doch wollte sie vor dem nächsten Vergnügen zu zweit seine Meinung dazu hören.
Eines wusste sie sicher, sie wollte kein drittes Kind, weder von Paul noch von Hubert Sie wollte ihr Leben jetzt genießen.
Lukas war nicht geplant und obwohl Paul sehr gewissenhaft den Coitus Interruptus praktizierte, war sie plötzlich schwanger. Lisa war ein Wunschkind von beiden und bei ihr sollte es ursprünglich auch bleiben.

„Essen fertig Mama," rief Lisa freundlich.
Emma erwachte aus ihren erotischen Wachträumen und verließ nur ungern das warme Bett. Sie spürte sofort wieder die Schmerzen in ihrem Rücken, so als hätte man sie geprügelt.
Sie lächelte vor sich hin.
Das herrliche Sex-Erlebnis beflügelte ihre Gedanken ungemein und sie fühlte, dass in ihrem Inneren die Sonne aufgegangen war.

Die Vogt Oma hatte ein leckeres Mittagessen nach Lisa's Wünschen gekocht. Eine kräftige Hühnersuppe mit selbstgemachten Nudeln, anschließend goldgelbe Pfannkuchen, denen man die frischen Hühnereier ansah, gefüllt mit aromatischer Himbeer- und Erdbeermarmelade, wurde serviert.
Paul erschien pünktlich zum Mittagessen, blau gefroren durch die Reparaturarbeiten im Freien am Mühlrad.
"Das ist doch keine Arbeit bei dieser Kälte", sagte Paul's

Mutter vorwurfsvoll, du erfrierst dir noch dein Gesicht und deine Hände.

"Heute nachmittag werden wir mit der Reparatur fertig, Mutter du hast recht, Arbeiten im Freien bei dieser Kälte ist momentan wirklich eine Zumutung, doch mir bleibt nichts anders übrig. Dem Hubert macht diese Kälte zum Beispiel überhaupt nichts aus, er muss eine eiserne Natur haben, der trägt im Freien nicht einmal richtige Winterkleidung. Heute vormittag holte er aus der Mühle Ersatzbretter für das Mühlrad und als er zurückkam, entledigte er sich sogar seines Pullovers.
Als ich ihn erstaunt ansah, sagte er:
"Paul, ich habe heute so ein Feuer in mir, ich brauche meinen Pullover nicht mehr," und wisst ihr, was er dann noch feststellte:
"Das Leben ist doch wunderschön, wenn man es nur genau betrachtet, findest du nicht auch Paul?"
Ich war über solche Ansichten von ihm sehr erstaunt, denn er sprach bisher während der Arbeit noch nie ein privates Wort mit mir, dadurch erschien mir dieser Satz von ihm wie ein Wunder.
„Ich verstehe den Hubert nicht, er ist wirklich ein schöner Kerl, dass der sich nicht eine Bäuerin in die Mühle holt, er bekäme sicher an jedem Finger zehn heiratsfähige Mädchen, schließlich wird er bald Vierzig und für die große Mühle bräuchte er doch Erben."
Emma dachte bei diesen Worten erschreckt, dass es möglich wäre, mit ihr vor einigen Stunden einen Erben gezeugt zu haben.
Paul sinnierte:

"Mir wäre sein Leben zu einsam, ich wollte mit ihm nicht tauschen, er lebt nur für seine Arbeit, leistet sich kein Vergnügen, hat keine Hobby's, sehr sehr schade um ihn."
"Emma, wie siehst du denn aus" fragte er, Emma ins Gesicht blickend.
"Ein kleiner Treppensturz Paul, weiter nichts".
"Passt nur auf, diese alten abgetretenen Treppen sind wirklich gefährlich und ein Treppensturz muss nicht immer so gut ausgehen, vor allem du Lisa, rennst immer die Treppen rauf wie eine Wilde."
"Ja, Papa wir werden in Zukunft alle sehr vorsichtig sein," sagte Lisa, von Pauls Ausführungen gelangweilt, mit gereizter Stimme.

Emma sah dem kommenden Montag mit gemischten Gefühlen entgegen. Sie fürchtete sich vor dem ersten Zusammentreffen mit Hubert am gemeinsamen Mittagstisch nach ihrer heißen Episode.
Hubert betrat am Montag als Letzter die Küche und Emma spürte, dass seine Anwesenheit ein leichtes Vibrieren in ihrem ganzen Körper auslöste. Sie versuchte, sich zu beruhigen, um mit Leichtigkeit über die für sie peinliche Situation hinweggehen zu können und nahm sich vor, ihre ganze Selbstsicherheit zu aktivieren, zum Tisch zu gehen und den ihr zustehenden Raum einzunehmen. Sie trug ihre Pfannen zum Tisch und begann zu servieren.
Heute hatte sie den Eindruck, dass Hubert sie völlig ungeniert mit den Augen verschlang und wich seinem Blick aus.
Als Emma endlich am Tisch Platz genommen hatte, fragte

die Müllerin lustig und gutgelaunt, nachdem sie Emma's Gesicht einer längeren Musterung unterzogen hatte:
"Emma, wie ich feststelle, bekommt euch die Ausquartierung eurer Oma recht gut"
"Warum ", fragte Emma ahnungslos?
"Wie es aussieht, hat Paul dich in die Lippen gebissen, so sieht doch ein Liebesbiss aus oder?"
Belustigt nahm man am Tisch nun Emma's Lippen unter die Lupe und Emma geriet in schlimmste Bedrängnis.
Lisa erkannte die Peinlichkeit der Situation und versuchte sofort ihre Mutter zu verteidigen:
"Nein, "rief sie," das war nicht mein Papa, die Mama ist die Treppen runtergefallen und hat sich dabei die Lippen aufgeschlagen."
"Schade, "antwortete Sofie spitzbübisch lachend," und ich war überzeugt, es wäre ein Liebesbiss von Paul."

In der kleinen Gemeinschaft der Mühle herrschte gute Stimmung. Die Arbeitsbelastung war auf ein erträgliches Maß gesunken und das machte sich bei den Menschen des ganzen Dorfes positiv bemerkbar.
Paul ging seit Neuem nicht mehr vor Emma zu Bett, sondern wartete jeden Abend in der Küche, bis sie mit ihrer Arbeit fertig war, ebenso Lisa.
Aufgrund der extremen Kälte hatten Emma und Lisa auch ihre abendlichen Spaziergänge vorübergehend einstellen müssen.
Für Hubert und Emma bestand während dieser Zeit keine Möglichkeit, auch nur ein einziges privates Wort zu wechseln. Die Zeit für Liebe war momentan ungünstig.

111

Sie sahen sich seit Wochen nur mittags und abends bei den gemeinsamen Mahlzeiten in der Müllerischen Küche. Paul, der aufgrund einer gewissen Arbeitsentlastung in den letzten Wochen, Emma wiederholt deutlich zu verstehen gegeben hatte, dass sich sein Bedürfnis nach Sex bemerkbar machen würde, konnte seine Lust bisher nicht in die Tat umsetzen.

Nachdem seine Mutter mit Lukas in die andere Wohnung gezogen war, hatte er sich freiwillig bereit erklärt, um seine Ruhe zu haben, das einzelne Bett seiner Mutter in Anspruch zu nehmen. Dafür hatte er in dem großen altmodischen Doppelbett Lisa seinen Schlafplatz neben Emma überlassen, wo sich nun zusätzlich neben Lisa noch Kater Schimodi einquartiert hatte.

Paul versuchte alles, um Lisa an den Wochenenden für einige Stunden aus dem Haus zu bringen, um mit Emma das auf Eis gelegte Liebesleben zu aktivieren. Es war ihm bisher nicht gelungen. Lisa klebte wie eine Zecke an ihrer Mutter und war nicht bereit, alleine etwas zu unternehmen.

Die einzige Möglichkeit mit Emma öfter zu sexuellem Glück zu gelangen und seine erotischen Wünsche zu befriedigen, bestand darin, nachdem Lisa am Morgen zur Schule gegangen war, unbemerkt von Hubert, schnell über den Speicher in die Wohnung zu schleichen, um mit Emma eine viel zu kurze Partie Sex zu praktizieren. Paul wunderte sich, dass Emma keinen Versuch mehr unternahm, sich ihm sexuell zu nähern. Ihm fehlte ihre fordernde Sinnlichkeit, was er ihr gegenüber immer häufiger zum Ausdruck brachte.

Er selbst machte sich darüber wie es schien keine tieferen

Gedanken.
Emma wusste, dass sie Paul sexuell vernachlässigte, da sie ihm keine Liebesbereitschaft mehr entgegenbrachte. Sie war wie verzaubert seit diesem ersten sexuellen Erlebnis mit Hubert, nur ihm wünschte sie sich zu gehören, seinen Körper, seine Haut und seine Nähe zu spüren.
Emma war über ihren Gefühlsumschwung selbst erschüttert. Sie war Hubert so verfallen, dass es ihr teilweise schon genügte, wenn sie ihn mittags und abends beobachten konnte, seine kräftigen Hände, bei deren Anblick sie ihre Phantasie auf Reisen schickte, seine vollen Lippen und kräftigen, weißen Zähne, die ihr die peinlichen kleinen Verletzungen zugefügt hatten, ganz zu schweigen von dem Körperteil, der nur ihr gehörte, momentan gut versteckt in seiner Kleidung auf sie wartete und dessen Anblick in ihr ein heißes Feuer entfachte.

Paul's Mutter Anna war mit ihren 58 Jahren eine sehr rüstige Oma und eigentlich zu vital, um ihr restliches Leben nur als Großmutter und Erzieherin der Vogt-Kinder zu verbringen. Es kriselte häufig zwischen Emma, Lisa und Oma.
Sie fühlte sich isoliert, seit sie mit Lukas in die ehemalige Buricek-Wohnung umziehen musste. Immer öfter überließ sie in der letzten Zeit Lisa die Beaufsichtigung von Lukas an deren schulfreien Tagen oder Nachmittagen und Lisa übernahm mit viel Spaß und Freude diese neue Aufgabe. Schon nach kurzer Zeit kam es, dass Lukas brav wartete, bis Lisa mit ihren Schularbeiten fertig war, weil

er viel lieber mit ihr spielen ging, als mit seiner rechthaberischen, strengen Oma.
In dieser Zeit lieh sich Paul's Mutter immer öfter Emma's Fahrrad aus, um wie sie sagte, ein wenig aus diesem langweiligen Dorf raus zukommen und nach Waldsassen zu fahren.
Eines Tages kam sie nach Hause und erklärte ihrem erstaunten Sohn und ihrer Schwiegertochter, in Weiden, einer Kleinstadt in der Oberpfalz, eine Stelle als Krankenschwester im dortigen Krankenhaus antreten zu können. Durch den vermittelnden Einsatz eines Pfarrers und einer Krankenschwester, die sie aus der früheren Heimat kannte und in Waldsassen wieder getroffen hatte, bekäme sie diesen Arbeitsplatz. Anna brachte bei diesem Gespräch sehr energisch zum Ausdruck, dass sie diese einmalige Gelegenheit in jedem Fall nützen und bereits nächsten Monat Schollach verlassen würde, um in Weiden ihre neue Tätigkeit anzutreten. Sie betonte weiter, in diesem Dorf hätte sie es sowieso nicht länger ausgehalten und alles unternommen, um von hier wegzukommen.
Nach langen, zum Teil schweren Auseinandersetzungen mussten sich Paul und Emma geschlagen geben und akzeptierten ihren Entschluß, nachdem sie durch die Kompromissbereitschaft der Müllerin eine annehmbare Lösung gefunden hatten.
Emma hatte der Müllerin von dem plötzlichen Entschluss der Schwiegermutter erzählt.
Hilfsbereit wie immer schlug sie vor, Emma von der Zubereitung des Mittagessens zu befreien, so dass sie den Vormittag für sich und Lukas zur freien Verfügung hatte,

lediglich die Zubereitung des Abendessens müsste sie weiter übernehmen. Sie wollte Rosa so wie früher die Mittagsversorgung der Familie übertragen.

Emma bot Sofie dafür an, in Lisa's Ferien die gesamte Haushaltsführung zu übernehmen, ebenso in den Wochen der Hochsaison in Mühle und Bauernhof.
Die Müllerin wusste, dass Emma keine leeren Versprechungen machte und sie sich auf sie verlassen konnte und somit war das Problem schnell für beide Teile gelöst.
Lisa erklärte sich erfreut bereit, als sie hörte, dass die Vogt Oma für immer von hier verschwinden würde, sich an den schulfreien Nachmittagen um Lukas zu kümmern, was sie während der letzten Monate schon liebevoll getan hatte.
Bei ihrem Abschied von der Mühle sagte Oma Vogt zu ihrem Sohn:
"Es ist sehr wichtig, dass einer von uns zuerst das Dorf verlässt Paul. Sobald ich mich im Krankenhaus in Weiden eingearbeitet habe, bemühe ich mich, für dich einen anderen Job zu finden.

Paul und Emma standen nun vor der schweren Aufgabe, Lisa beizubringen, mit Lukas in den freigewordenen zwei Zimmern der Oma zu schlafen, dort ihre Schularbeiten zu erledigen und nachdem sich Lukas Spielsachen dort befanden, auch einen Teil der gemeinsamen Freizeit dort zu verbringen. Diplomatisch appellierte Emma an Lisa's Verantwortungsbewusstsein, indem sie die gesamte Aufsichtspflicht für Lukas in deren Hände legte.
Bereitwillig erklärte Lisa, alle Pflichten und die

Verantwortung für Ihren kleinen Bruder zu übernehmen, die bisher ihrer Oma oblagen. Emma sah, dass es eine große Befreiung für Lisa darstellte, dass Paul's Mutter von der Mühle verschwunden war. Lisa wurde noch offener und zugänglicher als bisher und akzeptierte alle ihr übertragenen neuen Aufgaben, protestierte aber energisch dagegen, mit Lukas allein in Oma's Wohnung schlafen zu müssen.
Ihr größtes Problem war die Angst. Beide Wohnungen befanden sich zwar im gleichen Stockwerk der Mühle, jedoch trennte auf dem langen dunklen Flur eine schwere Holztüre die beiden Wohnungen voneinander.
Die Müller's zeigten wie immer Verständnis für Lisa's Ängste vor dem Alleinsein in der Nacht und versprachen, die schwere Holztüre zu entfernen, wodurch Lisa die Möglichkeit hatte, ungehindert in wenigen Sekunden zur elterlichen Wohnung zu gelangen. Als Lisa immer noch zögerte, ihre Einwilligung zu dem neuen Übernachtungsvorschlag zu geben, versuchte Emma ihr Einverständnis zu gewinnen, indem sie ihr als Belohnung ein Fahrrad versprach.
Dieses Geschenk ließ Lisa ihre Angst vergessen und sie war bereit, die kommenden Nächte mit ihrem kleinen Bruder in der zweiten Wohnung zu verbringen. Froh darüber, wieder ein Hindernis aus dem Weg geräumt zu haben, verwirklichten Emma und Paul einen langgehegten Wunsch, indem sie das größere ihrer beiden Zimmer als Wohnküche mit einem großen Tisch, sechs Stühlen und einem gemütlichen Kanapee umfunktionierten.
Der kleinere Raum mit dem großen hölzernen Doppelbett wurde jetzt endlich das alleinige Schlafzimmer von

Emma und Paul. Wieder war eine große Veränderung herbeigeführt worden, die positive Auswirkungen für das Leben von Emma, Paul und vielleicht auch Hubert mit sich brachte.

Paul und Emma wurden täglich mehr in das Dorfleben der Einheimischen integriert. Erhielt die Müllerfamilie eine Einladung von einem der umliegenden Bauernhöfe zu einer großen Festlichkeit, wie Hochzeit, Taufe, Firmung, Erstkommunion oder große runde Geburtstage, so waren dort jederzeit Emma und Paul gern gesehene Gäste. Auf diese Weise bekamen Emma und Paul persönlichen Kontakt mit vielen Familienmitgliedern der örtlichen Bauernhöfe.

Anfang Mai feierte man auf dem Schrickerhof in Schollach ein großes Fest, wozu Emma und Paul gemeinsam mit der Müllerfamilie eingeladen waren. Der Schrickerhof war der vierte Großbauernhof in Schollach. Der Schrickerbauer wurde als zweitreichster Bauer des Dorfes angesehen, obwohl nach Meinung vieler Dorfbewohner er an ausgedehnten Gütern und barem Geld noch um vieles das Vermögen des großspurigen Gschwendtnerbauern übertraf.
Der stattliche Bauernhof war das Eigentum von nur zwei Menschen. Da war Resi Schricker, die einzige Tochter des Hofes, in einem fast überfälligen Alter von 38 Jahren. Resi war eine knackige und gut aussehende junge Frau und mit all dem gesegnet, was ein gesunder lebenslustiger Bauer von seiner Bäuerin erwartete. Bei einer

mittelgroßen Statur hatte sie einen sehr prallen Busen, eine schmale Taille und appetitlich runde Pobacken vorzuweisen, ihr jugendliches, frisches Gesicht wurde von langen dunkelbraunen Haaren umrahmt, die sie entweder zu einem langen Zopf geflochten oder im Nacken zu einem lockeren Knoten verschlungen trug. Mit betont enger Kleidung versuchte sie auf ihren herausfordernden Körper aufmerksam zu machen.

Resi hatte schon im zarten Alter von sechs Jahren ihre Mutter verloren. Wahrscheinlich war diese vor Kummer über ihren Mann, einen nutzlosen und arbeitsscheuen Trinker zu Grunde gegangen, munkelte man im Dorf. Er liebte die Schnapsflasche von jeher mehr als die Arbeit und seine Familie. Man erzählte sich, dass Resi's Mutter mehr arbeitete als drei Männer. Nach ihrem Tod erzog die Mutter des Schrickerbauern die einzige Tochter Resi.

Als die Großmutter das Zeitliche segnete, war Resi 20 Jahre alt und schon eine tüchtige, selbständige Bauersfrau, die das alleinige Regiment am Schrickerhof übernommen hatte.

Resi war ein sehr stolzes Mädchen, dass wahrscheinlich aus Zeitmangel nie mit anderen Bauerntöchtern oder Söhnen Freundschaft geschlossen hatte. Zu ihrer vielen Arbeit auf Hof, Feld und in der Küche, musste sie sich noch zusätzlich um ihren Vater kümmern, der ihr mehr Probleme bereitete, als er ihr bei der Arbeit half. Wegen jeder Kleinigkeit war er so jähzornig wie möglich und Eitelkeit und Selbstüberhebung waren zwei seiner standfesten Eigenschaften. Dadurch kam es zu einem ständigen Wechsel von Knechten und Mägden, die

reihenweise vor seiner Unberechenbarkeit davon liefen.
"Er ist der größte Fresser und ein starker Säufer, so dass es zeitweise die ekelhaftesten Folgen hatte und zudem ist er der abscheulichste Mensch, der jemals geboren wurde," sagte einmal eine alte Magd, die Resi seit vielen Jahren zur Seite stand.
Wenn Resi ihm Vorwürfe wegen seines haltlosen Lebens machte, antwortete er meist nur:
"Meine Tochter, das sind Schwachheiten der Natur, die ich in mir trage, ich lebe damit ganz gut."

Nun feierte dieser alte Grantler seinen 60.Geburtstag und bestand darauf, dass Resi auf dem Schrickerhof eine große Feier für ihn ausrichtete, bei der er alle Großbauern von Schollach und der näheren Umgebung begrüßen wollte. Die etwas menschenscheue Resi hatte sich zu Anfang gegen so ein Riesen-Spektakel gewehrt, willigte nach reiflicher Überlegung doch ein, weil sie keine Lust hatte, seine Nörgeleien monatelang anhören zu müssen, wenn sie seinem Wunsch nicht entsprach.
"Wenn ihr einer gepasst hätte, wäre sie schon lange unter der Haube," sagte der Schrickerbauer grimmig zu jedem, der es hören wollte.
Angebote von ernsthaften Freiern hat sie in den letzten Jahren genügend bekommen, keiner war ihr gut genug, keinem gab sie auch nur die geringste Chance, der Vater ihrer Kinder zu werden.
„Ich glaube, man müsste ihr nach ihren Wünschen einen Ehemann beim Bäcker backen lassen, damit sie endlich heiratet," jammerte der Schrickerbauer von früh bis spät, wenn er zu tief ins Glas geschaut hatte.

119

An den traditionellen Veranstaltungen der ländlichen Gemeinde, wie Erntedankfest oder Feuerwehrball nahm Resi niemals teil. Sie zeigte ihrem Umfeld deutlich, dass sie keinen Wert darauf legte, einen Mann zu finden. Resi war als Alleinerbin des großen Schrickerhofes eine gute Partie für jeden Bauernsohn, doch hatte sie niemals Interesse an einem der heiratswilligen Bauernsöhne in der Umgebung gezeigt, außer an dem ältesten Müllerssohn Hubert. Viele Jahre lud Resi die alte Müllerin zu sich ein, um mehr als einmal durchblicken zu lassen, dass sie sich Hubert als Ehemann und Vater ihrer Kinder vorstellen könnte. Als einzige Bäuerin des Dorfes fuhr sie mit ihrem Traktor selbst zur Mühle, holte Mehl und brachte Getreide, nur um Hubert zu begegnen. Hubert hatte sich bei den unzähligen Besuchen von Resi in der Mühle immer freundlich, jedoch völlig neutral verhalten, was Resi vor circa drei Jahren veranlasste, ihr Werben um Hubert aufzugeben und sich zurück zuziehen.
Die Müllerin hätte es gerne gesehen, wenn Hubert in den Schrickerhof eingeheiratet und die Mühle seinem Bruder Karl überlassen hätte, aber auch ihre gezielten Kuppelversuche in dieser Richtung fanden keinen fruchtbaren Boden. Hubert liebte seine Mühle zu sehr, um sie wegen einer Frau zu verlassen. Außerdem war er ein ungemein stolzer Müller, der nie in den fremden Hof einer Frau eingeheiratet hätte.
Resi war es auch nicht gelungen, ihn mit ihrer drallen Weiblichkeit aus der Reserve zu locken.
Es war ganz im Sinne des alten Müllers, dass sein Ältester keine Anstalten machte, die Mühle seinem jüngeren

Bruder Karl zu überlassen. Hubert war des Müllers auserkorener Liebling und sein würdiger Nachfolger.

Natürlich hatte auch Resi in der Zeit der Annexion des Sudetenlandes durch die Tschechen eine große Flüchtlingsfamilie aufgenommen.
Es handelte sich um ein älteres tüchtiges Ehepaar aus Grafengrün im Sudetenland, Anneliese und Lorenz Kinast, beide knapp 60 Jahre alt mit zwei Söhnen, dem 35-Jahre alten Rolf und seinen 30-jährigen Bruder Arno. Bei der großen Bauernversammlung, die seinerzeit stattfand, als es um die Verteilung und Unterbringung der Flüchtlinge in den jeweiligen Bauernhöfen ging, überließ man einstimmig die Kinast-Familie mit den kräftigen erwachsenen Söhnen der Resi Schricker.
Die Bauern wussten, dass sie das schwerste Los trug, da ihr Vater mit seiner aggressiven Art ihr immer wieder das Personal vom Hof jagte.
Anneliese Kinast und ihr Mann Lorenz waren harte Arbeit gewöhnt. Sie bewirtschafteten mit ihren erwachsenen Söhnen einen großen Gasthof mit dazugehöriger Landwirtschaft in ihrer alten Heimat und waren daher die richtige Unterstützung für die Schricker Resi und ihren unguten Vater.
Wie erhofft, hatte Resi mit ihren Flüchtlingen großes Glück. Anneliese Kinast bot Resi sofort an, die Küchenarbeit im Schrickerhof zu übernehmen. An ihrer Kochkunst gab es keinen Zweifel, kam sie ja aus der eigenen Gastwirtschaft.
Anneliese war rüstig, robust, fleißig und sehr schlau.

Sie passte gut zu Resi, der man, obwohl steinreich, im Dorf einen angeborenen Geiz nachsagte.
Resi entwickelte zu Anneliese Kinast ein fast freundschaftliches Vertrauensverhältnis. Sie fuhren gemeinsam nach Waldsassen zum Einkaufen und man stellte fest, dass Resi sich von ihr gerne beeinflussen und beraten ließ.
Lorenz Kinast übernahm schon nach kurzer Zeit die Position am Hof, die dem Schrickerbauern zugestanden wäre. Er plante, koordinierte, teilte die Arbeiten auf dem großen Hof ein und hatte ein wachsames Auge dafür, dass Knechte und Mägde ihre Arbeiten fleißig und gewissenhaft verrichteten. Er beherrschte die Fähigkeit, sämtliche landwirtschaftlichen Maschinen zu bedienen und zu reparieren.
Kurz gesagt, er war ein wahres Goldstück für Resi und ihren großen Hof.
Resi würdigte dies auch gebührend und mischte sich schon lange nicht mehr in sein Handeln ein, nachdem er ihr bewiesen hatte, dass er die Zügel gut in der Hand hielt.
Die beiden Kinast Söhne waren vor ihrer Vertreibung in der elterlichen Land- und Gastwirtschaft tätig, auch für sie war es nichts Neues, auf Feld, Wiese und in den Ställen zu arbeiten.
Resi hatte schon im Herbst den Kinast's ihren unbewohnten Anbau zur Verfügung gestellt, der vor Jahren von ihrem Vater erstellt wurde, in der Hoffnung, sie würde heiraten und viele Kinder bekommen.
Anneliese und Lorenz Kinast bewohnten im Parterre eine Vier-Zimmer-Wohnung und im ersten Stock hatten die beiden Söhne eine ähnlich große Unterkunft.
Ob Resi einen Teil ihrer Freizeit mit den Flüchtlingen

verbrachte, wusste niemand im Dorf.
Trotz des regen Arbeiterwechsels drang nie etwas Negatives aus dem Privatleben am Schrickerhof nach aussen, man schimpfte lediglich wie schon immer, über den alten versoffenen Schrickerbauern.

Der 35-jährige Rolf Kinast war ein großer, etwas herb aussehender Mann mit dunklen Augen und dunklen Haaren, der gewissenhaft seine Arbeit verrichtete und wenig Kontakt zu anderen Leuten am Hof pflegte.
Bei ihm schien es sich um einen Menschen ohne Höhen und Tiefen zu Handeln, sein ganzes Wesen strahlte Ausgeglichenheit und Zufriedenheit aus.
Sein Bruder Arno war in seinen Wesenszügen genau das Gegenteil, sah ebenso gut aus, hatte blonde Haare, leuchtend blaue Augen und war immer zu Späßen aufgelegt. Oft ratterte er am Abend mit dem Zündapp-Motorrad der Schrickers unternehmungslustig durch das Dorf und machte überall seine Witze.
Sicher hatten viele Bauerntöchter längst Gefallen an ihm gefunden, doch Arno wusste, eine Einheimische dürfte sich nie erlauben, ihrer Familie mit einem Flüchtlingsmann unter die Augen zu treten.
Wäre diese Überzeugung nicht fest in allen Dorfbewohnern verankert hätte man sicher schon Gesprächsstoff gefunden und Spekulationen angestellt, ob der Schricker Resi vielleicht einer der beiden Kinastsöhne als Bauer taugen würde.
Diesbezüglich war man sich einig.
Die Flüchtlinge konnten als billige Arbeitskräfte und zum Teil als akzeptable Freunde der einheimischen Bauern im

Dorf bleiben so lange sie wollten, aber eine offizielle Blutsverbindung zwischen einem Einheimischen und einem Flüchtling, wäre eine unausdenkbare Katastrophe gewesen.

Am Samstag-Abend, als Emma und Paul mit der Müllerfamilie im Festtags-Staat das Haus verlassen wollten, gab es eine große Auseinandersetzung mit Lisa und bittere Tränen.
Sie weigerte sich, nachts für einige Stunden alleine mit Lukas in der Mühle zu bleiben.
"Ich fürchte mich zu Tode Mama," sagte sie" versteh das doch, die Mühle ist riesig groß, ich habe Angst, ein Einbrecher könnte kommen, bitte Mama, bitte bleibe bei uns."
Emma zeigte Verständnis für ihre Tochter und sagte, obwohl sie ausgehbereit gekleidet neben Paul stand:
"Paul bitte geh runter zu den Müller's und erkläre ihnen, dass ich nicht mitfahren kann, ich bleibe bei Lisa und Lukas, auch ich hätte Angst nachts alleine in der Mühle zu bleiben. Mach dir einen schönen Abend Paul, beeile dich, die warten sicher schon ungeduldig."
Voll Unsicherheit antwortete Paul:
"Nein Emma, alleine fahre ich nicht mit. Auf meine Anwesenheit legt niemand Wert, sie wollen alle nur dich sehen, oder glaubst du ich weiß nicht, warum wir überall eingeladen werden. Weil du eine gute Gesellschafterin bist, dich mit jedem unterhalten kannst und immer Schwung in diese Bauerngesellschaft bringst.
Emma, machen wir es umgekehrt, ich bleibe gerne bei Lisa und Lukas und du fährst mit zu dem Geburts-

tagsfest."
Emma ließ sich nicht erweichen.
"Nein Paul, ich bleibe heute bei Lisa," geh bitte jetzt hinunter, damit wir die Müller's nicht verärgern."
Paul verließ niedergeschlagen die kleine Wohnung, er fühlte sich nicht wohl dabei, alleine mit der Müllerfamilie zu dieser Feier fahren zu müssen.

Als Paul aus der Haustüre trat, überfielen sie ihn wie aus einem Mund mit der enttäuschten Frage:
"Wo ist Emma?"
Paul erklärte die Situation.
Hubert stellte sofort den Motor ab und sagte:
"Nein, das geht nicht Paul, ihr seid als Ehepaar eingeladen und darum können wir nicht mir dir alleine dorthin kommen."
"Rosa," richtete er bittend das Wort an seine Schwester," du bist doch nicht so begeistert, auf den Schrickerhof mit zukommen. Wäre es schlimm für dich, wenn du hier bleibst, um Lisa und Lukas zu beaufsichtigen, bis wir zurück kommen."
"Nein," antwortete Rosa mit entschlossenem Gesicht, ich verzichte nicht auf das Vergnügen, vielleicht gibt es dort etwas zu beobachten. Ich habe mich schon auf das Fest eingestellt."
"Das nächste mal bleibe ich bei Lisa in der Mühle," warf der alte Müller ein, aber heute freue ich mich schon auf den alten Schricker, wenn er auch ein versoffener Kerl ist. Wir haben früher schöne Zeiten miteinander verbracht und manch lustiges Stück erlebt, da wir ja gleich alt sind. Heute gehöre ich dazu, der Schricker wäre furchtbar

enttäuscht, wenn ich nicht mit käme, das wisst ihr alle," rechtfertigte er sich weiter.
Plötzlich öffnete Karl die Autotüre, stieg aus und verkündete:
"Ich bin nicht scharf auf dieses Fest, bleibe bei Lisa und Lukas und schlafe oben, bis ihr zurückkommt."
"Endlich hast auch du einmal eine gute Idee," rief Hubert lachend.
Die Müllerin, der die Diskussion zu heiß erschien, um sich daran zu beteiligen, sagte dankbar:
"Gott sei Dank Karl, dass du uns aus der Patsche hilfst, das ist anständig von dir, lauf schnell rauf und schicke uns Emma, bevor sie ihr schönes Kleid auszieht."
Karl verschwand mit großen Schritten hinter der Haustüre und kurz darauf erschien strahlend schön, Emma.
Glücklich vor sich hinlächelnd fuhr Hubert aus dem Hof der Mühle und alle freuten sich von Herzen auf das bevorstehende Geburtstagsfest bei den Schricker's.

Lisa benahm sich Karl gegenüber schüchtern und sehr zurückhaltend.
Er war für sie kein fremder Mann und doch etwas Neues, dass sie sich mit ihm jetzt zur Nachtzeit ganz alleine in der kleinen Zweizimmer-Wohnung befand.
Karl und Rosa waren die einzigen Menschen der Mühle, mit denen sie sich von Anfang an gut verstanden hatte.

Das Vertrauen zu Rosa entstand durch die vielen Tiere am Müllerischen Hof. Schon nach einigen Tagen in der Mühle hielt sich Lisa abends gerne beim Melken und

Versorgen der großen Tiere bei Rosa im Stall auf. Sie half ihr in den Ferien täglich beim Füttern der vielen Hühner, Gänse, Enten und Stallhasen.
Lisa empfand es als sehr angenehm, dass Rosa wortkarg war. Sie versuchte nie, sie auszufragen und beantwortete immer bereitwillig ihre vielen Fragen, betreffend die zahlreichen interessanten Tiere des großen Bauernhofes.

Mit Karl hatte sie etwas später Freundschaft geschlossen, durch ihren bevorzugten Aufenthalt bei den Holzstößen.
Karl zersägte dort Äste verschiedener Stärken, schichtete sie zu großen Stößen und holte die frisch gefällten Bäume mit dem großen Traktor vom Wald zur Mühle.
Wenn Karl hier schuftete, hielt sich Lisa oft in seiner Nähe auf, sah ihn beim Schälen der großen Baumstämme zu und fertigte aus den noch feuchten, biegsamen Abfällen phantasievolle Gebilde für sich und originelles Spielzeug für ihren Bruder Lukas.
Wenn Karl an diesem Arbeitsplatz unter freiem Himmel Brotzeit machte, lud er Lisa freundlich zum Mitessen ein.
Meist gab es dünnen Milchkaffee aus einer großen Thermoskanne und dicke Scheiben von Rosa`s selbstgebackenem Bauernbrot, bestrichen mit deftigem Griebenfett, das bei den Hausschlachtungen mit vielen Gewürzen und kleingeschnittenen Zwiebeln von der Müllerin zubereitet wurde.
Fragte er Lisa:
"Möchtest ein Fettbrot," nickte sie erfreut, setzte sich neben ihn und beide aßen mit großem Appetit und tranken gemeinsam aus seiner großen angeschlagenen Kaffeetasse den heißen, hellbraunen sehr süßen Kaffee.

Karl war wortkarg wie seine Schwester Rosa, doch Lisa spürte, dass er sie leiden konnte, obwohl er mit ihr fast nie ein Wort sprach.
Manchmal fragte er sie, wahrscheinlich aus Verlegenheit oder um irgend etwas zu sprechen:
"Wie geht es dir in der Schule," oder er machte Bemerkungen über das Wetter "Kalt ist es heute wieder, findest du nicht auch," oder" ein heißer Tag heute, da müsste man Zeit haben, Baden zu gehen."
Dies war so ziemlich der ganze Wortschatz, den er Lisa gegenüber benützte.

Trotz dieser häufigen wortkargen Begegnungen war die Situation heute in der kleinen Wohnung irgendwie unangenehm und keiner der Beiden wusste, wie er die herrschende Unsicherheit überbrücken konnte.
Lukas lag tief schlafend in seinem Bettchen.
Karl zog seine karierte Jacke aus, die er über seinem weißen Sonntagshemd trug und fragte Lisa:
"Spielen wir Mensch ärgere dich nicht," nachdem sein Blick auf das dort liegende Spiel gefallen war.
"Ja gerne," antwortete Lisa begeistert.
Sie setzten sich an den kleinen Tisch, an dem Lisa sonst ihre Schulaufgaben erledigte und spielten einige Partien.
Lisa war außer sich vor Freude, da Karl fast jedes Spiel verlor, sie lachte und hüpfte bei jedem Sieg um den Tisch.
Karl grinste dazu verlegen und lehnte sich entspannt in seinem Stuhl zurück.
Gegen 22.00 Uhr ermahnte er Lisa:
"Möchtest du nicht zu Bett gehen, es ist schon spät, nicht dass deine Eltern schimpfen, weil ich mit dir so lange

Spiele mache.
Du kannst dich beruhigt schlafen legen, ich bleibe hier am Tisch sitzen und passe gut auf euch auf."
" Wirklich," fragte Lisa zweifelnd.
"Ehrenwort, du brauchst keine Angst zu haben, ich verlasse die Wohnung nicht, auch wenn du schläfst, bis Emma und Paul wieder hier eintreffen.

Lisa hörte Karl interessiert zu und fixierte ihn; ihr Gesichtsausdruck veränderte sich plötzlich auf eigenartige Weise. Karl bemerkte diese Veränderung und fragte:
"Lisa, warum siehst du mich jetzt so an?"
"Nichts, nichts, antwortete Lisa, ich habe nur überlegt, ob ich schon ins Bett gehen sollte oder nicht."
"Und" fragte Karl," für was hast du dich entschieden?"
"Karl" sagte Lisa zuckersüß," setzt du dich zu mir ans Bett und liest mir vielleicht noch etwas vor?"
"Wenn du das unbedingt möchtest," sagte Karl müde, aber nicht gerne. Ich lese fast nie eine Zeitung und Bücher überhaupt nicht, dazu habe ich keine Zeit, außerdem ist Lesen für mich etwas sehr Anstrengendes."
"Ach so, dann lassen wir es. Komm aber trotzdem mit mir ins Schlafzimmer und setze dich auf mein Bett" sagte sie," zog ihn an der Hand und zeigte auf ihren Bettrand, wo sie wünschte, dass er seinen Platz einnahm.
Sie platzierte ihn so, dass er das Waschbecken mit dem kleinen Hängespiegel direkt vor seinen Augen hatte, wo sie sich nun auszuziehen begann.
Selbstbewusst und ungeniert, nur etwas hastig, entkleidete sie sich knapp zwei Meter vor seinem Gesicht.
Es schien, als wollte sie ausprobieren, welchen Reiz ihr

kindlicher Körper auf Karl ausüben würde.
Nach einigen Minuten stand sie splitternackt vor ihm.
Als Karl schüchtern den Blick senkte und Schamröte in sein Gesicht stieg, sagte sie herausfordernd:
"Karl, kannst mich ruhig ansehen, ich bin ja noch ein Kind."
Karl antwortete nicht, hob mit verlegenem Gesichtsausdruck seinen immer noch roten Kopf und betrachtete mit Neugierde im Blick, den Körper der kleinen Verführerin.
Langsam entflocht sie vor ihm stehend ihre beiden Zöpfe, bis die dunkle wallende Mähne ihre kleinen festen Brustansätze bedeckte.
"Karl, glaubst du dass ich einmal eine schöne Frau sein werde?"
"Davon bin ich überzeugt," entgegnete Karl mit glänzenden Augen, "du wirst ebenso schön, wie deine Mutter."
Sein Blick hing an dem kleinen, leicht behaarten Schamhügel, der sich unbedeckt, voll kindlicher Unschuld seinen Blicken darbot.

Durch ihre aufregenden Entdeckungen in der Scheune wusste Lisa, welche Körperteile Anton Buricek bei Kuni besonders angeregt hatten.
Seither schenkte sie ihrem eigenen Körper sehr viel Aufmerksamkeit und prüfte fast täglich die Entwicklung ihrer kleinen Brüste und den Wuchs ihrer Schamhaare, die sich bisher nur sehr spärlich zeigten.
Als hätte sie den heutigen Abend erwartet, hatte sie mit Lukas alleine in der Zweitwohnung, jeden Abend Emma`s

Stöckelschuhe an ihre kleinen Füße gezogen, um sich damit nackt und herausfordernd vor dem Spiegel zu bewegen und diesen Anblick selbstzufrieden in sich aufzusaugen.

Ungehemmt und ohne Scham begann Lisa nun, ihren Unterkörper mit einem Waschhandschuh zu waschen, ihren einzigen Zuschauer dabei keine Sekunde aus den Augen lassend.

"Karl," fragte sie unschuldig während dieses provokativen Waschvorgangs:
"Findest du, dass mein Körper noch nicht entwickelt ist? Meine Mama sagt, ich muss noch viele Jahre warten, bis ich mit einem Mann Liebe machen kann."
"Dein Körper ist schön zum Anschauen," antwortete Karl, sicher muss sich alles an dir noch weiter entwickeln, da hat deine Mama schon recht.
Mir gefällt du, wie du jetzt vor mir stehst, nackt mit deinen langen Haaren, du siehst jetzt nicht aus wie das kleine Mädchen, das ich sonst kenne."

Karl forderte Lisa plötzlich mit beherrschter, aber rauher Stimme auf:
"Schluss jetzt, zieh dir etwas an und leg dich in dein Bett."
Lisa gehorchte sofort, schlüpfte in ihr geblümtes Baumwollnachthemd und kuschelte sich unter ihre Decke.
Als Karl sich vom Bettrand erhob, um sich einen Stuhl zu holen, bat sie:
"Karl, bitte bleib an meinem Bettrand sitzen, ich habe eine Idee, wir machen zusammen noch ein schönes Spiel, bevor ich einschlafe.

Sie sprang aus dem Bett, rannte ins Nebenzimmer, um sich einen Würfel von ihrem "Mensch ärgere dich nicht „ zu holen.
"Schließe deine Augen," sagte sie zu Karl, ich verstecke den Würfel irgendwo unter meiner Bettdecke und wenn ich ein gutes Versteck gefunden habe, darfst du ihn mit deinen Händen suchen.
Ich werde dir dabei Hilfestellung geben, in dem ich das Wort "heiß" sage, wenn du dem Versteck sehr nahe bist und das Wort "kalt," wenn du dich davon wieder entfernst."
Karl nickte zu ihrem Vorschlag mit spürbarer Erregung. Er machte keinen Einwand gegen dieses nicht ungefährliche Spiel.
Nach wenigen Sekunden forderte Lisa ihn auf:
"Augen öffnen, du musst jetzt suchen, der Würfel befindet sich versteckt irgendwo unter der Bettdecke."
Lisa lag auf den Rücken, zugedeckt bis zum Hals und voller Erwartung, ihre dunklen Haare umrahmten das sehr schöne, frühreife Gesicht, wie verzaubert glänzten ihre Augen im schwachen Schein der Nachttischlampe.
Karl ließ langsam, fast schüchtern, seine kräftigen Hände unter die Bettdecke gleiten und kniete sich dabei vor Lisa's Bett.
Er tastete sich vorsichtig an ihrer äußeren Körperseite entlang.
"Kalt, kalt," rief Lisa ungeduldig, und ließ seine Hände weiter über ihre kleinen harten Brustansätze wandern.
Lisa flüsterte:
"Schön Karl suchst du, sehr schön, such nur weiter, sehr langsam bitte."

Karl streichelte zart über die Vorderseite ihres Körpers nach unten.

"Kalt" rief Lisa wiederum sehr energisch.

Karl kapierte, Lisa wünschte, dass er einen längeren Aufenthalt bei ihren kleinen Brüsten einlegen sollte. Gerne tat er ihr diesen Gefallen und streichelte minutenlang ihren frühreifen Oberkörper.

Lisa gab keine Anweisungen mehr, weder heiß noch kalt, sie stöhnte leicht und genoss diese erste Berührung ihres mädchenhaften Körpers durch kräftige und doch sehr behutsame fremde Männerhände.

Als Karl endlich den Würfel in ihrer Achselhöhle fand, hatten beide großen Spaß an diesem Versteckspiel gefunden.

Erregt durch diese erste körperliche Erfahrung beschlossen sie, das Spiel noch einmal zu wiederholen.

Ohne lange zu überlegen, versteckte Lisa den Würfel zwischen ihren Schenkeln.

Karl schien dies zu ahnen, denn er begann seine sehr zarte und behutsame Suche bereits in Lisa's unterer Körperhälfte.

Lisa genoss es wiederum, seine Hände durch ihre richtungsweisenden Befehle genau dort über ihren Körper zu lotsen, wo sie es sich wünschte.

Als Karl die Innenseite ihrer Schenkel entlang tastete, wurde sie ungeduldig und ungehalten, weil er bewusst nicht zu der Stelle vordrang, wo sie den Würfel versteckt hatte.

Karl spürte in sich den heißen Wunsch, das zu berühren, was seine Hände noch nie gefühlt hatten, doch blockierte ihn seine Anständigkeit und Schüchternheit, diese verbo-

tene, doch sehr reizvolle Stelle zu erobern.
Als er endlich sehr zart ihre kleinen Schamlippen berührte bat sie:
"Karl bitte bleib dort mit deinen Fingern, mir tut das so wohl."
Sehr behutsam bewegte Karl seine Finger in dem ihn unbekannten Neuland unberührter weicher Weiblichkeit.
Verzückt gab sie Karl kurze Hinweise für seine Berührungen, bis sie schließlich von dem gleichen Gefühl überwältigt wurde, dass sie sich auf ihrem Ast hinter dem Holzstoß verschaffte.
Als sich ihr kleiner Körper vor Lust und Glück im Bett aufbäumte, zog Karl seine Hand aus dieser Feuer entfachenden Stelle und betrachtete interessiert und erstaunt Lisa's Verhalten, ihren verklärten Gesichtsausdruck und vernahm ihre hysterischen spitzen Schreie.
"Lisa, "flüsterte er, "Lisa, du hast ja schon die Gefühle einer Frau."
Entspannt lächelnd sah sie ihn an:
"Karl, hast du mich jetzt glücklich gemacht, ich habe nicht gewusst, dass ein Mann auch mit den Händen eine Frau so glücklich machen kann."
"Lisa," sagte Karl mit geheimnisvollem Blick, was ich jetzt bei dir ausgelöst habe, hast du schon sehr oft hinter den Holzstößen erlebt, ich habe dir dabei zugesehen. Gib es zu, du befriedigst dich auf den Ästen sehr oft."
Lisa schnellte erschreckt in die Höhe und bedeckte verschämt ihren nackten Unterkörper mit ihrem Nachthemd.
"Du hast mich dabei beobachtet Karl und hast nie darüber gesprochen?"
"Wenn du gewusst hättest, dass ich dir dabei zusehe,

hättest du dir für die Befriedigung deiner Lust sicher einen anderen Platz gesucht und mich dadurch um ein herrliches Vergnügen gebracht."
"Hm," nickte Lisa verständnisvoll.
"Lisa versprichst du mir," sagte Karl vorsichtig, "von unseren schönen Spielen niemanden etwas zu erzählen, auch nicht deiner Mama."
Lisa schaute ihn vorwurfsvoll an.
"Karl, ich würde keinem Menschen etwas sagen, ab heute bist du mein Mann und ich möchte, dass wir noch oft wiederholen, was wir heute getan haben.
Meine und deine Mama würden das sowieso nicht verstehen."
"Karl" fragte sie mit unschuldiger Miene," wann machst du es mit mir einmal richtig?"
"So schnell nicht, dazu bist du noch viel zu klein, ich würde dir sehr weh tun und das wollte ich nicht."
"Gut" antworte Lisa altklug," das überlasse ich dir, ich würde es jederzeit mit dir machen, doch wenn du versprichst, mit mir bald wieder Suchspiele zu machen, wenn meine Eltern eingeladen sind, bin ich auch zufrieden."
"Karl, vielleicht kannst du mich manchmal zwischen den Schenkeln streicheln und mir das schöne Gefühl verschaffen, wenn wir hinter den Holzstößen sind?"
"Nein,, rief Karl erschrocken," niemals, das ist mir viel zu gefährlich. Wir machen das nur hier in der Wohnung, wenn deine Eltern nicht in der Mühle sind.
Du kannst ja bei einer solchen Gelegenheit wieder sagen, dass du Angst hast und ich auf dich und Lukas aufpassen soll."

Neugierig fragte nun Karl:
"Lisa, woher weißt du so genau, wie das körperliche Vergnügen zwischen Mann und Frau vor sich geht?"
Aus Lisa sprudelte es heraus:
"Erstens hat meine Mama mich darüber aufgeklärt und zweitens habe ich zwei Menschen aus dem Dorf dabei wochenlang genau beobachtet. Die Namen darf ich dir nicht nennen, weil die beiden nicht miteinander verheiratet sind und weil es ein Flüchtling mit einer Einheimischen ist, "beendet sie geheimnisvoll ihre Schilderung.
Nach kurzer Überlegung erklärte Karl:
"Ich kann mir gut vorstellen, wer die beiden sind, die es miteinander treiben, du brauchst mir das nicht zu sagen."
Lisa bohrte weiter:
"Karl, wenn du mir diese schönen Gefühle mit dem Finger besorgst, tut dir das dann auch wohl?
Was ist denn mit deiner Männlichkeit, wenn du sie nicht benützt, wird sie nicht groß, wenn du mich nackt siehst und berührst?
Beim Anton Buricek war das immer schon groß, bevor er die Kuni angefasst hatte."
Stotternd antwortete Karl verlegen:
"Das ist schon in Ordnung für mich, so wie wir es tun."
"Nein," drängte Lisa ungeduldig und aufdringlich,
"bitte sage mir, wie ist das, wenn du ihn bei mir nicht benützen kannst, ich möchte das wissen, darüber hat mir meine Mama nichts erzählt"
Karl sprach zögernd und verschämt:
"Lisa, du bringst mich mit deiner Neugierde in Verlegenheit, warum fragst du nicht deine Mutter."
"Weil ich es von dir hören möchte Karl, bitte sage es mir,

du brauchst dich nicht zu schämen, ich habe mich vor dir vorhin auch nicht geschämt."
"Also gut Lisa, so wie du dir hinter dem Holzstoß selbst dieses Glücksgefühl gemacht hast, mache ich es auch bei mir selbst. Immer als ich dir auf den Ästen zugeschaut habe, hat mich das so erregt, dass auch ich mir selbst Befriedigung verschafft habe und Lisa, wenn deine Eltern heute nachhause kommen und ich in meinem Zimmer alleine bin, stelle ich mir noch einmal vor, wie wohl sich meine Hände an deinem Körper und zwischen deinen Schenkeln gefühlt haben und bei dieser Vorstellung befriedige ich mich dann wiederum selbst."
"Interessant, interessant, "stammelte Lisa mit glänzenden Augen.
"Darf ich dir dabei auch einmal zusehen Karl?"
"Um Gottes Willen nein," rief Karl erregt, da lasse ich keinen Menschen zuschauen."
Schmollend flüsterte Lisa:
"Aber mir hast du schon zugesehen, das ist ungerecht".
Karl streichelte Lisa schmunzelnd über ihre langen Haare und bat:
"Versuche jetzt endlich zu schlafen Lisa, deine Eltern werden sicher bald hier sein."
"Dann gute Nacht Karl," sagte Lisa mit müdem Gesicht, ich mag dich sehr."
Karl wachte mit nicht ganz reinem Gewissen an Lisa's Bett. Er spürte, wie Zweifel mit ihm zu spielen begannen. Würde er sich auf Lisa`s Schweigsamkeit verlassen können? Wenn sie sprechen und er die Wahrheit zugeben würde, müsste er aus dem Dorf verschwinden. Alles

abzustreiten wäre das Ende für die Familie Vogt, sie würden aus dem Dorf gejagt, denn die Ehre eines Bauernsohnes wog weit mehr, als die Verdächtigungen eines Flüchtlingskindes.
„Das wollte ich nicht, es wäre furchtbar," murmelte Karl vor sich hin.
Ihm hatte dieses harmlose Spiel sehr viel Spaß gemacht.
Er hatte noch nie eine Frau berührt, aber durch das permanente provokative Benehmen von Lisa wurde schließlich auch seine Lust geweckt und nur zu gerne kam er ihren Aufforderungen nach.
Dieses spielerische Abtasten ihres Körpers war für ihn ein lustvolles Erlebnis.
Schuldgefühle musste er nicht haben, er hatte Lisa nicht entjungfert und das hatte er auch in Zukunft nicht vor.
Er wollte das dem Mann überlassen, der Lisa zur Frau nahm, so hatten es ihm Mutter und Vater von Jugend an eingepaukt.
Doch eines wusste er sicher, das reizvolle Spielchen von heute Nacht sollte sich noch sehr oft wiederholen.
Um 3.00 Uhr morgens, Karl hatte es sich inzwischen auf dem alten Kanapee gemütlich gemacht, wurde er von Emma und Paul geweckt und durfte seinen Wachposten endlich räumen. Er stolperte verschlafen die knarrenden Stufen nach unten, wo seine Mutter mit einem flüchtigen "Gute Nacht" an ihm vorbeihuschte.

Durch die geschlossene Haustüre hörte er von außen laute Schimpfworte aus Hubert's Mund.
Interessiert schaute er hinaus, um zu sehen, was seinen

Bruder um 3.00 Uhr morgens in Rage gebracht hatte, dass er so wüst fluchte.
Karl sah gerade noch, wie Hubert wieder in seinen Benz sprang, um noch einmal die Mühle zu verlassen.
"Warum fährst du weg,"rief Karl in die Nacht?
"Ich Idiot habe zwei große Körbe, die Resi für uns mit übrig gebliebenem Essen vollgepackt hatte, mitten im Schrickerhof stehen lassen. Ich hatte sie hinter den Benz gestellt, um sie nicht zu vergessen und als dann alle eingestiegen waren, bin ich doch ohne die Körbe losgefahren.
Ich muss sie sofort holen, denn erstens würden die zwei großen Hofhunde, die nachts von der Kette gelassen werden, die Körbe leer fressen, was hoffentlich noch nicht geschehen ist und zweitens wäre Resi zu Tode beleidigt, wenn sie am Morgen ihre liebevoll mit Unmengen gebratenem Fleisch befüllten Körbe im Hof abgestellt, vorfinden würde. Also muss ich wohl oder übel um diese Zeit noch einmal zurück.

Hubert stellte den Wagen einige Meter vom Hoftor auf einer kleinen Anhöhe ab, um die Bewohner des Schrickerhofes nicht zu wecken.
Beim alten Schricker hätte er keine Bedenken gehabt, der lag sicher bewusstlos vom überreichlichen Alkholgenuss in seinem Bett.
Vorsichtshalber rief Hubert beim Öffnen des Eingangstores leise die Namen der Hunde, um zu verhindern, dass diese in ein ätzendes Gekläffe ausbrechen würden.

Der Schrickerhof ruhte still im Dunkel der Nacht und

seine Bewohner schienen in tiefen Schlaf zu liegen.
Hubert schlich zu dem überdachten Vorplatz, wo die Fahrzeuge der Schricker's parkten und auch sein Pkw gestanden hatte.
Er atmete auf, als er die Körbe unversehrt stehen sah, die Hunde an den Ketten waren und durch freudiges Schwanzwedeln zeigten, dass sie ihn erkannt hatten.
Hubert bückte sich, um beide Körbe zu erfassen, da hörte er in unmittelbarer Nähe lautes Stöhnen.
Er lauschte einen Augenblick zögernd, ließ die Körbe aus seinen Händen gleiten und neugierig geworden, folgte er dem Lustgeräusch.

Vorsichtig bewegte er sich an der Hinterwand des Vorbaues entlang, konnte nichts Konkretes sehen, doch die Geräusche ließen keinen Zweifel, dass hier eine temperamentvolle sexuelle Begegnung zwischen einem Mann und einer Frau stattfand.
Hubert entwickelte größtes Interesse und unbezähmbare Neugierde für diese geheimnisvolle Situation.
Er horchte intensiv, die beiden Menschen sprachen kein Wort, nur verhaltenes, lustvolles Stöhnen war zu hören.
Durch Hubert's Kopf raste der Verdacht:
„Die Resi, das wird doch nicht die Resi sein und wenn ja, mit wem?"
Da kam nur einer der Kinastmänner in Frage, war er sicher.
Hubert ging in die Hocke und bewegte sich vorsichtig einige Meter in die Richtung des von ihm erwarteten erotischen Schauspiels. Endlich konnte er erkennen, dass eine Türe vom großen Schricker Benz geöffnet war, ein

weibliches Wesen lag auf den Hintersitzen. Er sah ihre weißen geöffneten Schenkel und über ihr einen Mann mit entblößtem Unterkörper. Sein nacktes Hinterteil bewegte sich in wilden rhythmischen Liebesstößen unmittelbar vor Hubert's Gesicht.
Seine Gedanken schweiften ab zu Emma und er beneidete in diesem Moment den aktiven Mann um das Vergnügen, dass er in seiner Voyeur-Position hautnah mit ansehen musste.
Endlich, der Mann hatte eindeutig großen Spaß an dem unter ihm liegenden Frauenkörper, was seine ungeheure Ausdauer bewies, schien seine Beherrschung am Ende zu sein, denn hektisch zuckende Bewegungen und tierisch gurgelnde Laute, die sich mit ihrem lustvollem Wimmern verbanden, kündigten den nahenden Höhepunkt dieses Liebesakts an.
Wie ein Blitzschlag traf Hubert die Erkenntnis, dass die soeben beglückte Frau Resi war, als sie rief:
"Ja Arno ja, gib es mir und mache mir meinetwegen gleich ein Kind, mir ist es egal, ob die im Dorf sich den Mund zerreißen, Arno ich liebe dich."
"Bist du verrückt Resi," flüsterte Arno Kinast," wenn das mit uns bekannt wird, bist du bei deinen Einheimischen erledigt."
Hubert zog erschüttert seinen Rückzug an.
Nur weg von den beiden Liebenden dachte er, sie dürfen nicht merken, dass sie einen Zuschauer hatten.
Er wollte jetzt das Risiko nicht eingehen, mit den Körben den Hof zu verlassen und kauerte sich in eine Ecke hinter dem alten DKW der Schricker's, bereit die ganze Nacht hier zu verbringen, um nicht bemerkt zu werden.

141

Tatsächlich musste er über eine Stunde in seiner unbequemen Ecke ausharren und atmete auf, als er sah, dass Resi und Arno Anstalten machten, sich in entgegengesetzten Richtungen aus dem Anbau zu entfernen. Doch plötzlich übermannte den jungen Kinast nach einem ausgiebigen Abschiedskuss noch einmal die Lust, er legte Resi über den großen Reifen eines Traktors und drang noch einmal kraftvoll von hinten in sie ein.

Dank der Helligkeit des nahenden Morgens kam er schon bald zu einem zweiten Lustgipfel, löste sich dann endlich von ihr, worauf beide schnell und fast geräuschlos hinter getrennten Haustüren verschwanden.

Mit schmerzenden Knien entfernte sich Hubert schleichend, die beiden schweren Körbe schleppend, aus dem Schrickerhof.

Aus Angst, jemand könnte das Geräusch seines anspringenden Motors hören, löste er die Handbremse des Benz und ließ diesen die leichte Anhöhe auf der er geparkt hatte, hinunterrollen und erst als er sicher war, dass Resi ihn nicht mehr hören und sehen konnte, schaltete er den Motor an.

Aufgewühlt und entsetzt über das Erlebte, fuhr Hubert seinen Wagen nicht in den Hof sondern parkte ihn vor der Mühle, ließ die Körbe im Fahrzeug und schlich im Morgengrauen auf Zehenspitzen ins Haus, so als hätte auch er etwas zu verbergen.

Er wollte damit unnötige Fragen seiner Familie, wegen seiner späten Rückkehr vermeiden. Niemand sollte erfahren, dass er unfreiwillig zwei qualvolle Stunden im Schrickerhof verbracht hatte.

Hubert konnte, strapaziert von unerträglicher Lust nach

Emma's Körper und einer für ihn längst überfälligen sexuellen Vereinigung mit ihr, keinen Schlaf finden.
Er setzte sich in den Kopf, in der folgenden Woche Emma besitzen zu müssen, egal welches Szenarium er in die Wege leiten musste, um störende Familienmitglieder oder ihren Mann für einige Stunden von der Mühle zu entfernen.
Er musste sie besitzen, er war süchtig nach ihr.

Hubert bemühte sich, das Schauspiel vom Schrickerhof schnellstmöglich zu vergessen Von ihm würde kein Mensch erfahren, dass Resi sich den jungen und kraftvollen Kinastsohn Arno für ihre körperliche Befriedigung oder auch mehr ausgesucht hatte.
Seit Emma in der Mühle lebte, wusste er, was es bedeutete, sich nach sexuellem Liebesglück mit einem bestimmten Menschen zu sehnen und wie unerträglich dieses Verlangen werden konnte.
Zudem erfuhr er durch den erotischen Austausch mit Emma, welch unbeschreiblichen Lustgefühle, von denen er bisher nicht einmal zu träumen gewagt hatte, bei ihm an die Oberfläche getreten waren, als er endlich am Ziel seiner Wünsche angelangt war.
Hubert empfand größtes Verständnis für Resi's sexuellen Nachholbedarf, denn wie er, hatte sie jahrelang abstinent nur für ihren Hof, ihre Arbeit und ihren schwierigen Vater gelebt.
Überrascht war er lediglich darüber, dass Resi mit dem ihr innewohnenden extremen Bauernstolz, den sie überall nach außen trug, sich für ihre Lust einen jungen Flüchtling gesucht hatte.

Das Fleisch ist schwach und manchmal trügt auch der Schein dachte Hubert, seine Beziehung zu Emma vor Augen.
Hubert wusste, nach dem was er beobachtet und gehört hatte, dass Resi bereit sein würde, alle durch diese Beziehung mit dem jungen Kinast entstehenden Konsequenzen in Kauf zu nehmen und mit Sturheit und Eigensinn sogar die Meinung der sie umwohnenden Bauern ignorieren würde.
Doch welche Gefühle und Einstellung lagen dem Verhalten des jungen Kinast zugrunde?
Er war zehn Jahre jünger als Resi und rein optisch passten sie nicht sehr gut zusammen.
Wenn einer der Kinast Männer für Resi in Frage käme und es ein Flüchtling sein durfte, dann wäre nur Rolf Kinast der Richtige für sie, was Alter, Aussehen und Seriösität betraf.
Arno war zwar ein fleißiger und pflichtbewusster junger Mann, doch nach Hubert's Meinung eindeutig zu jung und lebenslustig, um die Verantwortung für den großen Schricker Hof zu übernehmen und mit Resi den Rest seines Lebens in diesem kleinen Dorf mit einer großen Kinderschar zu verbringen.
Hubert wusste aus eigener Erfahrung, auf diesem Dorf zu leben, bedeutete Isolation bis ans Lebensende.
Als ihn seine Gedanken endlich los ließen, schickte die aufgehende Morgensonne schon ihre goldenen Strahlen in Hubert's Schlafzimmer und er fiel endlich in einen kurzen, aber sehr erholsamen Schlaf.

Gegen 10.00 Uhr weckte ihn Rosa, der obligatorische

Kirchgang nach Waldsassen war für diesen Sonntag angesagt und jedes Familienmitglied musste daran teilnehmen, ob ihm darnach zumute war oder nicht.

Keines der umliegenden Dörfer besaß eine Kirche, deshalb besuchten im Rhythmus von zwei Wochen alle Bewohner der Mühle vollzählig, mit Ausnahme einer weiblichen Person, die zu Hause blieb, um für die Kirchgänger zu kochen, die Stiftskirche in Waldsassen, um dort an einer Messe teilzunehmen.

Die Müllerin war an diesem Sonntag als Köchin an der Reihe und bereitete für ihre große Familie und natürlich für Emma, Paul, Lisa und Lukas ein reichhaltiges sonntägliches Mittagessen.

Der Weg vom Dorf zur Kirche wurde grundsätzlich von allen Dorfbewohnern zu Fuß zurückgelegt, dies war Tradition.

Nur älteren und kränklichen Personen wurde gestattet, zur Kirche zu fahren.

Zu den fahrenden Kirchenbesuchern gehörte natürlich der Gschwendtnerbauer, der bekanntlich auch im Dorf keinen Schritt mehr als nötig zu Fuß zurücklegte.

Alle Dorfbewohner wollten ihre Christlichkeit und Zugehörigkeit zur Kirche durch diesen offiziellen Kirchgang beweisen und nahmen teils wöchentlich, teils in größeren Zeitabständen an dem sonntäglichen Fußmarsch nach Waldsassen teil.

Um von Schollach nach Waldsassen zu gelangen, benützte man einen schmalen Weg der durch Felder, Wälder und Wiesen führte und vor allem im Winter schwer begehbar war, aber den Vorteil hatte, dass man in 45 Minuten die Kirche erreichte.

Wählte man für diesen Kirchgang die offizielle Straße, mussten weitere 30 Minuten Fußmarsch in Kauf genommen werden, was jeder Kirchgänger tunlichst vermeiden wollte.
Auf dieser langen Strecke tauschte man landwirtschaftliche Erfahrungen aus und einer Prozession gleich bewegte sich Sonntag für Sonntag die Schar der festtäglich gekleideten Bauern, meistens zwischen 20 und 25 Personen, durch die herrliche Idylle ländlicher Natur.
Beim heutigen Kirchgang gesellte sich Lisa vertrauensvoll zu Karl, was ihre Eltern zufrieden registrierten und sie bewog, die Gelegenheit wahrzunehmen, um bei Karl unbefangen anzufragen, ob er seinen Kindermädchen-Pflichten bei Bedarf wieder einmal nachkommen würde.
"Na ihr beiden, anscheinend habt ihr euch letzte Nacht gut vertragen," sagte Paul zu Karl und Lisa.
Strahlend antwortete Lisa:
"Ja Papa, Karl hat mit mir "Mensch ärgere dich nicht" gespielt und mir aus einem Buch vorgelesen, bis ich eingeschlafen war.
Wenn der Karl bei mir bleibt, könnt ihr ausgehen so oft ihr wollt, dann habe ich keine Angst mehr und verstehen tue ich mich mit ihm viel besser als mit meiner Oma."
"Mir macht es wirklich nichts aus, wenn ich manchmal bei euren Kindern den Aufpasser spiele," bestätigte Karl lachend.
"Lisa ist ein sehr gescheites Mädchen, ich habe mir diesen Nachtdienst viel langweiliger vorgestellt.
Wir machen wieder Spiele Lisa, nicht wahr, dann wird es lustig und die Zeit vergeht schnell."

Hubert ging beim Kirchgang einige Schritte hinter Emma. Die überwältigende Kraft seines inneren Feuers raubte ihn die sonntägliche Ruhe. Er ließ keinen Blick von ihren Körper und Beinen.
Wieder steigerte er sich in ein unerträgliches sexuelles Verlangen nach Emma.

Wenn die Kirchgänger sich nach dem anstrengenden Fußmarsch endlich dem Gotteshaus näherten, vibrierte die Luft von den hellen und dunklen Glockenschlägen, die den unmittelbar bevorstehenden Beginn der Messe ankündigten und die weit geöffneten Tore der Kirche erwarteten den sonntäglichen Besuch der sie umwohnenden Menschen.

Als heute die Schollacher Kirchengemeinde in letzter Minute das Gotteshaus betrat, begann gerade mit einem leisen hellen Glockengetön die Messe, begleitet vom vollen feierlichen Einsatz der Orgel und die Stimmen der vielen anwesenden Menschen erklangen in einem jubelnden Dankeslied.

Wieder einmal rechtzeitig geschafft, schien sich auf den Gesichtern der Bauern zu spiegeln, als die Ministranten ihre Weihrauchgefäße schwenkten und die knienden Menschen den Segen empfingen.

Ganz benommen von der feierlichen Atmosphäre und den Gerüchen von Weihrauch, verlassen die Schollacher nach ungefähr eine Stunde das festlich geschmückte Gotteshaus und machen sich, manch einer etwas nachdenklich, andere wiederum völlig unbeeindruckt, auf den Heimweg.

Gegen 13.00 Uhr, die Lungen voll mit frischer Luft, einer gesunden Gesichtsfarbe und einem beträchtlichen Appetit trafen die Kirchgänger wieder im Dorf ein.

Heißhungrig nahmen die sieben Müllerischen Kirchenbesucher an den mit dampfenden Schüsseln und Töpfen bestückten Mittagstisch Platz, in denen Schweinebraten, Knödel, dunkelbraune Bratensauce und Sauerkraut, auf das Zugreifen der hungrigen Menschen warteten.
Der kleine Lukas saß zufrieden am Fußboden der Küche und spielte eifrig mit seinen einfachen Spielsachen.
"In deiner Gesellschaft Sofie ist er besonders brav," meinte Paul verwundert, „so intensiv spielt er bei uns oben nie, da braucht er immer einen Animateur."

Das interessanteste Thema beim sonntäglichen Mittagessen war natürlich die Geburtstagsfeier des alten Schricker.
Die feierlich gekleidete Tischrunde brannte darauf, dort erfahrene und beobachtete Neuigkeiten auszutauschen.

Die größte Sensation der großen Feier war, dass der Penzkofer Bauer den Mut und die Dreistigkeit besaß, nicht mit seiner Bäuerin und Ehefrau Irma, sondern mit seiner Geliebten, der 22-jährigen Eva Platzer zu erscheinen, die mit all ihrem Putz, ihrer Schminke und ihren Bändern so gar nicht in die dort anwesende natürliche Gesellschaft passte und zu Beginn stumm und unbeweglich wie eine Marmorsäule zwischen der vor Staunen verstummten Gesellschaft stand.
Lautstark und selbstsicher dagegen meisterte der Penzkofer Bauer die Situation in den festlich geschmückten Räumen des Schrickerhofes.

Sein Auftritt wurde von der anwesenden und geladenen Dorfgemeinschaft nicht akzeptiert, was man ihm durch spürbare Ignoranz deutlich zeigte.
Verliebt, fast schamlos turtelte er mit der jungen Eva vor allen Augen, was diese mit stolzem Blick, lasziv lachend, geschehen ließ. Sie genoss es sichtbar, dass der fesche Penzkofer sich in aller Öffentlichkeit zu ihr bekannte und sah sich im Geiste sicher schon als Nachfolgerin von Irma auf dem Penzkofer Hof.
Egal zu welcher Person der Penzkofer Kontakt aufnehmen wollte, ließ man ihn stehen und sprach nur das allernötigste mit ihm.
Sicher hatte er andere Erwartungen in diesen ersten gemeinsamen öffentlichen Auftritt mit Eva gesetzt, denn schon nach einiger Zeit machten sich Zeichen großer Enttäuschung in seinem Gesicht bemerkbar und schließlich verließ er kommunikativ isoliert, noch vor Mitternacht sehr kleinlaut die Festgemeinde.
Kaum hatte er die Türe hinter sich geschlossen, ließ man der Empörung freien Lauf.
"Der wird es sich überlegen, noch einmal mit seiner Schlampe öffentlich in unserer Mitte aufzutreten," rief als Erster der Gschwendtner Bauer in die Runde.
„Unsere Bauernehre darf es nicht zu lassen, dass so eine Flüchtlingshure eine unserer Bäuerinnen blamiert. Wo bleibt denn dem Penzkofer sein gesunder Bauernstolz," schimpft er weiter.
Zustimmendes Nicken aller Anwesenden bestätigte ihm, dass man seine Meinung akzeptierte.
Jeder der Anwesenden erklärte sich solidarisch mit der Penzkofer Bäuerin, die so eine öffentliche Blamage nicht

verdient hatte.

Sogar der alte Müller, der dem Penzkofer noch vor kurzem die Stange gehalten hatte, erklärte heute am Mittagstisch:
"Wenn der Penzkofer sich etwas Junges ins Bett holt, darf das nicht so weit gehen, dass er die Ehre seines ganzen Hofes öffentlich in den Schmutz zieht. Hätte er sich ein paar Monate mit der heißen Eva hinter den Mauern des Penzkofer Hofes ausgetobt, keiner von uns hätte ihm das verübelt, aber mit dem gestrigen Auftritt hat er unsere Bauernehre verletzt.
Sofie sagte gehässig:
"Ich bin neugierig, wie der alte Bock es in Zukunft mit seinem Gspusi halten wird."
"Wir werden es bald erfahren," beendete Rosa vorerst das Thema um die Penzkofer-Affäre.

Nach einem Gerücht, welches sich hinter vorgehaltener Hand durch das ganze Dorf verbreitet hatte, war es nun doch an die Öffentlichkeit gedrungen, dass zwischen Anton Buricek und Kuni Gschwendtner etwas nicht sauber war.
Vor allen Augen tauschten beide unübersehbar verliebte Blicke aus, schienen nur füreinander zu existieren und fast provokativ ignorierte Kuni ihren Ehemann, den Gschwendtner Bauern an diesem Abend.
Rein äußerlich war die ruhige solide Bäuerin nicht wieder zu erkennen.
Für das Schrickerfest hatte sie sich von Emma ein buntes Seidenkleid mit frechem Ausschnitt anfertigen lassen, trug eine neue Frisur von einem Friseur in Waldsassen

und bevorzugte dezenten Schmuck an Ohren und Hals.
Aus ihr war optisch eine völlig andere Frau geworden.
Der Gschwendtner Bauer benahm sich unverändert laut und aufdringlich und unterhielt sich wie immer sehr angeregt mit Thekla Buricek.
Es handelte sich bei ihrer Unterhaltung um keine persönlichen Gespräche zwischen Mann und Frau, sondern um Kommunikation auf rein sachlicher Ebene.
Darauf angesprochen, was mit seiner Frau sei, weil diese jeden Tag schöner würde, antwortete er spöttisch:
"Mit mir hat das nichts zu tun, die sehe ich kaum mehr, sie verbringt ihre Zeit bei den Stadtleuten in Waldsassen," lachte hierzu in seiner primitiven Art und gab solchen Gesprächen bewusst sofort eine andere Richtung.
Das Verhalten der beiden Ehepaare gab Rätsel auf und lieferte dadurch Gesprächsstoff für das ganze Dorf.
Warum reagierte auch Thekla Buricek nicht, sie musste doch sehen, mit welch verliebten Augen ihr Anton die Kuni verschlang und dass er sich immer mehr von ihr abwandte.
Unfassbar für die tuschelnde Dorfgemeinschaft war, dass der Gschwendtner Bauer die Dinge einfach laufen ließ, obwohl er sah, dass ihm seine Frau entglitten war und begann, ihn zu blamieren.
"Vielleicht steht er dieser Situation ratlos gegenüber," meint der Müller," der Gschwendtner würde bei seinem enormen Bauernstolz niemals zugeben, dass sich seine Frau von ihm abgewandt hat oder ihn mit einem anderen Mann betrügt.
Der Fall Gschwendtner war für das kleine Dorf viel beachteter Sensationsmittelpunkt geworden.

Hier verfolgte man mit wachen Augen was weiter geschehen würde und wartete auf eine Reaktion des Gschwendtner Bauern bezüglich dieser geheimen Affäre.

Rosa brachte in Erfahrung, dass das Ehepaar Lamatsch schon vor zwei Wochen den Gschwendtner Hof verlassen hatte, da beide anderweitig Arbeit in der Domstadt Regensburg gefunden hatten.
"Damit war zu rechnen, dass die aus dem Dorf verschwinden, sobald sie eine Ausweichmöglichkeit gefundden haben, "erklärte die Müllerin.

Größtes Interesse fand natürlich die Gastgeberin, von der man endlich einen konkreten Hinweis bezüglich einer baldigen Hochzeit auf dem Schrickerhof erwartete.
"Mit dem alten Kinast verstand sie sich mehr als gut," stellte Sofie fest, "sie hat ihn umschwanzelt wie selten einen Mann. Vielleicht gefiele er ihr als Ehemann, er wäre reif, erfahren und für sie eine große Entlastung".
"Niemals, "rief Rosa," hast du nicht gesehen, wie gut sich die beiden Frauen, die Kinast und die Resi verstanden haben. Sie haben getuschelt und gelacht, nein nie würde die Resi der den Mann wegnehmen."
"Wenn ein Flüchtling in Frage käme, wäre nur Rolf Kinast der richtige Mann für die Resi," schlug der Müller vor.
"Er ist kräftig, fleißig und gewissenhaft und könnte einer von uns sein. Ich glaube, keinem im Dorf würde es stören, wenn Resi diesen Rolf Kinast als Ehemann und Bauern für ihren Hof aussuchen würde, denn jeder wünscht ihr

einen Mann, mit dem sie Kinder bekommt, damit der Hof im Familienbesitz bleibt.
Stellt euch vor, wenn die Resi wirklich nie heiraten würde, wäre kein Erbe für diesen prachtvollen Hof vorhanden, unausdenkbar."
"Keinem der heiratsfähigen und ledigen Einheimischen, die sich gestern Abend um sie bemühten, gab sie eine Chance, im Gegenteil, sie ließ wieder einmal alle sehr direkt abblitzen," stellte Rosa verärgert fest.
"Schade Hubert, "sagte Sofie zu ihrem ältesten Sohn," du hättest dich doch um sie kümmern sollen, ihr hättet ein schönes Ehepaar abgegeben.
Du bist der Einzige, den sie schon vor Jahren zum Mann gewollt hätte und ich bin sicher, wenn du heute um sie anhalten würdest, sie würde dich sofort heiraten. Überlege es dir noch einmal.Wenn du dir nicht bald eine Frau in die Mühle holst, bleibst auch du übrig. Im Dorf wirst du sowieso der eiserne Junggeselle genannt."
"Mutter, spare dir deine Überredungskunst, zu einer guten Ehe gehören immer zwei, ich mochte die Resi früher nicht und jetzt will ich sie schon gar nicht mehr.
Wenn mir die Frau nicht beggenet, die ich heiraten möchte, bleibe ich eben alleine, mir macht das nichts aus. Rosa und Karl geht doch ihr auf Partnersuche und seht zu, dass ihr unter die Haube kommt, dann könnte ich die Mühle einmal euren Kindern übergeben."
"Mich will ja keiner" seufzte Rosa traurig," die jungen Bauern, die mir bisher gefallen hätten, haben sich alle andere Bäuerinnen genommen."
"Irgendwann findest auch du einen," tröstete die Müllerin, lass dir Zeit.

Momentan brauchen wir dich hier am Hof noch sehr dringend und könnten dich nicht entbehren. Wer täte denn die viele Arbeit im Stall und auf den Feldern, wenn du von der Mühle weggingst und Hubert sich wirklich keine Frau hierher holt."
"Mit mir braucht ihr überhaupt nicht zu rechnen," erklärte Karl trotzig," ich heirate so schnell nicht.
Wenn ich sehe, was in den Ehen so alles passiert, bleibe ich lieber als Junggeselle bei Hubert in der Mühle."
"Traurig ist das, wenn ich euch so rede höre," sagte Sofie," unsere drei Kinder im heiratsfähigen Alter scheinen uns zu bleiben Müller, wir zwei werden wahrscheinlich nie einen Enkel zu Gesicht bekommen."
"Bei Hubert habe ich auch nicht mehr viel Hoffnung, aber die Rosa und der Karl kommen schon noch unter die Haube, warte nur ab Sofie," tröstet zuversichtlich der alte Müller.
"Den Kinast Arno" unterbricht Rosa das Gespräch," würde ich sofort heiraten, der gefällt mir, bloß ich ihm natürlich nicht. So eine wie mich schaut der nicht an, alle Mädchen im Dorf laufen ihm nach. Der könnte sich aussuchen, wen er wollte."
"Ja, den wollten sie alle, dass haben wir gestern gesehen," sagte die Müllerin "und erhielt zustimmendes Nicken.
"Der ist so anders," seufzte Rosa," als die hier im Dorf, er sieht unheimlich fesch aus, wie einer aus der Stadt, hat Temperament und ist so charmant."
Karl vermutete:
"Ich glaube nicht, dass der ewig hier im Dorf bleibt, den könnte die schönste Bauerntochter nicht halten. Der würde ausbrechen, sein Leben genießen und die Welt

erleben, das spürt man."
Hubert sagte völlig gedankenverloren:
"Schade um die Resi."
"Wie meinst denn das, "fragte sofort die Müllerin.
"Ich meinte, hoffentlich fällt sie nicht einmal dem Falschen in die Hände, irgend einem Blender, der sie nur ausnützt. Sie fährt doch oft in die Stadt und da gibt es Kerle genug, die sich an eine überfällige ledige Bauersfrau ranmachen, um an ihr Geld zu kommen."
"Was du dir für Gedanken machst" antwortete Rosa kopfschüttelnd, „die Resi ist alt genug, sie weiß was sie zu tun oder zu lassen hat. Vielleicht würde es ihr gar nicht schaden, wenn ihr einmal einer zeigen würde, wo es lang geht, weil sie alle anständigen Bauernsöhne von uns so hochnäsig abblitzen lässt. Die täte mir nicht leid, wenn ihr einer einen Denkzettel verpassen würde, damit sie nicht mehr so arrogant wäre."

"Kinder," sprach der Müller plötzlich stolz und tief seufzend," ist euch eigentlich bewusst, dass wir der einzige Hof im Dorf sind, dessen Ehre bisher nicht in den Schmutz gezogen wurde. Unsere Familien und darüber gibt es unter den Dorfbewohnern keinen Zweifel, verbindet tiefe Freundschaft und gegenseitige Achtung."
"Ein Glück," antwortete Paul," dass wir bei euch gelandet sind Müller und unser Zusammenleben so ehrlich und harmonisch verläuft."

Drei Erwachsene und ein Kind saßen bei diesen Worten mit niedergeschlagenen Augen am Tisch und vertieften

sich fast verdächtig intensiv in ihre Mahlzeit.
"Das ist nicht ganz richtig," versuchte Karl zu korrigieren," der Schrickerhof ist bis jetzt auch noch sauber."
"Ja, bis jetzt ist von dort nichts nachteiliges bekannt" entgegnet Sofie," trotzdem traue ich der Resi seit gestern Abend nicht mehr über den Weg, sie war auf irgendeine Weise anders als sonst."
Mit diesen und vielen anderen Vermutungen und Prophezeiungen über die sie umwohnenden Menschen, beendete die gesellige Runde das mittägliche Zusammentreffen.

Für den Nachmittag hatte sich der Gschwendtner Bauer in der Mühle angemeldet, er sammelte als einziger Kandidat für das Bürgermeisteramt Unterschriften bei allen Dorfbewohnern.
Er wusste, dass in dieser Zeit die Bürgermeister nur mit Zustimmung der Besatzungsmächte ernannt werden konnten und wollte mit einer reichhaltigen Unterschriftsliste beweisen, dass nur er konkurrenzlos für dieses Amt in Frage komme.
Den im Dorf anwesenden Flüchtlingen mit schulpflichtigen Kindern versuchte er die Unterschrift durch Versprechungen zu entlocken, in dem er in Aussicht stellte, sich dafür einzusetzen, dass die Gemeinde von der zuständigen Stelle der Besatzungsmacht die Zuteilung der Schulspeisung für die Flüchtlingskinder in Schollach bekommt.
Schon seit Monaten hatte der Flüchtlingsobmann Anton Buricek diesbezüglich schriftliche Anträge bei der Besatzungsmacht-Dienststelle in Waldsassen gestellt, jedoch

ohne Erfolg.

In der Gemeinde war jeder überzeugt, dass der Gschwendtnerbauer die einstimmige Mehrheit für das angestrebte Bürgermeisteramt erhalten würde, sowohl von den Flüchtlingen, teils aus Angst, wie auch von den Einheimischen, ebenfalls aus Angst und Unterwürfigkeit vor seiner Macht.

Das Frühlingserwachen nach langem Winterschlaf in der Natur, wurde aufgrund der milden Witterung in diesen ersten Maitagen für Mensch und Tier spürbar.
War auch überwiegend noch die Blüte im Spross verborgen, zeigte sich das erste zarte Grün des Frühlings schon zaghaft an vielen Bäumen und Sträuchern.
Die Bauern begannen, ihre Felder zu bestellen und der nahende Sommer brachte Gefühle von Expansion, Fülle und Reichtum, hervorgerufen durch das jährlich wiederkehrende Wunder der Natur.
Die Tage wurden länger und die Diskretion der langen Nächte zog sich langsam zurück.

Der Betrieb in der Mühle verlief vorerst noch ruhig, deshalb befanden sich die Müllerin, Karl und Rosa zu ersten gemeinsamen Arbeiten auf Feld und Flur.
Emma hatte der Müllerin versprochen, ab Anfang Mai wieder die Verantwortung für Mittag- und Abendessen zu übernehmen, da es durch das Ausscheiden von Anton Buricek zu einer ungünstigen Arbeitsverschiebung ge-

kommen war.
Eine zusätzliche extreme Arbeitsbelastung für Rosa entstand, da Karl immer häufiger die Ausfahrarbeiten der Mühle übernehmen musste und Rosa zu ihrer kraftraubenden Stall- und Hofarbeit, die Arbeitsleistung von Karl gemeinsam mit der Müllerin auf den Feldern ersetzen musste.
Dass sie sich bei diesem Arbeitspensum nicht mehr um das Mittagessen der Familie kümmern konnte, wurde von jedem eingesehen.
Die Müllerin selbst lehnte es seit Jahren ab, den Küchendienst zu übernehmen, da sie die unmittelbare Nähe ihres Mannes nicht ertragen konnte. Schon vor vielen Jahren hatte sie aus diesem Grund kategorisch mit den Haus- und Küchenarbeiten abgeschlossen.
Für Emma stellte die Wiederaufnahme ihrer früheren Tätigkeit als Hauswirtschafterin der Mühle keine zusätzliche Belastung dar, denn Lukas hatte sich wider Erwarten sehr positiv verändert, er war ruhiger geworden, seit Lisa sich mit ihm in ihrer Freizeit beschäftigte. Die Vormittage verschlief er meist und konnte um die Mittagszeit dann kaum erwarten, bis Lisa aus der Schule nach Hause kam.

Heute morgen traf Lisa schon eine Stunde, nachdem sie sich auf den Schulweg begeben hatte, wieder in der Mühle ein.
Erstaunt rief Emma:
"Wo kommst du denn her Lisa, habt ihr heute schulfrei?"
"Ja Mama, stell dir vor, wir wurden gleich wieder heimgeschickt, weil Lehrer Polster auf den Köpfen der

Buricek-Buben Läuse entdeckt hat. Sie kratzten sich unaufhörlich auf dem Kopf, worauf der Lehrer mit seinem Tatzenstock die Haare der beiden auseinander schob. Ganz nahe beugte er sich dann, seine hässliche Brille auf der Nase, herunter, um besser sehen zu können. Plötzlich sprang er erschreckt zurück und schrie:
"Pfui Teufel, ihr seid ja total verlaust."
Daraufhin haben fünf oder sechs Mädchen gerufen:
„Uns juckt es auch schon seit Tagen auf dem Kopf."
Polster lief rot im Gesicht an und brüllte:
"Verschwindet alle, heute und morgen ist schulfrei, kauft euch Lauspulver und schaut, dass ihr die Viecher losbringt. Wenn ihr übermorgen in die Schule kommt, möchte ich keinen von euch mehr auf dem Kopf kratzen sehen, sonst rasiere ich euch die Schädel kahl."
"Um Gottes willen," rief Emma entsetzt," hoffentlich hast du nicht auch dieses Ungeziefer erwischt."
"Mama, ich glaube schon, mir juckt auch seit zwei Tagen mein Kopf, vor allem an den Stellen, wo meine Haare vom Kopf weg zu Zöpfen geflochten sind."
"Lisa, öffne sofort deine Zöpfe und setz dich ans Fenster, ich sehe nach."
Lisa tat, wie ihr befohlen.
Emma nahm einen Kamm und teilte kleine Strähnen von Lisa's langen glänzenden Haaren ab.
Nach wenigen Sekunden rief sie erschüttert:
"Lisa du hast Läuse und Unmengen von Lauseiern in deinen Haaren, das ist ja entsetzlich. Wir müssen sofort etwas dagegen unternehmen.
Ich setze mich gleich auf mein Fahrrad und fahre nach Waldsassen um Lauspulver und vielleicht auch einen

Lauskamm zu kaufen, pass du gut auf Lukas auf."

"Und was ist mit dem Mittagessen für die Müller's," fragte Lisa.
"Sofie, Karl und Rosa kommen heute Mittag nicht vom Feld zurück, sie bleiben bis zum Abend. Dem Müller werde ich sagen, er soll sich selbst eine Kleinigkeit richten oder warten, bis ich zurück bin. Papa und Hubert verstehen sicher, dass ich schnellstens ein Mittel besorgen muss, mit dem Abhilfe gegen diesen Läusebefall geschaffen werden kann. Schließlich laufen wir in der Mühle alle Gefahr, dieses Ungeziefer von dir zu übernehmen."

Nachdem Emma die betreffenden Personen von dem plötzlich eingetretenen unangenehmen Zwischenfall unterrichtet hatte, fuhr sie auf ihrem Fahrrad eilig aus der Mühle in Richtung Waldsassen.
Sie wählte einen ihr gut bekannten kurzen Weg, der auf einer Anhöhe an einem stillgelegten Bahngleis entlang, oberhalb der Hauptstrasse, direkt in die angestrebte Kleinstadt führte.
Von dem Abhang aus sah Emma Schollach, ihr neue Heimat wie in einem Tal unter sich liegen.
Die umgebenden Hügel erschienen am Horizont in sanften Kurven, wie gemalt und vermittelten den Anschein, als wäre die Zeit hier stehen geblieben.
Emma liebte diesen etwas holprigen Weg sehr und benützte ihn immer, wenn Wetter und Jahreszeit es erlaubten. Hier blühten im Sommer viele dunkelblaue hohe Lupinen, pinkfarbige duftende Pechnelken und ein bunter

Teppich von Wiesenblumen.
Der Weg führte vorbei an riesigen Weiden, deren Äste bis zum Boden reichten, wilden Birnenbäumen, unzähligen Hagebutten- und Schlehensträuchern.
Emma radelte flott und in Gedanken versunken durch die frische, von den Duftwolken der schon blühenden Pflanzen und Sträuchern durchwehten Luft, ihrem Ziel entgegen.
Sie wollte um die Mittagszeit wieder in der Mühle sein, damit die drei Männer noch ein schnelles Gericht bekämen und trat deshalb kräftig in die Pedale, ihr Rad flog nur so dahin. Die vielfältige Landschaft machte diese Fahrt abwechslungsreich.
Emma hatte etwa die Hälfte ihres Weges zurückgelegt, als sie lautes Hupen aus Richtung der unter ihr liegenden, völlig vereinsamten Straße vernahm.
"Keiner unserer Bauern fährt um diese Zeit mit seinem Auto nach Waldsassen," murmelte Emma vor ich hin.
Neugierig stoppte sie ihr Fahrrad, um besser über den Wiesenabhang hinunter sehen zu können und den Grund des nicht zu überhörenden Hupens zu erforschen.
Das Bild, das ihre Augen erfassten, löste freudiges Erschrecken und Erstaunen in ihr aus.
Hubert hatte seinen Benz unten am Straßenrand geparkt und stürmte mit großen Schritten zu ihr die Böschung hinauf.
"Emma" rief er," Emma ich komme."
Emma lief ihm entgegen und warf sich in seine ausgebreiteten Arme. Voll ungestümer Leidenschaft küssten sie sich bis zur Atemlosigkeit und das Sonnenfeuer leuchtete für sie einen neuen Tag ein.

"Komm lass dein Fahrrad hier liegen, wir überqueren nur das Bahngleis und suchen uns ein geschütztes Plätzchen unter einem Baum."
"Dein Auto, lässt du dein Auto einfach am Straßenrand stehen," fragte Emma völlig atemlos.
"Das ist am unverfänglichsten," entgegnete Hubert. Wenn wirklich einer vorbeikommt, der meinen Benz kennt, glaubt er mir sei der Treibstoff ausgegangen und ich bin zu Fuß unterwegs."
"Emma," stammelte er immer wieder keuchend, da beide bergauf laufend, sich nach jedem Schritt küssend, völlig außer Atem waren.
Knapp neben dem Bahngleis zog er Emma in eine von Büschen umgebene geschützte Wiesenmulde, wo das Gezwitscher vieler nistender Vögel wie ein vielstimmiger Chor als Klangwolke zum Himmel schwebte.
Eng umschlungen glitten sie, Lippen und Hände auf zärtlich forschender Liebesreise, in das saftige, sonnenwarme, weiche Gras.
"Emma, lass dich ansehen," flüsterte Hubert, während seine kräftigen, männlichen Hände voll Lust die Knöpfe ihrer weißen Trachtenbluse öffneten.
"Heißer als alle Vorstellung ist dieser Anblick", sagte er gedankenverloren, wie eine Statue neben Emma kniend, die Berührung von Emma's Körper genießend, und mit erwartungsvollen Augen die Schönheit ihrer üppig aus der Bluse hervorquellenden festen Brüste in Empfang nehmend. Die herrschende Stimmung war vergleichbar mit der Ruhe vor dem großen Sturm.
Mit vor Lust glänzenden Augen nahm Hubert unter dem Blau des Himmels minutenlang den Anblick ihres bis zur

Taille entblößten Körpers intensiv in sich auf.

Emma ließ, übermannt von ihrer eigenen Lust und voll unerträglicher Erwartung auf das Kommende, Hubert's Hände an ihrem Körper gewähren, voll Hingabe empfing ihre Haut seine lang ersehnten zärtlichen Berührungen, dabei den Ausdruck seiner harten männlichen Gesichtszüge in sich aufsaugend.

"Emma," flüsterte er, während dieser zärtlichen Liebkosungen," schade dass es Paul und deine Kinder gibt, ich spüre jeden Tag mehr, dass ich dich nicht nur körperlich begehre, sondern dich für mich ganz alleine haben möchte."
Emma blieb ihm die Antwort auf diese heikle Frage schuldig.
Glücklich schlang sie beide Arme um seinen Hals und zog nach diesen Worten seinen Kopf auf ihre warmen, lockenden Brüste.
Explosionsartig veränderte sich die Funktion seiner Sinne durch diese pressende Umarmung mit ihrer weichen aufreizenden Weiblichkeit. In Sekundenschnelle befreite er sich und Emma von den wenigen Kleidungsstücken, die ihn bis jetzt daran gehindert hatten, sich endlich das zu nehmen, worauf er seit vielen Monaten gewartet hatte.
Für Emma ging die Welt in Flammen auf.
Im Gegensatz zu ihrer ersten sexuellen Begegnung zeigte sie ihm heute, wie sehr sie ihm verfallen war und lud ihn mit ihrem liebesbereiten Körper zu einer erregenden erotischen Ouvertüre ein.
Mit fast animalischer Geschicklichkeit trug sie zur Steigerung des körperlichen Genusses bei, was ihre

hungrigen Körper zu einem Gleichklang verschmelzen ließ, der zu einer Eskalation ihrer Gefühle führte, die einem Urschrei gleich in der sie umgebenden Natur wiederhallten.
Von Zärtlichkeit hingerissen machte sich in ihnen das Glück über diese erste Erlösung ihrer angestauten Gefühle breit.
Sie bewegten ihre nackten Körper innig aneinander und brachen in ein lautes befreiendes Gelächter aus.
Es entstand eine Situation von Glück Geborgenheit und Hingabe.
Hubert bat leise:
"Emma, bitte leg dich auf mich, lass mich dich spüren, jede Sekunde unseres Zusammenseins möchte ich deine Wärme genießen und offen sein für unsere Empfindungen und Körperregungen."
Emma kam seinem Wunsch nur zu gerne nach und schmiegte ihren immer noch erhitzten Körper an den seinen.
Sie war bereit, sich noch ein Stück tiefer einzulassen als bisher geschehen.
Nach einem Intermezzo unzähliger Streicheleinheiten, kleiner Küsse und Liebkosungen, fing Hubert an, sie langsam und intensiv zum zweitenmal mit ungeheuren Genuss zu lieben.
Emma hatte dabei das Gefühl, ihre Haut würde ihn ansaugen und aufnehmen. Gesättigt voneinander waren beide erst, als sie zum viertenmale gemeinsam den Gipfel ihrer Leidenschaft erleben durften.
Nach dem Empfang unausweichlicher Wonnen lagen Hubert und Emma entspannt im Gras, nur das Blau des

Himmels drang tief in sie ein, die Maisonne stand schon im Zenit und schickte streichelnd ihre warmen goldenen Strahlen auf zwei satte und verwöhnte Körper.

Emma fühlte sich wohl in Huberts Arm und flüsterte: "Es war paradiesisch schön. Du hast mich heute unendlich glücklich gemacht Hubert, auch ich spüre, dass ich beginne dich zu lieben. Meine Sehnsucht nach dir war in den letzten Wochen unbeschreiblich groß. Wenn du Mittag und Abend in die Küche kamst, hüpfte mein Herz vor Freude fast aus meiner Brust und ich nahm jede Sekunde deiner Anwesenheit in mich auf.
Hubert, wie wird es mit uns wohl weitergehen," fragte Emma plötzlich sehr nachdenklich.
„Ich bin sicher, auch wir werden keine Chance haben, mit unserer Liebe unentdeckt zu bleiben, wenn wir uns öfter treffen und besitzen wollen.
Stell dir vor, deine Eltern und Geschwister würden die Welt nicht mehr verstehen, wenn sie erfahren, dass die anständige Emma, von der sie soviel gehalten haben, dich liebt und dir ihren Körper schenkt.
Ich glaube, ich würde mich umbringen, wenn unsere Beziehung ans Tageslicht käme."
"Denke jetzt nicht an so etwas" beruhigte sie Hubert," wir sind erwachsen genug, um nichts zu riskieren.
Emma, wenn wir uns lieben und unsere Körper zu einem herrlichen Ganzen verschmelzen spüre ich, dass wir füreinander geschaffen wurden.
Du sollst wissen, auch ich freue mich täglich auf das gemeinsame Mittag- und Abendessen, nur weil ich dich

165

sehen kann. Meist merke ich gar nicht, was ich esse, so sehr konzentriere ich mich auf deine Nähe, jede deiner Bewegungen und Gesten.
Wir müssen eine Lösung finden, damit wir uns oft und regelmäßig treffen und lieben können.
Ich halte es nicht mehr aus, so viele Monate ohne dich zu sein und träume davon, mit dir Tag und Nacht meine sexuellen Phantasien ausleben zu können.
Emma, ich kann dir nicht beschreiben, wie quälend die einsamen Nächte in meinem Bett für mich geworden sind.
Ich sehne mich von früh bis spät nach dir und deinen wunderschönen geschmeidigen Körper, den ich heute im hellen Schein der Sonne das erstemal mit den Augen vereinnahmen konnte.
Dieser Anblick wird mich in Zukunft noch süchtiger nach Berührung mit dir machen.
Emma, ich möchte mit dir eine sehr lange und schöne Zeit erleben. Wir werden diplomatisch sein, so wie bisher. Ich habe auch schon eine Idee für weitere gefahrlose Liebestreffen in der nächsten Zeit."
"Erzähle," rief Emma lebhaft," sich noch ein Stückchen näher an ihn schmiegend.
"Wenn Lisa vormittags die Schule besucht, werde ich zeitweise deinen Mann Arbeiten zuteilen, die es ihm unmöglich machen, sich aus der Mühle oder von den Silos zu entfernen.
Ich könnte ihn mehrmals während der Woche in solche Arbeiten einbinden, damit wäre mit Sicherheit das größte Risiko für uns aus der Welt geschafft.
Mein Vater stellt keine Gefahr für uns dar, ebenso wenig Rosa, deren Arbeitsraum sich nur auf Hof und Stallungen

erstreckt.
Meinen Bruder Karl würde ich an solchen Tagen vom Dienst in der Mühle befreien und ihn Mutter zur Unterstützung auf den Feldern zur Verfügung stellen.
Damit du weißt, dass mir diese Koordination gelungen ist und ich mich überzeugt habe, dass die Luft für uns wirklich rein ist, würde ich im Laufe des Vormittags eines solchen Tages dreimal mit großen festen Schritten über deiner Wohnung hin und hergehen.
Ein Zeichen für dich, dass du sofort zu mir auf den Getreidespeicher kommen solltest, wo wir uns mindestens eine halbe Stunde ungestört lieben könnten.
Emma ich weiß, dass diese Zeit knapp bemessen ist für zwei Liebende, die süchtig nacheinander sind, doch ist es besser, als wenn wir uns wochenlang nicht berühren und lieben können und uns täglich mehrmals mit den Augen verschlingen.
Noch etwas hätte ich für uns beide ausgedacht.
Mindestens einmal im Monat möchte ich durch präzise Vorplanung die Möglichkeit schaffen, dass wir uns einige Stunden so intensiv wie heute, bis zur totalen Sättigung unserer Körper lieben können, mindestens einmal im Monat," wiederholt er und sieht Emma dabei fragend an.
„Emma, bitte was meinst du zu meinen Vorschlägen, äußere dich?"
"Hubert mir ist jede Gelegenheit recht, bei der ich die Möglichkeit finde, dir meinen Körper und mein Herz zu schenken, deine herrliche Männlichkeit zu spüren und von dir sexuell vereinnahmt und sinnlich verwöhnt zu werden. Wenn du die für uns bestehenden Risiken zuverlässig aus dem Weg schaffst, kannst du mich haben, wann immer du

willst, zu jeder Tages- und Nachtzeit. Ich brauche dich, deine Hände, deinen Mund, deine Hitze und deine Kraft."

"Herrlich, Gott sei dank Emma, dass du so reagierst," rief Hubert glücklich, „das zeigt mir, du bist ebenso ausgehungert nach mir, wie ich nach dir."
Emma legte sich voll fordernder Zärtlichkeit wieder auf ihn und rieb sanft ihre Brüste an seinen Oberkörper, worauf Hubert noch einmal in einen Rausch seiner Sinne verfiel.

Erschrocken stellten beide fest, dass die Uhr inzwischen knapp 14.00 Uhr zeigte.
"Ach du liebe Zeit" jammerte Emma, "ich wollte um diese Zeit längst wieder in der Mühle sein, um euch etwas zu kochen.
Nun liege ich hier bei dir, habe all meine Pflichten vergessen und vor allem kein Lauspulver für Lisa gekauft.
Jetzt kann ich nicht mehr nach Waldsassen fahren, sonst schaffe ich es nicht, bis zum Abendessen zurück zu sein."
Beruhigend bot Hubert ihr an:
"Erkläre mir, was ich dir besorgen soll, ich fahre schnell mit dem Pkw in die Stadt und bringe dir das Zeug hierher, danach fährst du mit dem Fahrrad heim und ich treffe mindestens drei Stunden später von meiner Geschäftsfahrt wieder in der Mühle ein, werde dann natürlich erwähnen, dass ich kurz in Waldsassen war für den Fall, dass mich vielleicht die Kuni oder ein anderer dort gesehen hat, denn ursprünglich wollte ich nur nach Tirschenreuth fahren, um einiges zu erledigen.

Ich bin froh Emma, dass ich keinem Menschen Rechenschaft geben brauche, was ich an diesem Nachmittag erledigt habe."
"Gut ausgedacht, "freute sich Emma.
Bevor beide sich ankleideten, nahm Hubert seine nackte Geliebte noch einmal in seine Arme und drückte sie an sich, dass sie befürchtete, ihr Oberkörper würde zerspringen.
"Ich freue mich auf dich," flüsterte er ihr ins Ohr," vielleicht klappt es schon morgen Vormittag wieder mit uns beiden."
"Hoffentlich funktioniert dein Plan so, wie du es dir vorgestellt hast Hubert," hauchte sie ihn unter vielen kleinen Küssen ins Ohr.
Hubert lief die Böschung hinunter und Emma verfolgte seinen sehnigen hochgewachsenen Körper mit den Augen, bis hohe Büsche ihr diesen schönen Anblick verwehrten.
Minuten später hörte Emma seinen Motor anspringen und hoffte, dass er in Bälde mit Lisa`s Ungeziefer-Mittel zurück sein würde.
Als Ausrede für ihr spätes Eintreffen in der Mühle, würde sie eine Fahrradpanne vortäuschen, einige Meter vorher ein bisschen an ihrem Fahrrad manipulieren, sodass eine kleine Reparatur notwendig wäre, die die Richtigkeit ihrer Ausrede bestätigen würde.

Glücklich vor sich hinsummend saß Emma auf dem von der Sonne erwärmten Bahngleis und empfand tiefe Liebe für Hubert.
In ihrem Kopf, ihren Gedanken hatte nur mehr ein Mann

Platz und der trug den Namen Hubert.
Paul, ihr Mann schien wie weggeblasen aus ihrem Herzen und ihrer Gefühlswelt zu sein. Sie empfand keine Reue, kein Angstgefühl und kein Selbstvorwurf quälte sie. Sie fühlte nur Glück, Glück und noch einmal Glück und war sicher, sie hatte ihre große Liebe gefunden, den Mann ihrer Träume in jeder Beziehung.
Hier auf der kleinen Anhöhe von blühenden Wiesenblumen und summenden Sommer-Insekten umgeben, unter den Strahlen der goldenen Maisonne übermannte sie die herrliche Gewissheit, dass die Strahlen der Liebe ihre ganze Welt verändert hatten.

Als Emma gegen 16.00 Uhr den Weg zur Mühle einschlug, sah sie schon von weitem den Müller in seinem Rollstuhl, neben ihm Lisa und Lukas, wartend auf der Brücke vor der Mühle stehen.
Sie sprang sofort von ihrem Fahrrad und entschuldigte sich schimpfend, dass dies nur meterweise fahrbar war und sie fast den ganzen Rückweg zu Fuß zurücklegen musste.
Enttäuscht erklärte sie den drei Wartenden, dass dem kleinen Laden das Lauspulver ausgegangen sei, da die Ungezieferwelle in sämtlichen umliegenden Dörfern grassieren würde und sie zwei Stunden warten mußte, bis der Inhaber des kleinen Geschäft's Nachschub herbei geschafft hatte.
"Hauptsache dir ist nichts passiert," beteuerte der alte Müller strahlend.
Weißt du eigentlich, dass du eine sehr tüchtige Tochter hast Emma? Stell dir vor, Lisa hat heute für uns gekocht.

Ja, ja, der Apfel fällt nicht weit vom Stamm," lobte der Müller weiter."

"In jeder Beziehung,"dachte Emma.

„Nein," rief sie freudig," Lisa du hast gekocht und was hast du den Männern vorgesetzt, wenn ich fragen darf?"

"Pfannkuchen habe ich gemacht, das hat mir die Oma gelernt und mir auch schon mal welche alleine backen lassen. Mama, sie sind wunderschön und auch sehr gut geworden, nicht ganz so dünn wie die von dir, aber leider waren einige Mehlklümpchen drinnen. Papa und dem Müller haben sie ganz gut geschmeckt, jeder von ihnen hat vier Stück gegessen und sogar Lukas hat einen Ganzen geschafft."

"Brav Lisa," lobte Emma ihre Tochter.

"Kommt, nun koche ich euch eine kräftige Suppe für den Abend," rief Emma und begleitet von ihrer kleinen Empfangsgruppe begab sie sich zur Mühle.

Als sie den Hof betraten fragte sie, erstaunt auf den leeren Parkplatz von Hubert's Benz blickend:

"Ist denn Hubert weggefahren?"

„Ja" antwortete der Müller, er musste nach Tirschenreuth, hatte dort eine Menge Papierkram bei verschiedenen Ämtern zu erledigen. Der Bub lässt alle Geschäfte, die außerhalb der Mühle anfallen schleifen, weil er glaubt, unabkömmlich zu sein.

Aber momentan kann er es sich wirklich erlauben, einen halben Tag die Mühle zu verlassen, um längst überfällige wichtige Besorgungen auszuführen.

Dein Paul genügt momentan als Aufpasser und fleißiger Arbeiter in der Mühle und ich bin ja schließlich auch noch

171

da, zumindest mit Augen, Mund und meinem Gehirn.

Nach dem Abendessen fand in der Müllerischen Küche ein großes Läusevernichtungsfest statt.
Emma puderte allen die Köpfe mit dem mehlähnlichen Ungeziefermittel, sogar dem alten Müller.
Als Hubert gegen 20.00 Uhr gestresst, aber mit glücklichem Gesicht von seiner Geschäftsfahrt zurückkam und die ganze Familie mit weißen Haaren erblickte, bestand auch er darauf, von Emma dieses übelriechende Pulver in seine herrlichen schwarzen Haare einmassiert zu bekommen.
Verzaubert schloss er die Augen, als er Emma's Hände heute zum zweitenmal an seinem Körper spürte, wenn auch nur an seiner Kopfhaut.

Am nächsten Morgen war Emma seit dem ersten Augenaufschlag nervös.
Sie wartete darauf, dass Hubert wie angekündigt, heute das erste Liebestreffen auf dem Getreidespeicher arrangieren konnte.
Tatsächlich wurde sie nicht lange auf die Folter gespannt.
Kurz nach 10.00 Uhr hörte sie seine harten kräftigen Männerschritte in dem vereinbarten Rhythmus über ihrer kleinen Wohnung und in freudiger Erwartung, einen letzten Blick auf den friedlich schlafenden Lukas werfend, schlich sie schnell auf den Getreidespeicher, wo Hubert sie mit offenen Armen, bereit zu einem feurigen Intermezzo empfing.
Wieder liebten sie sich eine halbe Stunde lang so extrem,

als hätten sie sich wochenlang nicht mehr gespürt.
Gleich einem wilden Wasserfall stürzten beide in höchster Lustempfindung in einen Abgrund der Erlösung. Danach noch ein langer intensiver Kuss, ein kurzes „bis bald," ein letzter verliebter Blick und jeder huschte in eine andere Richtung, glücklich darüber, wenigstens für kurze Zeit eine innige Vereinigung ihrer Herzen und Körper erlebt zu haben.
Trotz ihrer sexuellen Ekstase hatten beide das Gefühl, dass mit diesem erotischen Erlebnis am hellen Vormittag ein gefährliches Risiko verbunden war.
Nach einigen Wochen stellten sie jedoch mit Beruhigung fest, dass sie ihre Liebestreffen ungestört und angstfrei auf dem diskreten Speicher genießen konnten.
Dadurch kam es vorerst zu keinem Luststau bei Emma und Hubert, denn mindestens zweimal wöchentlich, oft täglich forderte er sie mit seinen harten Schritten auf, ihm zur Verfügung zu stehen, ihm ihren Körper zu bringen und Emma erfüllte ihm diesen Wunsch nur zu gerne.
Sie veränderte sich durch diesen kurzen, lustvollen, jedoch sehr heftigen täglichen genitalen Austausch in eine noch blühender aussehende, vor Esprit und Übermut strotzende Frau.
Paul, ihr Mann wurde immer aggressiver, da sie sich ihm völlig verweigerte, seit sie mit Hubert intim geworden war.
Ihrem Geliebten war sie ganz und gar treu.
Seit Monaten war Paul dadurch zu völliger sexueller Abstinenz verurteilt, deshalb streitsüchtig, ironisch und voller Zynismus, kurz gcsagt ungenießbar. Den wahren Grund ihrer körperlichen Verweigerung ahnte er nicht. Er

warf Emma täglich haltlose Verdächtigungen und Unterstellungen an den Kopf, weil er sie nicht dazu bewegen konnte, mit ihm zu schlafen. Dass ein anderer Mann hinter diesem Verhalten stecken könnte, daran dachte er nicht.
Bei Auseinandersetzungen dieser Art erhielt sie immer wieder die Bestätigung, dass in ihm kein Verdacht schlummerte, dass sie sich anderweitig verschenkte.

Die Liebe zwischen Hubert und Emma wurde durch die täglichen Augenblicke tiefster Verschmelzung und Gemeinsamkeit im Laufe der kommenden Wochen und Monate tiefer und inniger.
Immer öfter hörte sie von Hubert Anspielungen wie:
"Emma, hoffentlich geht ihr nie von hier weg" oder "Emma, ich wollte ohne dich nie mehr sein."
Emma bestätigte ihm das Gleiche:
"Du bist mein größtes Glück, mein Lebensinhalt, mein Motor."
Es war geschehen, sie hatten sich aneinander verloren und sie liebten sich wirklich von Herzen mit Leib und Seele.

Wieder einmal hatte der Herbst mit der bunten Pracht seiner Mischwälder in der Natur Einzug gehalten. Hinter den Wäldern versprühte die untergehende Sonne schillernde Farbschattierungen in allen Regenbogenfarben auf das ruhende Land, die Luft war herbstlich, kühl und klar und von belebender Frische.
Ein Duft von Reife lag über den abgeernteten Feldern, auf

denen man an solchen Abenden wie heute, vereinzelt Kartoffelfeuer brennen sah.
Einige Jugendliche der ländlichen Umgebung fanden Spaß daran, diese Feuer bei einbrechender Dunkelheit zu entzünden und im Kreis herum sitzend, dem Spiel der Flammen zu zusehen, seine wohltuende Wärme zu spüren und die in der Glut gegarten frischen Kartoffeln mit dem typischen Geschmack von Rauch und frischen Kräutern zu genießen.
Karl hatte heute auf eindringliches Bitten von Lisa in einem abgeernteten Kartoffelfeld der Müller's ein solches Feuer entzündet. Nun saßen Emma, Lukas, Lisa und Karl in der frühen, kühlen Dunkelheit dieses wolkenlosen Herbstabend's im Kreise um ein hell loderndes Kartoffelfeuer und warteten auf die ersten darin gar werdenden Kartoffeln, die den eigenartigen Geschmack uriger Vorzeit in sich trugen.
Von Karl geschickt mit einer Zange aus der heißen Glut geholt, wurden die schwarzen Knollen von der kleinen wartenden Gruppe freudig in Empfang genommen.
Fröhliches Kinderlachen begleitete das Knistern des Feuers. Lukas beschäftigte sich übereifrig mit der ersten heißen Feuer-Kartoffel und ließ sich mit rußgeschwärztem Gesicht und Händen diese natürliche Gabe der Natur schmecken.
Lisa lachte schallend bei seinem Anblick, was ihn nicht zu stören schien.
Als alle gesättigt waren von der in kohlenschwarzen Mänteln versteckten Köstlichkeit, rückte man zusammen, um die Wärme des Feuers spüren zu können.
Je intensiver sich die Dunkelheit ausbreitete, umso näher

175

rückte Lisa fast auf Tuchfühlung an Karl heran und Lukas kuschelte sich fröstelnd an seine Mutter.

Emma hatte schon seit geraumer Zeit ein starkes Hingezogensein von Lisa zu Karl festgestellt, auch heute an diesem romantischen Herbstabend im Schein der züngelnden Flammen.
Sie war der Meinung, dass sich zwischen den beiden eine gute und tiefe Freundschaft entwickelt hatte und in Lisa zusätzlich ein Gefühl der Dankbarkeit für Karl gewachsen war, nachdem er sie von ihren Ängsten erlöst und sich als Beschützer von ihr und Lukas vielfach bewährt hatte.
Zu Emma's Beruhigung hatte Lisa's Erklärung vor Monaten beigetragen, dass sie ihr Bedürfnis nach Selbstbefriedigung verloren hatte.
Emma hatte trotz größter Wachsamkeit niemals mehr einen Anhaltspunkt gefunden, der darauf hingedeutet hätte, dass Lisa nicht die Wahrheit sagen würde.
Treppengeländer und Holzstoß waren plötzlich tabu für sie geworden. Bei Kontrollen, die Emma öfter hinter die Holzstöße führte, hatte sie Lisa nie mehr in einer eindeutigen Situation erwischt, nur wenn Karl gefällte Bäume verarbeitete, saß sie mit Lukas in seiner Nähe und schaute ihm interessiert zu.

Emma war froh darüber, dass Lisa wie es aussah, einen wirklichen Freund gefunden hatte. Seit Karl nachts als Beschützer fungierte, war Lisa selbständiger geworden. Sie schenkte ihr Vertrauen je zur Hälfte Emma und Karl. Emma nahm diese Veränderung dankbar zur Kenntnis, da die Vereinnahmung durch Lisa in jeder freien Minute ihr

manchmal zuviel geworden war.
Lisa war ein sehr anstrengendes Kind, das unaufhörlich Fragen stellte und sich mit keiner normalen Antwort zufrieden gab. Sie bohrte, bis sie die für sie wichtige Information bis ins kleinste Detail herausgequetscht hatte.

Der Gedanke, dass Karl, das schüchternste Mitglied der Müllerischen Familie Lisa verführen könnte, kam ihr nicht im Entferntesten in den Sinn.
Umgekehrt hatte sie sich schon öfter Sorgen gemacht, ob Lisa eventuell Konrad in sexueller Beziehung zu nahe treten könnte. Ängste und Befürchtungen dieser Art schob Emma weit von sich, weil sie überzeugt war, dass Karl Lisa nie die Möglichkeit bieten würde, zu nahe an ihn heran zukommen.
Bei ihren Kontrollen, die sie in zeitlichen Abständen immer wieder einmal durchführte, weil sie die starke Bindung zwischen den beiden bemerkt hatte, sah sie immer nur einen sehr wortkargen und gleichgültigen Karl und eine geduldig in seiner Nähe stehende oder sitzende Lisa, immer ihren kleinen Bruder Lukas neben sich.
Anscheinend faszinierte sie seine Geschicklichkeit bei der Ausführung schwerer Arbeiten.
Emma war glücklich, dass die beiden Einzelgänger der Mühle zueinander gefunden hatten und alles miteinander teilten. Karl bat sie schon seit Monaten, ein paar Scheiben Brot mehr in seinen Brotzeitbeutel einzupacken.
"Für deine Kinder" erklärte er immer entschuldigend, wenn er eine größere Menge an Milchkaffee und Fettbroten verlangte.
Aus Karl's Beutel schmeckte das Essen an der frischen

Luft besonders gut, dies konnte auch Emma feststellen. Lukas sagte, wenn er sich weigerte, abends zu essen: "Schmeckt mir viel besser bei Karl, als wie bei dir am Küchentisch."
Bei Lisa schien es synchron zu sein, auch sie rührte die Abendmahlzeit nicht an, wenn sie den Nachmittag in der Nähe von Karl verbracht hatte.

Emma fühlte sich hier im Schein des lodernden Feuers, den kleinen Lukas an sich gekuschelt, befreit und entspannt, sie konnte ungestört ihren Gedanken nachhängen. Als ihre Blicke den aufsteigenden Rauch folgten, hatte sie das Gefühl, alles Belastende, alle Probleme und Sorgen, die sie sich in der letzten Zeit um den Erhalt ihrer kleinen Familie machte, in die Flammen geworfen zu haben und alles würde in Rauch aufgelöst zum Himmel ziehen. Emma empfand die Wärme des Feuers so intensiv in ihrem Körper, als wäre ihr Geliebter in ihr.

Karl's Stimme verhinderte, dass sie sich wieder zu tief in ihre Gefühle verlor.
"Lisa, du frierst ja," sagte er betont laut, scheinbar darauf abgezielt, dass Emma es hörten sollte, kuschel dich an mich, so wie Lukas bei deiner Mutter, vielleicht können wir noch eine Weile bleiben, wenn wir uns gegenseitig Wärme geben."
Emma sah große Verlegenheit in Lisa's Gesicht und legte dies als Bestätigung ihrer Harmlosigkeit aus.

Was sie natürlich nicht wissen konnte war, dass sich Lisa und Karl schon seit vielen Monaten mit Lust und Hingabe gefährlichen nächtlichen Spielen widmeten, wenn sie sich mit Paul und der Müllerfamilie außer Haus befand, um Veranstaltungen zu besuchen oder Einladungen wahrzunehmen.

Mindestens einmal im Monat spielte Karl den Beschützer für die Kinder. Bei dieser Gelegenheit schöpften er und Lisa ihr begrenztes Potential für Lust und Freude aus und erfuhren durch ihre Spiele, die Erfahrung tiefster Intimität.

Der schüchterne Karl hatte schon vor Monaten den Mut gefunden, herausgefordert durch die Verführungskünste der heißen Lisa, nachdem diese sich eines Nachts mit ihren kleinen Händen seiner Männlichkeit bemächtigt hatte, ihr zu zeigen, wie auch sie ihn befriedigen konnte.

Lisa benötigte inzwischen keinen Würfel mehr, um Karl zu den reizbaren Stellen ihres Körpers zu locken, und Karl's Hände fanden den Weg dorthin wie selbstverständlich. Für Lisa stellte seine pralle Männlichkeit ein Spielzeug dar, mit dem sie sich stundenlang intensiv beschäftigen konnte, sodass Karl in diesen verbotenen Nächten in den Genuss mehrmaliger orgastischer Entladungen kam.

Auch heute, am Rand des nun langsam niederbrennenden Feuers sitzend, kam Lisa der Aufforderung Karls sofort nach, schmiegte sich in seinen Arm, um nach wenigen Minuten ihren Kopf seitlich auf seine Oberschenkel gleiten zu lassen, wo sie verborgen durch ihre weite Strickjacke mit sanften Streicheln den armen Karl in arge Verlegenheit brachte.

Dieser Spaß war von kurzer Dauer, da eine feuchte Kühle über die Wiesen gezogen kam und Emma zum Aufbruch

179

drängte, als Lukas als Erster zu frösteln begann.

Lisa und Karl akzeptierten sofort die Beendigung der romantischen, friedlichen Kartoffelfeuer-Runde, wussten sie doch, dass sie in zwei Tagen ein langes intimes Fest erleben durften, da die Familien zum traditionellen Erntedankfest mit Feuerwehrball geladen waren und erfahrungsgemäß in dieser Nacht nicht vor 4.00 Uhr früh zur Mühle zurück kamen.

Auf so viele Stunden Gemeinsamkeit freuten sich beide sehr, denn meist standen ihnen nur drei bis vier Stunden zur Verfügung.

Lisa und Karl waren einander verfallen und ritten auf der Welle der Glückseligkeit, durch ihre dynamischen Liebesspiele.

Als Lisa in einer solchen Liebesnacht einmal von Lukas gestört wurde, weil er wach wurde und zu weinen begann, da Lisa ihre spitzen Schreie zu kräftig von sich gegeben hatte, schaffte sie dieses Risiko ohne Wissen von Karl aus der Welt, in dem sie einen kräftigen Schuss des selbstgebrannten Schnapses ihres Vaters, den dieser von den Bauern geschenkt erhielt, in Lukas letztes Fruchtsaftgetränk vor dem Einschlafen schüttete.

Lisa hatte bei Paul, der in den letzten Monaten sehr stark diesem Getränk zusprach gesehen, dass er nach dem Kippen einiger Gläser, am Tisch sitzend in Tiefschlaf gefallen war.

Sie war der Ansicht, ihren kleinen Bruder, den sie wirklich von Herzen liebte, in einen tiefen und sicheren Schlaf versetzen zu können, wenn sie ihm vor dem Einschlafen ein Gläschen Schnaps einverleibte.

Ihr Versuch funktionierte, Lukas schlief, wenn Karl Beschützer spielte am nächsten Tag noch bis Mittag, aß dann ein wenig und schlief weiter bis zum Abend.
Emma und Paul machten sich Gedanken über seine Müdigkeit worauf Lisa ihnen erklärte, dass Lukas an solchen Abenden spät einschlafen würde, da er mit ihr und Karl Spiele machen durfte.
Diese Erklärung reichte den Eltern und die Sache war für Lisa vom Tisch.
Peinlich für Lisa wurde es, als Lukas immer öfter zu Emma sagte:
"Dein Fruchtsaft ist nicht gut, Lisa`s Saft schmeckt besser.
Emma erklärte ihm dann geduldig, dass es sich um den gleichen Johannisbeersaft handelt und er sich das einbilden würde.

Von allen Menschen der umliegenden Dörfer wurde das bevorstehende Erntedankfest mit traditionellen Feuerwehrball wie jedes Jahr sehnsüchtig erwartet.
Doch wurde das diesjährige Fest zu einem Spießrutenlaufen für einige Menschen aus dem kleinen Grenzdorf Schollach.
Als erster wäre der Gschwendtner Bauer zu erwähnen, der mit Zustimmung der Besatzungsmacht sein Ziel erreicht und das von ihm angestrebte und heiß ersehnte Bürgermeisteramt für eine große Gemeinde zugeteilt erhalten hatte. .
In seiner jetzigen Position als Bürgermeister war es mehr

181

als peinlich, dass inzwischen die Bewohner von Schollach und Umgebung ganz offiziell über das intime Verhältnis zwischen seiner Ehefrau Kuni und dem verheirateten Anton Buricek lästerten.
Verwunderlich war, dass die beiden Verliebten sich keine Mühe gaben, ihre Liebe und Zusammengehörigkeit zu verbergen.
Kuni Gschwendtner fuhr jeden Montag früh ihren Anton nach Waldsassen und kam erst am Abend zurück.
Am Freitag früh fuhr sie wiederum dorthin, um dann am Spätnachmittag mit Anton Buricek wieder zum Gschwendtnerhof zurückzukehren.
Kein Mensch wagte es, den Gschwendtner Bauern deshalb anzusprechen oder zu fragen, auch nicht im Spaß, obwohl man sein Verhalten nicht verstehen konnte.

Auch heute beim gemeinsamen Eintreffen der Großfamilie Gschwendtner, in den festlichen geschmückten Räumen des großen Dorfgasthofes, trug man wie immer, Souveränität nach außen und doch glaubte jeder das Knistern einer ungewöhnlichen Spannung zu hören.
Die in reichlicher Anzahl eingetroffenen, festlich gekleideten Menschen erwarteten heute eine Reaktion oder offizielle Stellungnahme des Bürgermeisters Vinzenz Gschwendtner.
Die Gerüchteküche brodelte und viele waren der Ansicht, dass der Gschwendtner Bauer heute die Auflösung seiner Ehe mit Kuni bekannt geben würde, was die sauberste Lösung für sein Ansehen und den Ruf seines Hofes gewesen wäre.
Dass seine Toleranzgrenze längst überschritten war,

darüber war man sich einig.

Nicht minder im Blickpunkt der Öffentlichkeit stand der Penzkofer Bauer, der soeben mit seiner Ehefrau Irma und seiner Geliebten Eva Platzer in den großräumigen Hof des Gasthofes eingefahren war. Auch hier wusste man, dass die nach außen getragene Gleichgültigkeit, Ausgeglichenheit und Ruhe nicht echt, sondern nur Fassade war.

Vor allem von Irma Penzkofer, die sich dem Willen ihres untreuen Ehemannes beugen musste und offiziell Toleranz gegenüber seiner "Flüchtlingsschlampe" zeigte, erwartete man heute einen lautstarken Ausbruch, da sie wusste, egal was geschehen würde, das ganze Dorf würde hinter ihr stehen.

Mit großem Interesse sah man den Auftritt von Resi Schricker entgegen, die in diesem Jahr das erstemal das Erntedankfest in Begleitung ihres Vaters und der gesamten Kinast-Familie aufsuchte.

Hier hoffte man, sie würde sich vor der Öffentlichkeit zu dem ihr zugedachten Rolf Kinast bekennen oder würde sie hochnäsig wie sie gekommen war, das Fest wieder verlassen und keinem ihrer anderen Bewerber eine Chance geben?

Als Resi aufgeputzt im Seidendirndl, mit Schmuck und Hochsteckfrisur neben ihrem Vater, hinter ihr die Kinastfamilie, den Ballsaal betrat, richteten sich aller Augen auf diese prächtig aussehende, selbstsichere Bäuerin.

Die Müllerin flüsterte Emma ins Ohr:

"Wenn sie sich heute für keinen entscheidet, dann bleibt sie eine alte Jungfer, das steht für mich fest."

Emma nickte und antwortete:
"Ich glaube, dass hinter dieser ersten offiziellen Teilnahme am Erntedankfest ein Grund steckt. Vielleicht will sie uns ihren zukünftigen Ehemann und Bauern des Schrickerhofes im Laufe des Abends vorstellen."
"Mein Gott, wird das heute noch spannend," seufzte geheimnisvoll mit großen Augen und hochrotem Gesicht Rosa" ich kann es kaum erwarten, bis irgend etwas geschieht."
"Weibergeschmarre," lachte der Müller, gar nichts wird sein, ich weiß nicht, warum ihr immer auf eine Sensation wartet. Was nützt es, wenn sich heute Abend einige die Schädel einschlagen und damit die ganze Stimmung zerstört wird, ihr habt zwar dann eure Sensation und wahrscheinlich Gesprächsstoff für einige Wochen, doch der einzige, festliche Abend unserer Gemeinde nimmt schnell ein schlechtes Ende."
Der Müller war glücklich, dieses große Ereignis auch dieses Jahr wieder mit erleben zu dürfen.

Nachdem die Musikkapelle schon längere Zeit wunderschöne Tanzmusik spielte, wunderte sich die Müllerin:

"Was ist denn mit euch los Emma, voriges Jahr seid ihr schon beim ersten Tanz aufgesprungen und habt bis Mitternacht die Tanzfläche nicht mehr geräumt und heute sitzt ihr da, wie ein altes Ehepaar, dem das Feuer ausgegangen ist."
"Das sind wir doch auch, " antwortete Emma," du weißt ja selbst Müllerin, dass man nach einigen Ehejahren ganz

einfach ruhiger wird."
"Du vielleicht," rief Paul gereizt, der nur auf diese Anspielung von Sofie gewartet zu haben schien.
Er ergriff Emma's Hand und zog sie hoch, wobei er befahl:
"Komm Emma, wir tanzen."
Emma spürte, wie ihr die Verlegenheitsröte ins Gesicht stieg, ließ es sich jedoch nicht anmerken, wie ungern sie seiner Aufforderung folgte. Paul nützte die Gelegenheit unter den vielen Neugierigen um die Tanzfläche, mit seiner schönen Frau auf Tuchfühlung zu gehen. Hier konnte sie sich ihm nicht entziehen.
Er sah ihr spöttisch ins Gesicht und sagte:
"Gut fühlst du dich an Emma, ich habe schon fast vergessen wie es ist, deinen Körper an mir zu spüren. Heute, das verspreche ich dir, werde ich mir mein Recht als dein Mann holen."
Emma lächelte gequält, sie sah, dass Hubert sie nicht aus den Augen ließ und nicht nur Hubert, die Müllerin, der Müller und sogar Rosa verfolgten sie mit bewundernden Blicken.
Paul war sofort spürbar liebesbereit, er presste seinen Körper an Emma.
Es war ihr furchtbar, doch sie durfte sich ihm jetzt nicht entziehen, um nicht den Verdacht bei der Müllerfamilie und allen anderen zu erregen, dass es zwischen ihr und Paul nicht mehr stimmte.
Paul kannte ihre Gedanken und nützte die Situation aus, in dem er eine Stunde nicht bereit war, die Tanzfläche zu verlassen. Immer wieder sah er Emma in die Augen und flüsterte:

"Emma wir machen es heute wieder in der Scheune wie vor einem Jahr, weißt du noch. Da warst du noch eine ganz andere Frau, du hattest Pfeffer im Hintern und konntest nicht genug von mir bekommen. Schade, dass du dich so verändert hast und deine Lust mir gegenüber so auf Eis gelegt hast."
Emma nickte, sie traute sich nicht, ihm zu widersprechen und seinen Wunsch abzuschlagen. Sie wollte Hubert nicht verlieren und dafür musste sie heute eben die Zähne zusammen beißen und ein Opfer bringen.
Als Paul sie endlich an den Tisch zurück brachte, forderte er sie auf:
"Trink Emma, trink ruhig ein paar Gläschen zuviel, du wirst dann locker, das brauche ich heute."
Emma blieb ihm die Antwort schuldig, da sie mit Begeisterung wieder am Tisch empfangen wurden.
"Das schönste Paar seid ihr hier im Saal," stellte Sofie fest und bekam Zustimmung vom Müller und Rosa.
Emma wechselte sofort das Thema.
"Na Rosa" fragte sie, bahnt sich nun heute eine Sensation an oder nicht, hast du bis jetzt etwas interessantes beobachten können?"
"Nein, leider," antwortete Rosa enttäuscht," alle benehmen sich völlig normal, nur der Penzkofer Bauer säuft wie in Irrer. Er kippt einen Schnaps nach dem anderen hinunter.
Wohl fühlt der sich nicht zwischen seinen beiden Grazien, die gute Miene zum bösen Spiel machen und sich sehr distanziert unterhalten.
Der Penzkofer hat zuerst mit seiner Frau getanzt und anschließend, als der Gschwendtner die Irma aufgefordert

hatte, hat er mit Eva getanzt, sehr anständig, wie mit jeder anderen auch.
Am Schrickertisch ist es lustig und harmonisch. Alle drei Kinastmänner haben schon mit der Resi getanzt, sonst bis jetzt nichts außergewöhnliches festzustellen."
Rosa berichtete akribisch genau weiter.
"Am Gschwendtnertisch herrscht eine eigenartige Stimmung. Zum ersten Tanz hat der Gschwendtner seine Frau geholt, aber kein Wort mit ihr gesprochen, dann holte er Thekla Buricek, mit der er sich wie immer hörbar laut unterhalten hat.
Anton Buricek tanzte nur mit Kuni, sie schauten sich verliebt in die Augen und lachten provozierend, schon lächerlich für den Gschwendtner, findest du nicht auch."
"Rosa, du bist der reinste Spion," schimpfte der Müller," lass doch die Leute in Ruhe, du kommst mir vor wie eine richtige alte Jungfer, die an nichts anderem Interesse hat, als am Ausrichten anderer Leute. Schau lieber, dass du einen Burschen findest, der mit dir tanzt oder dich vielleicht als Bäuerin nimmt."
"Sei nicht so unverschämt" herrschte ihn Sofie an, lass sie doch beobachten und reden, wenn es ihr Spaß macht, damit tut sie keinem weh."
"Schaut mal zur Tanzfläche," mischte sich plötzlich Paul aufgeregt in die amüsante Auseinandersetzung.
"Nein," rief die Müllerin fassungslos," ich traue meinen Augen nicht, der junge Kinast tanzt mit dem Penzkofer seiner Geliebten, na der traut sich was."
Tatsächlich tanzte die Eva Platzer temperamentvoll mit Arno Kinast eine Polka. Wie auf Kommando waren plötzlich aller Augen auf das tanzende Paar und den

neben seiner Frau Irma sitzenden Penzkoferbauern gerichtet.
Als die Musikkapelle zu langsamen Rhythmen überwechselte, begannen beide eng und enger zu tanzen. Die erotischen Bewegungen ihrer Körper schienen sie die Welt um sich vergessen zu lassen.
"Die müssen besoffen sein," murmelte der Müller erschrocken vor sich hin. m
"Das freut mich für den Penzkofer, so eine Blamage," rief Sofie schadenfroh, so musste es kommen. Schaut rüber zu ihm, der kommt fast um vor Wut und versucht seine Verlegenheit durch ein intensives Gespräch mit Irma zu überspielen."
Im Saal knisterte es vor Spannung, fragende Blicke an allen Tischen.
Endlich beendeten Arno und Eva ihre Darbietung, galant begleitete er sie an den Penzkofer Tisch zurück und begab sich, ein spöttisches Lächeln im Gesicht zu seiner Familie.
Dort schien die bisherige gute Stimmung wie weggefegt zu sein.
Mit eisiger Miene empfing ihn die Familie, sowie Resi und der alte Schricker.

Mitternacht nahte, Paul hatte mit seiner Frau sehr eifrig das Tanzbein geschwungen, als Hubert Emma zum ersten Tanz aufforderte. Emmas Gefühle für Hubert waren heute um ein vielfaches stärker, als im vergangenen Jahr bei diesem ersten Tanz. Wieder überfiel sie ein Zittern der Erregung bei der Vorstellung, den Körper ihres herrlichen Geliebten für einige Minuten spüren zu können.

"Nimm dich zusammen Hubert," ermahnte sie ihn, zeige kein Gefühl für mich, wir haben viel zu verlieren, neugierige Blicke sind auf uns gerichtet, nur zu gerne würde man auch uns etwas anhängen."
"Ich weiß, was für uns auf dem Spiel steht Emma, keine Angst. Ich möchte dich nur eine Weile an mich drücken, deinen Herzschlag spüren, deinen Geruch einatmen, Emma ich liebe dich sehr, ich liebe dich über alles."
"Ich dich auch Hubert," flüsterte sie ihm glücklich zu, ich kann es dir nicht oft genug sagen."
"Nimm dich vor Paul in acht," warnte Hubert besorgt, er ist scharf auf dich wie nie zuvor. Bitte versuche zu verhindern, dass er heute mit dir schläft Emma. Versteh mich nicht falsch, ich weiß du bist mit ihm verheiratet und es wird nicht ewig möglich sein, dass du dich ihm verwehrst.
Emma, ich hätte nie gedacht, dass ich einmal auf eine Frau eifersüchtig sein könnte, aber als ich vorhin zusehen musste, wie er sich an dich drückte und dich mit gierigen Augen verschlungen hat, schnürte es mir die Kehle zu und die Vorstellung war mir plötzlich furchtbar, dass dich außer mir ein anderer Mann besitzt, auch nicht dein Ehemann. Ich empfand so etwas wie Besitzerstolz für dich Emma.
In meiner Gefühlswelt gehörst du nur mir alleine, du bist mein Besitz, ich will dich mit niemanden mehr teilen.
Ich weiß, meine Worte klingen verrückt, vielleicht bin ich auch verrückt geworden, aus Liebe zu dir Emma."
"Keine Angst Hubert, er wird mich nicht bekommen, du weißt genau, wie furchtbar es für mich wäre, mit ihm noch einmal schlafen zu müssen, auch du gehörst nur mir

alleine, das macht mich sehr glücklich und so soll es auch bei mir sein."
Bevor sie ihren Tisch erreichen bat sie:
"Tanz heute nicht mehr mit mir Hubert, ich habe Angst, dass uns unsere Augen verraten. Die Liebe zwischen dir und mir ist unser kostbarstes Gut, wir dürfen sie nicht gefährden."
"Du hast vollkommen recht" antwortete Hubert und drückte dabei zärtlich fest Emma's Hände.

Die Musiker betraten wieder die Bühne, sie hatten ihre Mitternachtspause beendet und beschäftigten sich mit ihren Instrumenten.
Die Reihen im Ballsaal hatten sich gelichtet, das Stimmengewirr dagegen gesteigert. Der Alkoholkonsum zeigte seine Wirkung und machte sich bei den männlichen Ballbesuchern durch deftige Aussprüche in einer immensen Lautstärke und bei den weiblichen Gästen durch schrilles, unnatürliches Gelächter bemerkbar.

Eine der lustigsten Bäuerinnen, ungewohnt für alle, die sie seit Jahren kannten, war Resi Schricker.
Anscheinend hatte sich der Schreck über den Ausrutscher von Arno Kinast unter den Familienmitgliedern wieder gelegt. Resi thronte mit hochrotem Kopf, glasigem Blick, provokativ laut lachend zwischen den beiden Kinast-Söhnen Rolf und Arno, ihr gegenüber deren Eltern und am Tischende, vom übermäßigen Alkoholgenuss gezeichnet, lallende Töne von sich gebend, der alte Schricker.

Endlich begannen die Musiker wieder zu spielen und forderten wie gewohnt, bei der ersten Tanzrunde nach Mitternacht zur Damenwahl auf.
Die Aufforderung war noch nicht vollständig ausgesprochen, als Eva Platzer aufsprang, an den Schrickertisch eilte und Arno Kinast um diesen Tanz bat. Arno erhob sich erfreut und nur wenige sahen, dass Resi versuchte, ihn am Arm zurück zuhalten.
Barsch zischte er, nur für die am Tisch Sitzenden hörbar: "Lass mich los."
Sie zuckte sofort zurück.
Arno legte, wahrscheinlich aufgeheizt und leichtsinnig geworden durch ein paar Bierchen und Schnäpse zuviel, schon auf den Weg zur Tanzfläche vertraut seinen Arm um Evas Taille. Seine Mutter wechselte sofort ihren Platz, setzte sich neben Resi, legte beruhigend ihre Hand auf deren Arm und begann beschwichtigend auf diese einzureden. Doch Resi war sichtbar in Rage Mit einer derben Handbewegung stieß sie Arno`s Mutter zurück und verfolgte mit hasserfüllten Augen das tanzende Paar.
Eng umschlungen, vielversprechende Blicke austauschend wie zwei Liebende, tanzten Eva und Arno zu einer einschmeichelnden Melodie nun schon den zweiten Tanz.
"Jetzt kracht es gleich," rief der Müller, nicht auszuhalten diese Spannung, die in der Luft liegt."
Tatsächlich verfolgte die gesamte Ballgesellschaft mit angespannten Mienen die sich zuspitzende Situation.
Und tatsächlich begann Resi Schricker, plötzlich laut kreischend wüste Schimpfworte auszustoßen. Sie sprang hoch und strebte zur Tanzfläche.
Rolf Kinast und sein Vater versuchten sie zurückzuhalten,

doch vergeblich, Resi riss sich los und stürzte zur Tanzfläche, trennte die Tanzenden voneinander und begann abwechselnd auf Arno und Eva Platzer einzuschlagen. Hysterisch schrie sie Arno Kinast an: "Du hinterhältiges Schwein, nimm deine Finger von dieser Flüchtlingshure, du hast wohl vergessen, dass du mir die Ehe versprochen hast und ich dein Kind im Bauch habe. Ich lasse mich von dir nicht blamieren, du charakterloser Kerl, du Taugenichts, du Heuchler. Eine Schricker Resi blamiert man nicht ungestraft in aller Öffentlichkeit, merke dir das, eine Schande bist du für deine anständige Familie.
Verschwinde, verschwinde sofort und trete mir nie mehr unter die Augen."
Resi schnappte wild gestikulierend nach Luft und brach am Rand der Tanzfläche zusammen.

Arno Kinast hatte keinen Blick für die vor ihm liegende Resi, er ließ Eva Platzer zurück und bewegte sich schnellen Schrittes in Richtung Ausgang.

In dem festlich geschmückten Saal herrschte lähmende Stille. Die Musik hatte aufgehört zu spielen und die übrigen tanzenden Paare hatten sich schon bei Beginn der exzessiven Auseinandersetzung von der Tanzfläche zurückgezogen.

Resi Schricker hatte durch diesen unbeherrschten Auftritt den Anwesenden ein peinliches, sehr intimes Schauspiel geboten, dass nicht an die Öffentlichkeit gehört hätte.

Starke, hilfsbereite Männer trugen die bewusstlose Frau in einen Nebenraum des Gasthofes, wo anwesende Sanitäter sich um sie bemühten.

Die Kinast`s und der alte Schricker, der schlagartig nüchtern wurde, als er das Geschrei seiner Tochter hörte, verließen beschämt den Saal, nachdem man Resi hinausgetragen hatte.
Arno's Tanzpartnerin hatte sich schon nach wenigen Minuten, als sie sah, dass Resi sich ausschließlich auf Arno konzentrierte, diplomatisch aus dem Staub gemacht und schlich mit gesenktem Kopf an den Penzkofertisch, wo Irma ihr zynisch lachend entgegensah und der Penzkoferbauer um Fassung ringend versuchte, seine Beherrschung nicht zu verlieren.
Zeugen dieses peinlichen Zwischenfalles wussten, dass er diese Blamage mit seiner Geliebten zu Hause hinter verschlossenen Türen und nicht hier vor allen Augen austragen würde.
In der Öffentlichkeit versuchte er, sich nichts anmerken zu lassen.
Zu den umsitzenden Bauern sagte er deshalb trotzig:
"Warum sollte die Eva nicht mit dem jungen Kinast tanzen, ich tanze nicht gerne, sie ist jung und ich gönne ihr dieses harmlose Vergnügen."
Niemand nahm ihm diese verbalisierte Großzügigkeit ab, denn jeder sah, wie schwer diese Worte zwischen seinen Zähnen herausflossen.

Die Sensation war perfekt, sehr zur Freude von Rosa.
Ansonsten machte sich auf allen Gesichtern eine nicht zu beschreibende Fassungslosigkeit breit.
Die stolze Resi hatte also mit dem jungen Kinast seit langem ein Verhältnis, das hätte kein Mensch gedacht.
Am Müllertisch schien man die Sprache verloren zu

haben. Einzige Reaktion war das unentwegte Kopfschütteln der Müllerin. Es fiel schwer zu begreifen, was durch diesen Eifersuchtsanfall von Resi ans Tageslicht gekommen war.

Die unnahbare Schricker Resi hätte Arno Kinast zu ihrem Ehemann gemacht, sie war von ihm schwanger, welch eine Katastrophe und Schande zugleich.

"Wenn die wieder nüchtern ist, sich der Tragweite ihres Auftrittes und Handels bewusst wird und vor allem, was sie dadurch an die Öffentlichkeit posaunt hat, nimmt sie sich das Leben," stellte die Müllerin erschüttert fest.

„Der Arno hat ihr Herz und nun noch ihren Stolz gebrochen, wie soll gerade sie damit fertig werden?"

An den anderen Tischen diskutierte man aufgeregt und lautstark über die beschämende Bloßstellung intimer Gefühle und unfassbaren Neuigkeiten, die durch diesen Vorfall ans Tageslicht gekommen waren.

Es war anzunehmen, dass die Kinastfamilie und der alte Schricker gewusst hatten, dass Resi den Arno Kinast liebte und sich mit ihm eine feste Beziehung wünschte.

Warum man dies bisher vor der Öffentlichkeit geheim hielt, ließ darauf schließen, dass die Familienmitglieder über diese Verbindung nicht glücklich waren und man gehofft hatte, dass Resi es sich anders überlegen würde.

Von der Schwangerschaft schien außer Resi und Arno niemand etwas gewusst zu haben.

Kurze Zeit nach dem Vorfall erschien die Wirtin des Dorfgasthofes und informierte die noch anwesenden Gäste, dass Resi schon nach kurzer Zeit wieder aus ihrer Ohnmacht erwacht und mit ihren Angehörigen sofort

nach hause gefahren war.
Die Müllerin sagte, immer noch blass vor Entsetzen: "Ich habe euch gesagt, dass die Resi mir verändert vorkam bei dem Geburtstagsfest im Frühjahr, aber was dahinter steckte, hätte ich mir nicht träumen lassen."

„Mir tut die Resi leid," erklärte Hubert, der sich normalerweise an Gesprächen über andere Leute nicht beteiligte," das hat sie nicht verdient."
"Was heißt nicht verdient" schimpfte Rosa los, die ist doch in den verknallt wie eine Verrückte. Es hat sie fast zerrissen vor Eifersucht, sonst hätte sie sich nicht so aufgeführt. Die soll sich doch einmal in den Spiegel schauen, sie ist viel zu alt und dick für den schönen jungen Kerl.
Bei ihm hat sie ihren Stolz nicht herausgekehrt und lange überlegt, sondern ist gleich mit ihm ins Bett gestiegen.
Nun ist sie eben an den Verkehrten gekommen.
Der hat sich mit ihr ein paar schöne Wochen gemacht und heute gezeigt, dass er schon wieder genug hat.
Die Platzer Eva würde viel besser zu ihm passen, die Beiden wären ein schönes Paar."
Böse fuhr Hubert seine Schwester an:
"Rosa, aus dir spricht der Neid der Besitzlosen, sei doch nicht so gehässig. Resi hat ihn sicher sehr geliebt und trägt jetzt sein Kind unter dem Herzen. Versetze du dich einmal in ihre Situation. Sie hat es ernst gemeint und er hat mit ihr wahrscheinlich nur gespielt und ihr vorgelogen, dass es auch bei ihm Liebe ist und sie heute vor der ganzen Gemeinde unsterblich blamiert. Das hätte er nicht auf diese Art und Weise tun dürfen, für eine solche

Charakterlosigkeit fehlen mir die Worte. Versuche dir vorzustellen, das würde ein Mann mit dir machen, den du anbetest und liebst. Ich kann nur immer wieder sagen, mir tut die Resi sehr leid."
Betroffen ließ Rosa seine Kritik über sich ergehen.
Die Müllerin pflichtete ihm bei:
"So hätte es nicht kommen brauchen für die Resi, sie hatte es nicht leicht in ihrem Leben, war fleißig, hat nur gearbeitet und sich um ihren Vater gekümmert. Vielleicht war der Stolz für sie nur eine Art Schutzschild nach außen, damit niemand ihren weichen Kern erkennen sollte. Dass ihr als Ehemann bisher keiner gut genug war, ist ihre ureigenste Angelegenheit gewesen."
"Jawohl Sofie," gibt ihr der Müller recht mit einem spöttischen Seitenblick auf seine Tochter," es gibt eben solche und solche Frauen, manche würden den Nächstbesten nehmen, nur um einen Mann zu haben und verheiratet zu sein und dann gibt es eben die anderen, wie die Resi, die es sich leisten können, wählerisch zu sein und auf etwas Besonderes zu warten."
"Eine Tragödie," stellte Emma traurig fest," mir tut sie auch leid, vor allem weil sie von ihm schwanger ist und nun sein Kind zur Welt bringen muss, obwohl er vor der ganzen Gesellschaft gezeigt hat, dass er für sie nichts mehr empfindet, das muss sehr schlimm sein."

Obwohl dieser Vorfall ein unerschöpfliches Thema für alle möglichen Spekulationen darstellte, machte sich gegen 3.30 Uhr am Müllertisch eine unüberwindbare Müdigkeit bemerkbar.

Zusammen mit der Gschwendtner Gesellschaft verließ die Müllerfamilie mit Emma und Paul, den in helles Vollmondlicht getauchten Dorfgasthof.
Wie immer chauffierte Hubert bei seiner ersten Fahrt seinen Vater mit dem Rollstuhl und im Fond des Wagens, Emma und Paul.
Als Hubert's Wagen den blumengeschmückten großräumigen Hof mit dem herrlichen alten Brunnen verließ, sah Emma durch das Rückfenster, dass sich die Ehepaare Gschwendtner und Buricek in ein anregendes Gespräch mit der Müllerin und Rosa zu vertiefen begannen, während die Gschwendtner Söhne mit ihren Ehefrauen hinter Hubert's Pkw herfuhren.

Emma rückte im Fond des Wagens in die äußerste rechte Ecke, da Paul ihr beim Einsteigen deutlich zu verstehen gegeben hatte, wie sehr er sie heute begehrte .
Emma hatte durch den am heutigen Abend hautnah erlebten Eklat ihre Fassung noch nicht wieder gefunden und hätte auch unter normalen Umständen kein Bedürfnis gehabt, mit Paul zu schlafen.
Scheinbar war die in ihm angestaute Sexualität durch körperliche Berührungen während des Tanzens radikal erweckt worden und vergleichbar mit einem zu stark gefüllten Ballon war Paul kurz davor, zu zerbersten. Er brannte lichterloh vor Lust, es versagten alle Bremsen seines Verstandes. Er rückte näher und näher zu Emma und griff ihr ungeniert zwischen die Schenkel.
Hubert beobachtete beunruhigt diese massiven Angriffe und versuchte durch eine Vollbremsung, bei der sein Vater leicht am Kopf verletzt wurde, Emma wenigstens

197

vorübergehend von ihrem sexhungrigen Ehemann zu befreien.
In der Mühle angekommen, unternahm Hubert alle nur möglichen Rettungsversuche für Emma.
Bevor er seinen Pkw entstieg forderte er Paul auf: "Bitte nimm den Wagen und hole du Mutter und Rosa, Vater hat sich durch mein Bremsmanöver am Kopf verletzt, ich muss mich um ihn kümmern."
"Nein, nein "rief der Müller, die kleine Platzwunde versorge ich schon selbst, ich lege einen Eisbeutel drauf, das reicht. Fahre nur Hubert und lass den Paul schlafen gehen, wir können doch nicht auch nachts seine Dienste in Anspruch nehmen. Soweit ich sehen konnte, hast du am wenigsten von uns allen getrunken und bist der zuverlässigste Chauffeur."
"Emma hol den Karl runter," befahl daraufhin hartnäckig Hubert, "der soll die Frauen holen, dann setzen wir uns in der Küche zusammen und trinken einen selbstgebrannten Schnaps nach dem aufregenden Abend.
Paul, was meinst du zu meinemVorschlag?"
"Nein danke Hubert, ich trinke nichts mehr, ich habe heute noch etwas anderes vor, verstehst du."
"Was ist denn los mit dir Hubert," schimpfte erstaunt und lautstark der alte Müller, warum denn den Karl aus seinem warmen Bett reißen. Paul und Emma wollen keinen Schnaps, ich auch nicht, du kannst einen trinken, wenn du heim kommst. Also fahr endlich los und hole die beiden Frauen, es ist frisch, sie warten doch im Freien."
Hubert sprang, nach dem alle Versuche fruchtlos verliefen, einen letzten vernichtenden Blick auf Paul werfend in seinen Pkw und trat mit voller Kraft auf das Gaspedal.

Emma sperrte flink die Haustüre auf, um nach oben zu entkommen, als Paul sie an der Hand festhielt.
"Gute Nacht Müller" rief er, bevor dieser hinter seiner schweren Eichentüre verschwand.

"Und nun zu uns Emma, komm mit mir in die Scheune, so wie im vergangenen Jahr und freue dich, heute wird es sehr intensiv zwischen uns werden."
Emma wusste, dass sie einen großen Fehler begehen würde, wenn sie sich ihm jetzt mit Gewalt verweigern würde, denn sie wollte vermeiden, dass Paul dadurch Verdacht schöpfen könnte oder auf dumme Gedanken kam. Sie ließ sich widerwillig von ihm über den Hof zur kleinen Scheune führen. Ein letzter schüchterner Einwand, dass es ihr nicht gut ginge wegen dem Zwischenfall mit der Resi, wurde von Paul überhört.
Kaum hatte er die Scheunentüre hinter sich zugezogen, fiel er wie ein ausgehungertes Raubtier über Emma her.
Gierig riss er ihr Strümpfe und Schlüpfer vom Körper, biss sie in Hals und Brüste und drang sofort mit heißer Begierde in sie ein.
Emma ließ seine kraftvollen und tiefen Liebesstöße bereitwillig mit geöffneten Schenkeln über sich ergehen.
Er tobte seine monatelang angestaute, sexuelle Lust an ihr aus, nahm sie von der Seite, von hinten und wieder von vorne. Gleich einer Marionette kam sie seinen kurzen Anweisungen für diesen Stellungswechsel folgsam nach.
Sie empfand keine Lust, keinen Schmerz, sie fühlte gar nichts. Sie überließ ihren Körper dem Mann, der eigentlich ein Recht darauf hatte, für den sie einst so entflammt war, dass sie ihr Leben mit ihm teilen wollte

und fühlte sich heute unter ihm wie ein benutztes Objekt.
Paul erlebte höchstes sexuelles Glück und bemerkte in keiner Sekunde, dass sie ihm ohne jedes Gefühl willig war. Er stöhnte unaufhörlich ihren Namen und überhäufte sie mit lustvollen Worten.
Es schien eine Ewigkeit sei vergangen, als sie endlich merkte, dass er sich seiner ersten Entladung näherte.
"Emma" rief er plötzlich voll glücklicher Ekstase, jetzt zeuge ich unser drittes Kind.
Emma, es wird ein Prachtkind der Liebe werden, ein Prachtkind," stammelte er.
Emma versuchte, tödlich erschrocken, ihn sofort von sich zu stoßen, doch es war zu spät, er hatte bereits sein ganzes Sperma in ihr entladen und blieb schwer und heftig atmend auf ihr liegen. Emma starrte mit weit aufgerissenen Augen in die Dunkelheit der Scheune, durch deren Bretter gespenstisch das helle Vollmondlicht drang und unheimliche Schatten an die Wände zeichnete.
Es ist überstanden dachte sie, Gott sei Dank.
Schon nach wenigen Minuten begann Paul erneut, sie zu küssen und weiter zu entkleiden.
"Paul bitte" flehte sie," mir geht es nicht gut, lass mich in Frieden."
"Nein Emma, heute hast du keine Chance, ich werde keine Ausrede von dir gelten lassen. Ein Jahr hast du mich neben dir sexuell verhungern lassen, heute endlich ergab sich die Gelegenheit mir mein Recht zu nehmen und ich werde erst von dir lassen, wenn ich meine sexuellen Bedürfnisse einigermaßen gestillt habe und sicher kannst du dir denken, dass das nach nur einer Entladung noch nicht geschehen ist."

Kraft- und widerstandslos ergab sich Emma in ihr Schicksal. Irgendwann hoffte sie, wird er sich abreagiert haben, ich werde es überleben, denn ich habe keine andere Wahl. Emma wartete ungeduldig darauf, dass Hubert von seiner zweiten Fahrt zurück kommen würde, eigentlich müsste er schon lange eingetroffen sein oder hatte sie ihr Zeitgefühl verloren?

Endlich, Paul beschäftigte sich schon wieder forschend und konzentriert mit ihrem Körper, erhellte das Scheinwerferlicht von Hubert's Benz den Hof und schickte wiederum Strahlen von Hoffnung durch die Ritzen der Scheune.

Jetzt, so hoffte Emma, wird Paul erschrecken und endgültig von mir ablassen.

Ihr Wunsch erfüllte sich nicht, im Gegenteil, die drei diskutierenden Personen unmittelbar vor der Scheune trugen zur Steigerung seines Lustgefühles bei.

Während er seinen sexuellen Drang zum zweiten Male befriedigte, keuchte er:

"Was glaubst du Emma, welche Augen der Hubert jetzt machen würde, wenn er zusehen könnte, wie pervers ich es mit dir hier im Heu treibe. Der Anblick unseres heißen Vergnügens würde auch seine Lust auf eine Frau wecken und sehr schnell würde er sein Einsiedlerleben aufgeben. Dieser alte Onanierer hat doch so etwas noch nie erlebt oder gesehen. Ich werde ihm einmal zeigen, was man zwischen zwei so herrlichen Frauenschenkeln alles treiben kann."

Heftig atmend sprach er weiter:

"Stell dir vor, wenn die alte Müllerin und ihre übrig

gebliebene Tochter sehen würden, was ich lebendiges und kraftvolles in meiner Hose trage und wie heftig und flink ich es jetzt in dir bewege, dann hätte ich keine ruhige Minute mehr, die würden mich in ihren Schlafzimmern mehr beanspruchen, als Hubert in seiner Mühle."
"Hör auf, du übersexter Mensch" zischte Emma angewidert, du bist verrückt, dir ist die Lust wohl in den Kopf gestiegen."
Während er seine massiven Beckenstöße mit gleichbleibender, nicht enden wollender Intensität ausführte, sprach er unentwegt weiter:
"Emma, wenn man so lange unter sexuellen Entzug leidet, wie ich, bekommt man die perversesten Vorstellungen und Phantasien, dass ist doch ganz normal, mein Liebling."
„Emma" flüsterte er, sei ab heute wieder meine vollkommene Geliebte, so wie früher. Ich kann nicht leben wie ein Mönch neben einer Frau mit einem so aufreizenden und einladenden Körper, wie du ihn hast. Versprich mir alles „stammelte er," während er endlich zu seinem letzten orgastischen Erlebnis gelangte.
Für Emma bedeutete dies Erlösung.
Sie begann plötzlich heftig zu weinen, ihr wurde übel, sie kam sich in gewisser Weise missbraucht vor und die Vorstellung, durch diesen erzwungenen Sex ein Kind empfangen zu haben, stürzte sie in abgrundtiefe Verzweiflung. Sie wollte von Paul kein Kind mehr, niemals.
Hubert liebte sie inzwischen so sehr, dass sie gegen ein Kind von ihm keine Einwände gehabt hätte, aber von Paul, nein.
Als Paul sah, dass Emma von Weinkrämpfen geschüttelt

wurde, änderte er schlagartig sein Verhalten.
Besorgt erkundigte er sich:
"Was ist los Emma, habe ich dir wehgetan?"
„Nein, es war ganz einfach zuviel für mich heute. Der schockierende Abend, deine sexuelle Unersättlichkeit, vielleicht einige Gläschen zuviel Alkohol, dies alles zusammen habe ich nicht verkraftet."
"Das kann ich mir lebhaft vorstellen Emma, aber du weinst doch sonst nie.
Lass dir sagen Emma, dass ich dich sehr liebe, aber versuche auch du meine Verhaltensweise zu verstehen.
Ab heute wird in unserer Ehe wieder genussvoller Sex praktiziert, das heißt, wir werden unsere Lust pflegen so wie früher. Wenn ich bei dir regelmäßig Erfüllung finde, werde ich nie wieder so exzessiv über dich herfallen.
Ich weiß selbst, ich war heute unberechenbar Emma und wenn du mir nicht freiwillig zur Verfügung gestanden wärst glaube ich, hätte ich dich mit Gewalt genommen oder wie man so schön sagt, die eigene Ehefrau vergewaltigt."
Emma schluchzte und schluchzte, sie konnte sich nicht beruhigen, ihre Gefühle waren außer Kontrolle geraten, sie war bewegungslos, wie gelähmt.
Paul stand neben ihr, fertig angezogen und forderte sie auf.
"Emma höre auf zu weinen, freue dich, sicher habe ich dich heute geschwängert, ich hatte soviel Kraft in mir, die ich dir voll gab. Die Zeugung dieses Kindes soll einen Neuanfang unserer Ehe bedeuten, Emma komm jetzt bitte, zieh dich endlich an."
"Paul ich kann jetzt nicht aufstehen, bitte lass mich hier

noch eine Weile liegen, ich möchte für kurze Zeit alleine sein, geh hinauf zu den Kindern, bitte Paul. Ich muss mich erst beruhigen und versuchen, menschenwürdiges Aussehen zu erreichen."

"Nein, ich gehe nicht zu den Kindern hoch, stell dir vor was Karl denken würde, wenn ich in diesen frühen Morgenstunden alleine ankomme. Ich spaziere ein bisschen in der frischen Luft, um die Mühle herum und benütze den Hinterausgang der Scheune, damit mich keiner sehen kann.
Schade dass du dich so schlecht fühlst Emma, mir geht es unendlich gut, ich könnte die ganze Welt umarmen, ich fühle mich frei und sehr glücklich. Glücklich darüber, dass du meine Frau bist.
Gut, dass es noch so dunkel ist, es ist halb 6.00 Uhr."

Paul kniete sich neben Emma, strich ihr Haar aus dem Gesicht und küsste ihr tränennasses Gesicht.
Er zog seine Anzugjacke aus, legte diese über Emma's noch immer nackten Unterkörper und schlich aus der Scheune.
Emma erhob sich als sie alleine war, sie konnte keinen klaren Gedanken fassen, fühlte sich leer und ausgebrannt Sie durfte Paul nicht verdammen, er war ihr Mann, der Vater ihrer Kinder, sie hatte ihm in den vergangenen Monaten viel zugemutet und nun hatte er sich eben einmal mit Gewalt selbst bedient.
Ihr kam in diesem Augenblick alles so trostlos und ausweglos vor, wieder traten Tränen in ihre Augen. Sie weinte, kam sich schlecht und minderwertig vor, sie hatte

Hubert betrogen, würde er sie verstehen?
Emma sammelte ihre zerrissene Wäsche auf, alles lag verstreut in der Scheune, wohin Paul in seinem sexuellen Sturm es geschleudert hatte.
Sie konnte ihr Dirndl nicht mehr schließen, die obersten fünf Knöpfe fehlten, wahrscheinlich sah sie wirklich aus wie nach einer Vergewaltigung.
„Hoffentlich sieht mich niemand, wenn wir über den Hof zum Haus gehen," dachte Emma, als sie plötzlich lautstark Paul`s Stimme vernahm:
Er riss die Scheunentüre auf und schrie:
"Emma, Emma."
Er war kreidebleich im Gesicht, die Augen traten aus ihren Höhlen.
„Bist du verrückt geworden Paul, was ist geschehen, warum schreist du so, die ganze Mühle wird wach werden."
"Emma, Emma," stammelte er," draußen liegt ein Toter, auf der Brücke vor der Mühle liegt ein toter Mann Emma. Ich glaube es ist der Buricek Anton, sein Schädel ist eingeschlagen, er sieht schlimm aus, schnell komm, wir müssen Hubert und den Müller wecken."
Panik und Entsetzen zeichnete sich auf seinem Gesicht ab.
"Nein Paul, du musst dich getäuscht haben," schrie Emma nun hysterisch, „nein Paul nein, du hast dich sicher getäuscht."
Paul hörte ihr schon lange nicht mehr zu, ließ sie in der Scheunentüre stehen, rannte zum Müllerischen Wohnhaus und rüttelte wie ein Irrer an den Haustüren.
Er rief:

"Hubert, Sofie, Rosa, Müller, kommt schnell, kommt, es ist etwas Furchtbares passiert."
Als erste stürzte Sofie, nur spärlich bekleidet aus der Haustüre.
"Paul" rief sie aufgeregt," was ist los, warum führst du dich so auf.
Paul stammelte:
"Müllerin, der Buricek Anton liegt vorne auf der Brücke, er ist tot, jemand hat ihm den Schädel eingeschlagen."
"Nein" flüsterte die Müllerin ganz leise," nein, nein."
Hubert und Rosa folgten mit verschlafenen Gesichtern, ebenso der Müller im Schlafanzug in seinem Rollstuhl sitzend.
"Ich kann es nicht glauben "rief der Müller," vielleicht hast du dich doch getäuscht Paul."
„Auf was warten wir noch, kommt gehen wir hin und schauen selbst nach."
Die Müllerin voraus, verließen sie gemeinsam die Mühle.
Hubert zupfte den aufgeregten Paul am Arm und fragte: "Wo ist Emma?"
"Ach Emma, die wird noch in der Scheune sein," rief Paul gedankenlos.
Hubert lief die wenigen Schritte wieder zurück zur Mühle und entdeckte die jämmerlich aussehende Emma vor der Türe der kleinen Scheune kauernd.
Sie hatte sich versteckt, als sie sah, dass Paul die gesamte Müllerfamilie heraustrommelte.
"Emma" rief er," meine Emma," Gott hat der dich zugerichtet."
Emma fiel ihm laut schluchzend in die Arme:
"Hubert mir blieb nichts anderes übrig, es war furchtbar,

ich schäme mich vor dir, verzeih mir bitte Hubert, verzeih mir."
Hubert küsste sie zärtlich und streichelte über ihre Haare: "Emma, es tut mir sehr leid was geschehen ist, ich wollte es verhindern als wir nach hause kamen, du wirst es gemerkt haben, aber ich hatte keine Chance.
Emma ich werde an dir alles wieder gut machen, was er dir angetan hat, ich verspreche es dir. Ich liebe dich jetzt noch mehr als zuvor und garantiere dir, es war das letzte Mal, dass er dich besessen hat.
Ich werde deine Wunden mit Liebe heilen, meine kleine Frau," tröstete er sie zärtlich.
Emma ich muss dich jetzt alleine lassen und den anderen zur Brücke folgen, dort liegt angeblich der Buricek Anton mit eingeschlagenem Schädel. Ich kann mir nicht vorstellen, dass dies wirklich wahr ist.
Geh zu deinen Kindern Emma und beruhige dich, du hast heute genug mitgemacht. Komm bitte nicht zur Brücke, wenn Paul`s Behauptung zutrifft, ist dies kein Anblick für dich."
Er küsste sie nochmals und drückte sie innig an sich, dann lief er den anderen hinterher.

Emma fühlte sich plötzlich von einer großen Last befreit und lief über den Hof zum Wohnhaus.
Sie weckte den tief schlafenden Karl und informierte ihn in kurzen Worten über das von Paul Gehörte.
Karl`s Sensationslust machte ihn sofort hellwach. Er rannte wortlos die Treppen hinunter und stürmte aus der Haustüre, um so schnell wie möglich an den Ort des Geschehens zu kommen.

Emma warf noch einen zärtlichen Blick auf ihre beiden tief schlafenden Kinder und begab sich in ihre nur wenige Schritte entfernte Wohnung, wo sie ihren strapazierten Körper endlich die verdiente Ruhe gönnte. Bevor sie einschlief überfiel sie ein Gefühl innerer Leichtigkeit und Freiheit. Sie hatte keine Angst mehr und fühlte sich wohl, denn Hubert hatte Verständnis für sie bekundet und ihr sofort verziehen. Eine große Ruhe breitete sich in ihrem ganzen Körper aus. Sie fiel in einen ohnmachtsähnlichen Schlaf.

In der Zwischenzeit war alles, was zwei Beine besaß, im Dorf unterwegs. Nachdem Paul und Hubert sich vergewissert hatten, dass Anton Buricek nicht mehr zu helfen war, sahen sie es als ihre Pflicht an, die Bewohner der umliegenden Großbauernhöfe von dem schrecklichen Unglück zu verständigen. Hubert's erster Weg führte ihn zu seinem unmittelbaren Nachbarn, dem Gschwendtner Bauern, um diesem die entsetzliche Nachricht zu überbringen. Vinzenz Gschwendtner trat mit fragendem Blick, noch in Festtagskleidung aus der Haustüre und nahm die Nachricht von Anton's Tod mit versteinerter Miene auf. Er zeigte keine Reaktion, murmelte nur kurz," ich komme gleich zur Brücke" und schlug Hubert die Haustüre vor der Nase zu.

Inzwischen wurde es langsam hell, die Nacht wich der Kraft des Tages.

Um den erschlagenen Anton Buricek hatte sich eine ungeheure Menschenansammlung gebildet, größer als beim Erntedankfest vor einigen Stunden. Der inzwischen an der Unglücksstelle eingetroffene Bürgermeister Gschwendtner gab lautstark seine Regieanweisungen.

Er beorderte einen seiner Söhne unverzüglich nach Waldsassen, um ein Fahrzeug zum Abtransport des Toten zu organisieren und eine Untersuchungskommission zur Aufklärung des Mordes anzufordern, da es keinen Zweifel gab, dass an Anton Buricek ein Mord begangen wurde.

Er war auf brutalste Weise erschlagen worden und blutete stark aus einer klaffenden Kopfwunde, trug noch seinen dunklen Festanzug und bot einen schaurigen Anblick.

Seine Schädeldecke war zertrümmert, um ihn herum eine riesige Blutlache. Neben ihm in geringer Entfernung lag eine schwere blutverschmierte Eisenstange, achtlos hingeworfen.

Den Mord zu tarnen war für den Mörder anscheinend kein Thema.

Beim ersten Auffinden durch Paul lag Anton mit dem Gesicht nach unten auf der Brücke. Nachdem man sich vergewissert hatte, dass ihm nicht mehr zu helfen war, brachte ihn der Gschwendtner mit Hilfe seines Sohnes in Rückenlage, entfernten ihn jedoch nicht von der Fundstelle.

Der Gschwendtnerbauer warnte die Umstehenden immer wieder:

"Niemand fasst ihn an, er bleibt hier liegen bis er abtransportiert wird."

Da der Totenwagen und die angeforderte Kommission aus Waldsassen kamen, musste man sich hier an Ort und

Stelle auf eine längere Wartezeit einstellen.
Verwundert stellten viele der anwesenden Neugierigen fest, dass weder Thekla Buricek noch Kuni Gschwendtner am Tatort zu sehen waren. Hatte man sie über die schreckliche Tat nicht informiert oder blieben die Beiden bewusst dem Unglücksort fern?

"Bürgermeister" fragte herausfordernd der Penzkofer Bauer, als er am Tatort eintraf und vergeblich Ausschau nach Thekla Buricek gehalten hatte," wo ist dem Anton seine Frau? Sie gehört hierher, egal wie sie mit der Situation fertig wird, die ist doch keine von der zartbesaiteten Sorte."

"Selbstverständlich haben wir die Thekla sofort von dem Unglück unterrichtet, aber sie weigerte sich, hierher zukommen. Sie möchte den Anton in schöner Erinnerung behalten und nicht mit einem so grausam entstellten Gesicht," hatte sie uns erklärt.

"Kannst ja versuchen, sie hierher zu bringen," sagte der Gschwendtner zynisch.

"Darauf kannst du dich verlassen Gschwendtner," rief der Penzkofer" und lief schon in Richtung des hell erleuchteten Gschwendtner Hofes.

Zuerst begab er sich zur Buricek-Wohnung, um dort unüberhörbar laut an die Türe zu klopfen. Als keine Reaktion kam, öffnete er. Die drei Buricek- Buben sahen ihn verstört mit verschlafenen Augen an, von Thekla Buricek keine Spur.

"Sehr eigenartig "wunderte sich der Penzkofer.

Er versuchte noch, in den Wohnräumen der Gschwendtner`s fündig zu werden, doch auch hier ohne Erfolg. Thekla schien wie vom Erdboden verschluckt zu sein.

Plötzlich sah er Kuni Gschwendtner verschlafen aus einem der oberen Räume treten.
"Penzkofer du," sagte sie fragend und erstaunt," was machst du in unserem Haus in aller Herrgottsfrühe?"
"Kuni„ sagte er ungläubig," du hast geschlafen, hat man dich nicht geweckt, hat man dich nicht verständigt, dir nichts erzählt?"
„Warum geweckt und von was verständigt," fragte Kuni," ist etwas passiert Penzkofer," du tust so geheimnisvoll."
"Ja Kuni, es ist etwas Furchtbares geschehen, aber noch furchtbarer ist, dass ich dir das sagen muss, nachdem du eine große Familie hast, deren Pflicht es gewesen wäre, dich zu informieren."
"Mein Gott, Penzkofer, du machst mich neugierig, was ist denn los, wir sind doch erst vor zwei Stunden heimgekommen und dann sofort schlafen gegangen. In dieser kurzen Zeit kann doch gar nicht so etwas Schlimmes geschehen sein, das du mir nicht sagen kannst? Jetzt rede endlich, Penzkofer!"
"Kuni, Herrgott, warum muss gerade ich dir das jetzt sagen, Kuni, der Anton, der Anton Buricek ist tot. Er liegt mit eingeschlagenem Schädel vorne auf der Brücke."
"Nein, sag dass es nicht wahr ist Penzkofer," schreit Kuni und klammert sich an seinen Arm.
"Penzkofer bitte sag, dass das nicht wahr ist, bitte, bitte."
Sie begann hilflos zu weinen und stammelte:
"Anton, Anton du darfst nicht tot sein, du kannst mich jetzt nicht alleine lassen."

Vergeblich versuchte der Penzkofer, sich aus ihrer Umklammerung zu befreien, es gelang ihm nicht, sie hielt sich an ihm fest und schluchzte:
"Penzkofer bitte führe mich zur Brücke, bring mich zu ihm."
"Zieh dir etwas über dein Nachtgewand" mahnte der Penzkofer," es ist kalt".
"Nein, bitte geh sofort mit mir zu Anton, zu meinem Anton. Ich hätte mir denken können, dass er den Anton umbringt. Der Vinzenz war es, er hat ihn umgebracht, kein anderer."
"Kuni halt deinen Mund, du weißt ja gar nicht, was du sagst, komm gehen wir."
„Warum ist es so still am Hof, wo sind die Kinder?"
"Sie sind alle am Unglücksort an der Brücke und warten auf eine Untersuchungskommission und ein Fahrzeug aus Waldsassen," antwortete der Penzkofer.
Langsam und mit schlechtem Gewissen, näherte er sich, Kuni an seinem Arm geklammert, der großen Menschenansammlung, die nach wie vor lebhaft gestikulierend und diskutierend um den Toten gescharrt stand.
Wenige Meter vor dieser Menschengruppe schienen ungeheure Kräfte in Kuni zu erwachen.
Sie löste sich von Penzkofer`s Arm und schritt mit hoch erhobenen Kopf in ihrem langen weißen Leinennachthemd, das mit dem weiß ihres Gesicht's um die Wette leuchtete, auf die zahlreichen Schaulustigen zu.
Erschreckt über ihren Anblick wich die Menge zurück und öffnete ihr den Weg zu ihren auf der Straße in seinem Blut liegenden Geliebten.
Der Gschwendtner Bauer wechselte die Farbe, als er seine

Frau am Arm des Penzkofer kommen sah.
Plötzlich wurde er schlagartig aschfahl im Gesicht, weil er wusste, dass ihm nun sehr Unangenehmes bevorstand.

Kuni ging stolz unter unzähligen neugierigen Blicken auf den Leichnam von Anton Buricek zu.
Durch die direkte Konfrontation mit dem Toten schien sie die entsetzliche Wahrheit zu begreifen.
Sie kniete sich zu ihm nieder und streichelte sein eingefallenes blutverschmiertes blasses Gesicht.
"Anton "rief sie tränenerstickt," es kann nicht wahr sein, lass mich nicht alleine.
Anton, ich liebe dich auch jetzt noch im Zustand des Todes."
"Anton "wimmerte sie," Anton nimm mich mit, ich kann ohne dich nicht leben."
Sie warf sich über seinen Oberkörper und umarmte ihn schluchzend, bis ihre Söhne sie mit sanfter Gewalt weg zogen.
Kuni bot einen makabren Anblick, in ihrem wallenden weißen Nachthemd, das in der fahlen Morgendämmerung wie ein Totenhemd wirkte und blutverschmiert war, wie ihr Gesicht, ihre Haare, Hände und sogar ihre nackten Füße.
Mit versteinertem Gesicht trat sie vor ihren Mann und begann ihn anzuklagen:

"Vinzenz Gschwendtner, du bist ein Mörder, du hast den Anton erschlagen.
Angedroht hast du es schon unzählige Male.
Du warst für mich schon immer ein charakterloser

Mensch, hast alle Personen in deiner Nähe unterdrückt und einen gegen den anderen ausgespielt.

Aber dass du dir deine Hände schmutzig machst, um einen Menschen aus dem Weg zu räumen, der dir nicht in den Kram gepasst hatte, das hätte ich trotzdem nicht von dir gedacht."

Das erstemal sah die entsetzte Dorfgemeinschaft den arroganten Gschwendtner Bauern um Fassung ringen.

Er war nicht fähig, seiner gebrochenen Frau, die jetzt mit ungeheuerer Überzeugung mit ihm abrechnete, zu antworten oder ihr das Wort zu verbieten.

Seine Lippen zogen sich zu schmalen Strichen zusammen und seine Augen begannen zu flackern. Keiner seiner Söhne machte Anstalten, ihn verbal zu Hilfe zu kommen.

Kuni Gschwendtner fuhr in scharfem Ton fort, es schien, als wollte sie eine Generalabrechnung mit ihm machen, für die vielen Jahre der Unterdrückung und Erniedrigung, die sie an seiner Seite durchleben musste.

"Vinzenz" sagte sie bedrohlich: „das was ich dir zu sagen habe, sollen alle hören.

Es wurde Zeit, dass ich heute den Mut gefunden habe, dir vor allen Dorfbewohnern einmal die Wahrheit zu sagen. Gschwendtner, du großspuriger, eiskalter Mensch, ich habe keine Angst vor dir und auch nichts mehr zu verlieren, denn mit dem Mann, den du hier so brutal erschlagen hast, habe ich alles verloren, was in meinem Leben wichtig war.

Anton und ich liebten uns seit vielen Monaten, auch das sollst du in aller Öffentlichkeit hören. Ich habe mit ihm, seit er nach Waldsassen ging, gelebt wie seine Ehefrau.

Wiederholt habe ich dich gebeten, mich freizugeben, weil

ich das Leben an deiner Seite nicht mehr ertragen konnte, schon bevor der Anton aufgetaucht ist, wollte ich mich von dir trennen. Du warst nie dazu bereit, weil du Angst hattest vor einer Blamage und wie sagtest du immer:" Ein Gschwendtnerbauer wird nie von einer Frau verlassen."
Du bist ebenso kalt und herzlos wie Thekla Buricek, denn ihr beide habt den Mordplan gemeinsam geschmiedet. Auch sie hatte ihrem Ehemann Anton niemals Gefühle entgegengebracht, ihn bevormundet, unterdrückt und an ihrer Seite vegetieren lassen, so wie du es auch mit mir getan hast. Für euch zählt nur Arbeit und Geld sonst nichts."
Kuni wandte sich kurz von ihm ab und drehte sich zu den sprachlosen Zuhörern:
"Ich sage es jetzt noch einmal laut und deutlich zu euch allen:
Der Gschwendtner Vinzenz, euer neuer Bürgermeister ist ein hinterhältiger, schmutziger Mörder, er hat vor wenigen Stunden hier an dieser Stelle dem Anton Buricek das Leben genommen. Ihr wisst das genauso wie ich, doch seid ihr zu feige, diesen Verdacht auszusprechen, weil ihr euch alle vor ihm fürchtet und wisst, dass der große Gschwendtnerbauer in jedem Fall ein sauberes Alibi für die Tatzeit parat hat und niemand wird ihm beweisen können, dass er seinen lästigen Nebenbuhler, meinen wunderbaren Mann Anton, auf brutalste Weise aus dem Weg geräumt hat.
Ich hoffe und werde darum beten, dass man vielleicht doch einen Zeugen findet, der ihn bei seiner hinter-hinterhältigen Tat beobachtet hat.

215

Ich werde dieses Dorf noch heute verlassen und nie mehr hierher zurückkehren. Hier gibt es keine Ehrlichkeit, keine Gerechtigkeit und vor allem kennen die Menschen hier das Wort Liebe nicht. Liebe, „sagte sie tief Luft holend," die ich mit dem von mir über alles geliebten Anton viele, viele Monate erleben durfte.
Das wäre alles, ich euch zu sagen hatte."
Kuni Gschwendtner trat noch einen Schritt näher an ihren Mann heran, der sie regungslos mit leeren Augen ansah, fast berührten sich ihre Körper und rief laut, für jeden hörbar:
"Weißt du was man mit dir machen sollte, anspucken sollte man dich, ja jeder der hier Anwesenden sollte dich anspucken."
Sagte es und spuckte ihm mitten ins Gesicht, drehte sich um und ging langsam in ihrem blutverschmierten weißen Hemd zurück zu ihrem Hof.
Betreten sahen sich die vielen einfachen Menschen an.
Einige hatten Tränen in den Augen und eine gewisse Genugtuung zeichnete sich auf manchen Gesichtern ab.
In ihrem Innersten gaben sie der Kuni recht, was die Skrupellosigkeit und Arroganz des Gschwendtnerbauern und auch, was diesen gemeinen Mord betraf.
Allein ließ man den Gschwendtner stehen, keiner der Anwesenden versuchte, mit einer versöhnenden Geste, Solidarität für ihn zu bekunden.
Er stand wie angewurzelt, fassungslos über den Mut seiner Frau und entsetzt über deren harte Worte, die wie Peitschenhiebe auf ihn vor allen Leuten niederprasselten.

Nach wenigen Minuten war die Brücke leer, der

Menschenauflauf hatte sich lautlos und schnell aufgelöst. Es blieben nur der Gschwendtner und seine beiden Söhne zurück. Peinlich berührt hatte auch die Müllerische Familie den Rückzug angetreten.
Als Hubert das Hoftor der Mühle schloss sah er, dass Thekla Buricek heftig gestikulierend neben dem Gschwendtnerbauern stand.
Ein Totenwagen nahm kurze Zeit später den Leichnam von Anton Buricek auf, um ihn nach Waldsassen zu bringen. Die angeforderte Untersuchungskommission traf erst am nächsten Tag ein und hielt sich einige Tage in Schollach auf, um eventuell einen Zeugen für die schreckliche Tat zu finden.

Bei der Vernehmung des Gschwendtnerbauern durch die Untersuchungsbeamten bewahrheitete sich die Voraussage von Kuni, dass er ein astreines Alibi für die Tatzeit parat hatte, was Thekla Buricek und sein ältester Sohn bezeugten.
Er gab zu Protokoll, nach Rückkehr vom Erntedankfest mit Thekla, Anton und seinem ältesten Sohn noch ein Gläschen in seiner Bauernstube getrunken zu haben und dabei über die öffentliche Blamage der Schricker Resi beim Feuerwehrball diskutiert zu haben.
Anton Buricek hatte sich angeblich auch an dieser Diskussion beteiligt und nach circa einer halben Stunde geäußert, kurz an die frische Luft gehen zu wollen.
Als er nicht mehr zu der kleinen Runde zurückkam, dachte man, er sei nach dem Spaziergang zu Bett gegangen.

Auch Hubert konnte bei seiner Befragung den Untersuchungsbeamten bestätigen, dass der Gschwendtner tattatsächlich noch angezogen war und nicht aussah, als käme er aus dem Bett, als er ihm die schreckliche Mitteilung überbrachte.
Die Einvernahme verschiedener Leute, die als Zeugen in Betracht kamen, ergab keinerlei Hinweis auf den Mörder.
Paul, der Anton Buricek gefunden hatte und bei seinem Spaziergang außerhalb der Mühle den Täter hätte sehen können, wurde einige Male zur Vernehmung nach Waldsassen bestellt.
Natürlich musste er den Grund seines späten Spazierganges erklären, was für Emma, die diese Aussage zur Liebesnacht mit ihrem Mann im Heu bestätigen musste, unangenehm und beschämend war.

Vier Wochen nach der Mordnacht wurde bei Vollmond zur Tatzeit in den frühen Morgenstunden noch einmal ein Ortsaugenschein durchgeführt, um festzustellen wie hell es an der Mordstelle gewesen sein könnte, als Anton erschlagen wurde.
Nachdem auch dieser Ortstermin nichts Neues erbrachte, wurden die Ermittlungen zu dem Mordfall zwei Monate später abgeschlossen.
Obwohl sich im Dorf offiziell alles beruhigt hatte, bot dieses gemeine Verbrechen noch wochenlang Gesprächsstoff hinter verschlossenen Türen, bewegte die Dorfgemeinschaft und kaum einer zweifelte an der Schuld des Gschwendtnerbauern.

Immer häufiger erschien der Gschwendtnerbauer nach Abschluss der Vernehmungen in der Mühle und beschäftigte sich intensiv mit Paul.
Eines Tages fragte er lauernd:
"Sag Paul, was haben die Untersuchungsbeamten dich alles gefragt, du warst doch einige Male in Waldsassen zur Vernehmung.
Hast du damals bei deinem Spaziergang in den frühen Morgenstunden mehr gesehen, als den toten Anton Buricek oder hast du einen Hinweis auf den Täter?
Es würde ja schon reichen, wenn du beobachtet hättest, in welche Richtung ein Mensch nach dem Mord gelaufen ist.
Da hätten die in Waldsassen schon einen Anhaltspunkt für neue oder weitere Nachforschungen.
Glaube mir Paul, ich hätte größtes Interesse daran, dass der Mordfall aufgedeckt wird, nachdem ich durch Kuni's öffentliche Beschuldigungen bei vielen Bauern in ein schlechtes Licht geraten bin."
Der Gschwendtner bohrte weiter:
„Warum bist du eigentlich um diese Zeit spazieren gegangen. Wir waren doch alle sehr müde von der langen Ballnacht und ihr seid mit uns erst gegen 4.00 Uhr früh aufgebrochen zur Heimfahrt"
Paul erzählte dem Gschwendtner lachend von seiner heißen Liebesnacht mit Emma in der Scheune.
Mit Argwohn vernahm dieser Paul`s Antwort.
Vinzenz Gschwendtner verlangte immer aufdringlicher Auskünfte über Paul`s Aussagen, worauf Paul eines Tages gereizt das Gespräch beendete:
"Über meine Aussagen möchte ich mit dir nicht mehr sprechen Gschwendtner, lass mir diesbezüglich meine

Ruhe. Warum eigentlich interessiert dich so sehr, was ich denen dort droben gesagt habe?"
Paul wusste genau, was den Gschwendtner keine Ruhe ließ, wovor er Angst hatte und warum er in letzter Zeit so oft persönlich in die Mühle kam.
Er war freundlicher denn je zu Paul und brachte das Gespräch immer wieder auf die Mordnacht.
Er wollte wissen, wo und wie lange Paul spazieren gegangen sei, bevor er Anton gefunden hat.
Einmal fragte er ihn, ob dieser noch gelebt hat und vielleicht etwas zu ihm gesagt hätte.

Einige Monate später, als Paul eine Mehllieferung zum Gschwendtnerhof fuhr, holte ihn Vinzenz, wie immer mit lauerndem Blick und sichtbarer Unruhe in sein Büro.
Er fragte:
"Paul willst du denn ewig in der Mühle drüben arbeiten?"
"Warum" fragte erstaunt Paul, was sollte ich sonst tun bei dieser schlechten Zeit. Emma und ich verstehen uns bestens mit der Müllerfamilie und an die schwere Arbeit des Säckeschleppens habe ich mich inzwischen gewöhnt, es passt so für mich wie es ist.
Ohne Beziehungen habe ich als armer Flüchtling vorerst keine Chance, etwas besseres zu finden.
Meine Mutter arbeitet seit einem Jahr in Waldsassen im Kreiskrankenhaus, hat schon alle Hebel in Bewegung gesetzt und ihre inzwischen guten Verbindungen spielen lassen, um für mich eine andere Stellung aufzutreiben, aber leider bisher ohne Erfolg.
"Paul" nun hör gut zu, ich sage dir etwas, das bleibt aber unter uns, denn ich möchte mit den Müllersleuten keinen

Ärger haben, wir sind seit Generationen gute Nachbarn, nicht dass es heißt, ich hätte denen eine gute Arbeitskraft weggenommen.
Ich hätte für dich eine neue gute Arbeitsstelle, du könntest schon im März zu arbeiten anfangen.
Im König Otto Bad, das ist eine Sprudelfabrik, könntest du das Etikettieren der Flaschen übernehmen und bekämst monatlich einen festen Lohn, der nicht zu niedrig ausfallen würde.
"Das glaube ich nicht Gschwendtner," antwortete Paul zweifelnd.
"Doch, es ist so wie ich es dir gesagt habe Paul."
"Warum tust du das für mich, fragte Paul erstaunt, du bist mir doch zu nichts verpflichtet?"
"Vielleicht doch Paul, du weißt schon was ich meine," flüsterte kaum hörbar der Gschwendtner-Bauer.
"Paul ich habe mich davon überzeugen können, dass man sich auf dich verlassen kann, du hast geschwiegen, dich bis heute fair verhalten, trotzdem ist es mir lieber, wenn du aus dem Dorf verschwindest."
"Geschwendtner, es ist nicht so wie du denkst," antwortete Paul entsetzt.

"Kein Wort will ich mehr darüber hören Paul," fuhr ihn der Gschwendtner an," möchtest du die Arbeit oder nicht.
Du müsstest in der Mühle natürlich sagen, dass deine Mutter dir hierbei behilflich war und nicht ich.
Mein Name darf in diesem Zusammenhang niemals erwähnt werden."
Paul bat:
"Darf ich es mir bis morgen überlegen?"

"Nein," entgegnete Vinzenz barsch," ich will jetzt und sofort ein Ja oder ein Nein. Bei so etwas gibt es keine Bedenkzeit"
"Wenn du nein sagst, vergessen wir alles was heute gesprochen wurde, wenn du ja sagst, kannst du im März im König Otto Bad zu arbeiten beginnen und ich weiß, nachdem ich dich als Ehrenmann kennengelernt habe, dass du mich bei der Müllerfamilie nicht unbeliebt machen und deine Mutter als Arbeitsvermittlerin vorschieben wirst "
"Dann sage ich ja" antwortete Paul ohne noch lange zu überlegen mit überzeugter Stimme," ich möchte wirklich nicht den Rest meines Lebens in der Mühle in Schollach verbringen. Meine Kinder sollen in einer Stadt aufwachsen und einen ordentlichen Beruf erlernen können.
Ich möchte wieder gutes Geld verdienen und meiner Familie ein besseres Leben als jetzt bieten.
"Gschwendtner, nun hätte ich diesbezüglich noch einige Fragen an dich."
"Frage, frage nur Paul" erwiderte der Gschwendtnerbauer mit dem Brustton der Überzeugung.
"Wie komme ich täglich oder überhaupt zum König Otto Bad, das liegt doch von hier ziemlich weit entfernt."
"Das habe ich alles schon geregelt für dich. Ich schenke dir ein Zündapp Motorrad, du kannst bei gutem Wetter jeden Abend zurück fahren und morgens wieder dorthin. Zusätzlich habe ich veranlasst, dass dir ein kleines möbliertes Zimmer in der Fabrik zur Verfügung steht, selbstverständlich mietfrei für dich, weil ich der Ansicht bin, dass es besser wäre, wenn du nur an den Wochenenden nach Schollach kommen würdest. Deine Arbeits-

zeit ist nicht sehr günstig, von 6.00 Uhr früh bis 12.00 Uhr mittags, zwei Stunden Pause und dann bis 20.00 Uhr abends oder später und an den Samstagen bis l4.00 Uhr. Wegen dem neuen Motorrad erzählst du den Leuten und deiner Familie, die Sprudelfabrik habe es dir zur Benützung zur Verfügung gestellt, sozusagen als Firmenfahrzeug.
Nun muss ich noch eine letzte Bedingung an dich stellen Paul.
Kein Wort zu deiner Frau, dass ich mit deinem neuen Arbeitsplatz etwas zu tun habe. Das wissen nur wir beide, ich hoffe du hast mich verstanden, nur wir beide.
Ich bin überzeugt, dass deine Mutter dich decken wird, denn wie ich informiert bin, hat sie sich mit deiner Frau nie besonders gut verstanden und auch deine Mutter erfährt nichts von mir. Lüg ihr vor, was dir einfällt, nur lass mich überall aus dem Spiel."
Vinzenz Gschwendtner und Paul Vogt besiegelten ihre Abmachung mit einem kräftigen Handschlag, als Thekla Buricek, Anton's schwarzgekleidete Witwe das Büro betrat.
"Hat es funktioniert Vinzenz, ist alles in Ordnung, "fragte sie mit eiskaltem Blick.
"Ja Thekla," antwortete der Gschwendtner, Paul war sehr vernünftig."
"Habe ich auch nicht anders erwartet, bei diesem Angebot," erklärte sachlich Thekla.
Paul verabschiedete sich von den beiden und fuhr nachdenklich, doch innerlich glücklich, mit seinem leeren Traktor zur Mühle zurück.
Er verzichtete heute auf das gemeinsame Abendessen in

der Mühle unter dem Vorwand, beim Gschwendtner eine reichliche Brotzeit bekommen zu haben.
Er musste viel nachdenken, vor allem wie er Emma so schnell als möglich diese für ihn wunderbare Nachricht beibringen konnte.

Am nächsten Morgen suchte Paul kurz den Gschwendtnerhof auf und fragte, ob ihn jemand nach Waldsassen mitnehmen könnte, da ihm bekannt war, dass jeden Tag ein Mitglied der Familie dorthin fuhr. Er wollte so schnell als möglich ein klärendes Gespräch mit seiner Mutter führen.
Vinzenz Gschwendtner persönlich fuhr Paul in die nahe Kleinstadt, damit diese Mission auch in seinem Interesse abgeschlossen werden konnte.
Paul hatte keine Mühe, mit seiner Mutter klar zukommen, für sie stand der Wunsch im Vordergrund, dass ihr Sohn endlich sein geknechtetes Dasein in der Mühle beenden konnte.
"Ich bin zu allem bereit Bub, erklärte sie, wichtig ist nur, dass du endlich ein Sprungbrett gefunden hast, von dort wegzukommen."
Glücklich kehrte Paul von seiner Fahrt zurück und informierte sofort Emma, die sich aus vielerlei Gründen wahnsinnig freute, dass Paul eine Stellung außerhalb von Schollach bekommen hatte.
Sie beeinflusste ihn dahin gehend, dass er nur an den Wochenenden nach Hause kommen sollte, da tägliches Heimfahren zu strapaziös für ihn wäre. Paul ließ sich überreden und entschied sich, Wochenendheimfahrer zu werden.

Die Müllerfamilie außer Hubert waren entsetzt, überrascht und zugleich traurig, als sie hörten, dass Paul sie schon in zwei Monaten verlassen würde.

Die Müllerin konnte nicht verstehen, dass Hubert die Kündigung Pauls so gelassen hinnahm, da dadurch für ihn eine schwere, arbeitsreiche Zeit begann.

Hubert erklärte:
"Es lief jahrelang ohne Paul in der Mühle, warum sollte es jetzt nicht so weitergehen wie früher. Soll ich mich aufhängen oder verzweifeln Mutter, nein weißt du, jeder Mensch ist zu ersetzen.

Ich habe damit gerechnet, dass Paul irgendwann eine bessere Arbeit finden wird, seine Beschäftigung bei uns war doch für ihn nur eine Übergangslösung, das wussten wir im Grunde alle.

Für mich ist es nur eine Frage der Zeit und der Umstellung, bis ich die Arbeiten von Paul wieder in meinen Arbeitsbereich unter Einbeziehung von Karl integriert habe. Mutter, alles geht wenn man will, dass weißt du doch selbst am besten, diese Einstellung habe ich übrigens von dir gelernt."

Stolz lächelte die Müllerin ihrem ältesten Sohn zu.

Für Emma und Hubert bedeutete diese Neuigkeit große Freiheit im Erleben ihre Liebe.

"Unausdenkbar," freute sich Hubert bei ihrem letzten Liebestreffen, „wir können in Zukunft fast leben wie ein Ehepaar."

Emma war gerne Strohwitwe geworden und kam ihren Arbeiten in der Müllerischen Küche mit noch größerer

Freude als bisher nach.
Manchmal dachte Emma, Müllerin und Müller hätten längst bemerkt, dass zwischen Hubert und ihr eine tiefe Zuneigung entstanden war. Sie konnte sich nicht vorstellen, dass Sofie, die fast einen siebten Sinn für Dinge hatte, die kein anderer fühlte, nicht längst den verliebten Blickaustausch zwischen ihrem ältesten Sohn und ihr mit bekommen hatte und wusste, dass sich beide nicht gleichgültig waren.
Das offizielle Verhalten der Müllerin bestätigte Emma's Annahme.
So sagte sie in letzter Zeit öfter, bevor sie die Küche verließ, um ins Bett zu gehen.
"Emma, bleib noch ein bisschen bei Hubert, du bist jetzt ebenso alleine wie er, vertreibt euch die Zeit zusammen."
Sogar der Müller machte in letzter Zeit deutliche Anspielungen:
"Emma du wärst die richtige Schwiegertochter für uns, schade dass du schon gebunden warst, als du hierher kamst."
Aussagen dieser Art hörte sie immer häufiger, je länger Paul von Schollach abwesend war.

Emma und Hubert lebten ihre Liebe mit hingebungsvollem Eifer. Sie genossen ihre Sexualität wie einen Tanz. Immer wieder lösten sich die Grenzen zwischen ihren Körpern auf und damit die Unterschiede zwischen Mann und Frau, sie wurden eins.
Sie hatten viel Gelegenheit, die subtilsten Gefühlsdimensionen zu erleben und ihre Liebe wuchs von Tag zu Tag, ebenso wie die sexuelle Abhängigkeit von einander.

Beide waren nach wie vor unersättlich nach sexuellen Varianten, wie Streicheln, Berührungen und Küssen und konnten nie genug voneinander bekommen.
Eine Liebe, die als pures Glück zu bezeichnen war.

Lisa hatte, seit ihr Vater während der ganzen Woche abwesend war, von Emma die Erlaubnis bekommen, dass Karl wann immer er wollte, nach dem Abendessen in die kleine Wohnung kommen und bis 21.00 Uhr manchmal auch 22.00 Uhr bei Lukas und ihr bleiben durfte.
"Seit Papa nicht mehr hier ist, sind wir jeden Abend alleine, beklagte sich Lisa, da Emma auf Wunsch der Müllerin jeden Abend bis 23.00 Uhr mit Hubert in der Müllerischen Küche verbrachte.
Weder Emma noch die Müllerfamilie kamen auf abwegige Gedanken bezüglich Lisa und Karl.
Sofie war froh, dass Karl sich um die Kinder so gerne kümmerte.
"Er wird sicher einmal seinen Kindern ein guter Vater," sagte sie.
Auf diese Weise hatte hinter den alten schützenden Mauern der Mühle die Liebe Hochsaison.

Da Paul nur ein kurzes Wochenende in Schollach verbrachte, er traf an den Samstagen meist gegen 16.00 Uhr ein und fuhr bereits am Sonntag-Nachmittag wieder zurück, hatte Emma keine Schwierigkeiten, die Sexualität wieder auf Eis zu legen ohne mit ihm größere Schwierig-keiten zu bekommen, da er während der Zeit seines Aufenthalts in der Mühle von Lisa und Lukas rund um die Uhr beansprucht wurde.

Während der Woche kümmerte sich Karl nicht nur um Lisa, sondern bemühte sich auch um Lukas, dadurch störte sie die Abwesenheit des Vaters nicht so besonders.
An den Wochenenden belegte Lukas seinen Vater jede Minute mit Beschlag und auch Lisa freute sich auf ihn und verwickelte ihn stundenlang in die unmöglichsten Fragen.
Wenn Paul in der Mühle eintraf, wusste er interessante Neuigkeiten aus den umliegenden Dörfern und aus Schollach zu berichten.

So erzählte er bei seinem letzten Besuch, dass Kuni Gschwendtner nach Antons Tod zwei Monate im Krankenhaus Waldsassen verbringen musste.
Sie hatte einen schweren Nervenzusammenbruch und nahm wochenlang keine Nahrung zu sich.
Nach ihrer Entlassung zog sie in die Wohnung von Anton Buricek, die sie gekauft hatte, bevor Anton umgebracht wurde.
Diese Wohnung bestand nicht aus einem Zimmer, wie immer erzählt wurde, sondern es handelte sich um eine herrliche Vierzimmer Wohnung mit Küche und Bad, die kostbar und gemütlich eingerichtet war.
Paul's Mutter war einmal bei Kuni eingeladen, nachdem sie sich im Krankenhaus um sie gekümmert und mit ihr angefreundet hatte.
Kuni lebte zurückgezogen und verrichtete in einem Altenheim in Waldsassen halbtags kostenlos soziale Dienste.

Mit ihrem Mann hatte sie nichts mehr zu tun und jeden Kontakt zu ihm abgebrochen, trug nur mehr seinen Namen und wollte nie mehr nach Schollach zurückkehren.
Selten besuchten sie ihre Söhne und Schwiegertöchter mit den zahlreichen Enkeln.
Sehr oft dagegen bekam sie Besuch von Anton's drei Buben, die sensibel waren wie Anton und sich unter dem Regiment ihrer Mutter Thekla und dem Gschwendtner Clan nicht wohl fühlten.
Kuni hatte den Kindern angeboten, sie in einer Schule in Waldsassen unterzubringen, ihnen in ihrer Nähe eine Wohnung zu Verfügung zu stellen und später auch eine Arbeitsmöglichkeit zu schaffen.
"Das bin ich meinem Anton schuldig, dass ich mich um seine Kinder kümmere, wenn die damit einverstanden sind, dadurch nehme ich dem skrupellosen Gschwendtner die Möglichkeit, sie als billige Arbeitskräfte zu benützen," hatte sie Paul's Mutter erzählt.
Der Gschwendtnerbauer und Thekla Buricek machten Kuni keine Vorschriften wegen der Kinder, er hütete sich, Kuni noch einmal aus der Reserve zu locken.
Beide waren damit einverstanden, dass Kuni die drei Buben ihres Geliebten nach einem halben Jahr ganz zu sich nach Waldsassen kommen ließ und an ihnen Mutterstelle vertrat.
Die Kinder waren informiert über das Verhältnis ihres Vaters zu Kuni, sie fühlten sich wohl bei ihr und gaben Kuni die Liebe zurück, die sie ihnen schenkte. Das Alleinsein, das sie immer wieder zum Grübeln verführt hatte, war vorbei. Durch diese unerwartete Fügung des

Schicksals fiel es Kuni leichter, ihre tiefe Trauer um Anton loszulassen.
Die neue verantwortungsreiche Aufgabe als Ersatzmutter machte sie glücklich und ließ sie sichtbar aufblühen.

Nachdem Paul bei seinen Wochenbesuchen immer häufiger Sensationsmeldungen aus den umliegenden Dörfern in die Mühle brachte, gleich einer interessanten Tageszeitung, wurde er am Samstag nachmittag von der Müllerfamilie, vor allem von Rosa und Sofie schon sehnsüchtig erwartet.
Das König Otto Bad war eine Klatschzentrale des ganzen Umkreises, da sich hier Bauern aus allen umliegenden Dörfern Getränke abholten und bei dieser Gelegenheit die neuesten Nachrichten aus ihren Dörfern austauschten.
Immer wieder fragte ihn die Müllerin, ob er denn nichts Neues vom Schrickerhof erfahren hätte.
Diesbezüglich konnte er seinen Zuhörern nicht dienen.
Vom Schrickerhof drangen keine Information nach außen.
Nach Resi's Auftritt beim Erntedankfest hatte sich der Hof in einen Mantel des Schweigens gehüllt.
Die Knechte und Mägde hatten einen festen Arbeitsplatz, seit der alte Kinast das Regiment übernommen hatte und dem alten Schricker keine Möglichkeit mehr ließ, mit seinen verbalen Beleidigungen die Leute vom Hof zu treiben, so dass die Bediensteten sich in Schweigen hüllten, da sie die Folgen einer Indiskretion mit dem Verlust ihrer guten Arbeitsstelle bezahlen mussten.
Resi und der alte Kinast kannten keinen Pardon, wenn ein Arbeiter indiskret war und private Informationen nach

außen trug.
Tatsache und allgemein bekannt war lediglich, dass Arno Kinast noch in der Nacht der Auseinandersetzung seine Sachen packen musste und vom Schrickerhof verwiesen wurde. Niemand wusste, wo er sich aufhielt, was mit ihm geschehen war.

Umso erfreulicher war es, als Resi Schricker durch einen Knecht, der zur Abholung von Mehl in die Mühle kam, der Müllerin ihren Besuch ankündigen ließ.
Geschmeichelt ließ die Müllerin ausrichten, dass sie Resi voll Freude erwarten würde.
Sofie pflegte als einzige Bäuerin in Schollach und Umgebung einen guten freundschaftlichen Kontakt zu Resi, da diese viele Jahre lang ein Auge auf Hubert geworfen hatte und bis vor kurzer Zeit die Hoffnung in sich trug, Schwiegertochter der Müllerin zu werden.

Mit zwei selbstgebackenen Kuchen auf dem bäuerlich gedeckten Kaffeetisch erwartete Sofie aufgeregt und voll Neugier Resi Schricker, von der sie seit Oktober des vergangenen Jahres nichts mehr gehört hatte.
Resi fuhr im schwarzglänzenden Benz in den Hof der Mühle ein. Strahlend lächelnd entstieg sie, etwas zu auffällig gekleidet und geschmückt ihrem Fahrzeug.
Sofie stand wartend in der Haustüre, sie war sich der Ehre dieses seltenen Besuches voll bewusst.
Gerne hätte auch Rosa an diesem nachmittäglichen Kaffeeklatsch teilgenommen, doch Sofie hatte sie zusammen mit Karl auf die Felder geschickt, weil sie es als

störend empfunden hätte, wenn sie wie immer alle Neuigkeiten mit Wonne verschlungen und später voll Sensationslust breitgetreten hätte.
Sie hatte es so eingerichtet, dass außer ihr nur Emma, Hubert und der alte Müller in der Mühle anwesend waren.
Der Müller wusste, dass er sich bei solch seltenen Besuchen fernhalten sollte, bis Sofie ihn zum Eintreten aufforderte und hielt sich strikt an ihre Anweisungen, sonst hatte er in den nächsten Wochen die Hölle auf Erden.

Mit einer innigen Umarmung begrüßten sich die Frauen und Resi überreichte als Gastgeschenk eine rustikale Kuchenplatte mit einem ebenfalls selbstgebackenen goldgelben Gugelhupf.
"Resi schön dass du mich besuchst," säuselte Sofie erfreut.
Resi versuchte nicht, ihr unübersehbar rundes Bäuchlein zu verbergen, im Gegenteil, als sie der Müllerin die Kuchenplatte ausgehändigt hatte, legte sie voll stolz beide Hände auf ihre glänzende Dirndlschürze, strahlte die Müllerin voll Mutterglück an und erklärte:
„Sofie ich freue mich so sehr auf mein Kind, in 14 Tagen wird es endlich soweit sein und vorher wollte ich dich als meine langjährige Vertraute noch einmal besuchen.
Ich habe das Bedürfnis, dir zu erzählen was sich in der Zwischenzeit auf dem Schrickerhof alles ereignet hat."
Sofie stand am Ofen, brühte eine große Kanne Kaffee auf und schnitt stolz ihr duftendes Gebäck, einen gedeckten Apfelkuchen und einen Quark-Streuselkuchen in große Stücke.

"Nun erzähle Resi" bat Sofie, als sie endlich am Tisch Platz genommen hatte.
„Resi vorher möchte ich dir noch sagen, wie sehr mich damals dieser peinliche Auftritt berührt hat. Du hast mir sehr leid getan, vor allem Hubert hat dieser Zwischenfall wochenlang beschäftigt und egal, was man über dich sagte, er hat dich immer verteidigt.
Ich habe in den letzten Monaten sehr oft an dich gedacht und mich immer wieder gefragt, wie und ob du mit diesem Problem fertig würdest und wie du damit leben kannst".
"Ja Müllerin, ich glaube nach diesem Abend hat sich das ganze Dorf über mich den Mund zerrissen und den Kopf zerbrochen.
Ich habe anschließend meinem Personal strengste Anweisungen gegeben, dass nichts was in unserem Hof geschah, an die Öffentlichkeit durfte.
Heute Müllerin, habe ich dir nur Erfreuliches zu berichten."
Resi holte tief Luft und begann:

"Ich werde nächste Woche in Waldsassen heiraten."
Als sie das lange Gesicht von Sofie sah, versicherte sie lachend:
"Ja du hast richtig gehört, die schwangere Resi Schricker wird nächste Woche heiraten, weil ihr Kind nicht unehelich zur Welt kommen soll.
Ich werde Rolf Kinast heiraten, Arno's Bruder.
Er liebt das Kind unter meinem Herzen wie sein eigenes, wird der liebevollste Vater für dieses kleine Wesen sein und mir der beste Ehemann, den ich mir wünschen kann.

Weißt du Sofie, heute denke ich, ich muss blind gewesen sein, als ich mich mit dem Arno Kinast eingelassen habe.
Er hat mir damals ganz einfach den Kopf verdreht mit seiner jungenhaften unbeschwerten Art und zu dir gesagt Sofie, einen Nachholbedarf hatte ich ja auch, nachdem ich mit keinem Mann vorher etwas hatte.
Der Arno war ein herrlich frecher Kerl, hat mich umworben und Komplimente gemacht, wo er mir begegnet ist und irgendwann bin ich ihn, wie man so schön sagt, eben auf den Leim gegangen und als ich dann meine Unschuld mit 39 Jahren verlor, war ich ihm sofort vollkommen verfallen, Sofie lach mich bitte jetzt nicht aus, es war wirklich so.
Er war der erste Mann meines Lebens, der mich zur Frau gemacht hatte.
Sofie ich habe mich daraufhin so unsterblich in ihn verliebt, dass ich ihn bat, mir ein Kind zu machen.
Ja Sofie, ich war hierzu die treibende Kraft, wenn wir zusammen schliefen flehte ich ihn immer wieder an, mir den Wunsch nach einem Kind zu erfüllen.
Er beteuerte:
"Resi ich möchte kein Kind von dir, ich weiß nicht, ob ich dich überhaupt heiraten will."
Ich ignorierte solche Bemerkungen von ihm, die ich eigentlich als Warnung sehen sollte.
Ich habe ihm permanent eingeredet, daß er mich heiraten muss, ich ihn brauche und als wir uns einmal in totaler Ekstase befanden, hat er gerufen," heute bekommst du dein Kind, wenn es sein soll."
Und Sofie, wie du siehst, es sollte sein, ich wurde schwanger und fast verrückt vor Glück, als ich merkte,

daß meine Periode ausblieb.
Als ich Arno freudestrahlend um den Hals fiel und ihm meine Neuigkeit präsentierte, wurde er kreidebleich, stieß mich von sich und rief:
"Mein Gott, welch eine Katastrophe Resi, ich will dich nicht heiraten, weil ich dich nicht liebe.
Mir hat es viel Spaß gemacht, mit dir zu schlafen, weil du so herrlich naiv und unbeholfen im Bett warst, aber das ist vorbei Resi, das ist vorbei," rief er laut, schlug beide Hände vor sein Gesicht, ließ mich stehen und lief davon.
Auch diesen deutlichen Ausbruch von ihm verdrängte ich sofort wieder, weil ich mir einredete, das wäre der erste Schock über diese Nachricht gewesen.
Wieder lief ich ihm nach und bot mich ihm förmlich an Sofie, ich zog ihn ins Heu, wenn ich ihn in der Scheune begegnete, schlich sogar nachts in sein Schlafzimmer und kroch zu ihm ins Bett.
Er schlief noch ein paar Mal mit mir, weil ihm manchmal wirklich nichts anderes übrig blieb.
Kurz darauf zeigte er mir dann immer krasser, daß sein Interesse an mir nachgelassen hatte, er wich mir aus, wo er mich sah.
Seine Mutter, sein Vater und Rolf redeten auf mich ein, wie auf ein krankes Pferd, beschworen mich, nicht auf Arno hereinzufallen und warnten mich.
Doch ich war blind vor Liebe und außerdem war es ja schon geschehen.

Voll Glück genoss ich meine Schwangerschaft.
Ich wollte nur Arno, davon war ich überzeugt und auch davon, daß ich ihn dazu bringen würde, umzuschwenken

und mich zu heiraten.
Rolf hatte es mit mir von Anfang an gut gemeint, hatte anständig um mich geworben und obwohl er und alle anderen später wussten, dass ich mit seinem Bruder ins Bett ging, weil sie mich einige Male am Morgen aus Arno's Wohnung kommen sahen, hat er mir Achtung entgegen gebracht und kopfschüttelnd gesagt:
"Schade um dich Resi, du wirst diese Liebe zu meinen Bruder noch sehr bereuen, Enttäuschung und Leid wird er über dich bringen. Ich liebe dich ehrlich, auf eine andere Art und Weise wie mein Bruder, doch auf mich hörst du ja nicht, ich zähle für dich nicht."
Ich ließ mich nicht beirren, du weißt ja, stur war ich schon immer. Schließlich hörten sie auf, mich zu warnen und nahmen Arno in die Mangel.

Arno kam zu mir und bat mich, wie schon einige Male vorher, ihn in Ruhe zu lassen, ihn nicht mehr zu belästigen. Ich war der Ansicht, nachdem ich sein Kind in mir trug, daß er mich lieben muss und verfolgte ihn weiter, hartnäckig und aufdringlicher als bisher. Ich war hinter ihm her wie eine Verrückte.
Müllerin und jetzt sage ich dir, wenn er mich nicht so brutal vor allen Leuten provoziert und blamiert hätte, ich hätte ihn nie aufgegeben, ihn nie in Ruhe gelassen.
Glaube mir, wahrscheinlich sah er keine andere Möglichkeit, mich los zu werden, als diese öffentliche Herausforderung.
Von meiner Schwangerschaft wussten nur wir beide, Arno und ich, die anderen Familienmitglieder fielen aus allen Wolken, als sie davon durch meinem lautstarken

Auftritt erfuhren.
Und stell dir vor Sofie, am nächsten Abend kam Rolf schon zu mir und erklärte:
"Resi, wenn du mich noch willst, ich liebe dich nach wie vor, trotz deiner Affäre mit meinem Bruder und ich würde gerne dem Kind meines Bruders ein guter Vater sein, denke darüber nach, ich lasse dir Zeit."
Sofie, ich habe es mir lange und gut überlegt, mir wirklich Zeit gelassen. Erst vor zwei Monaten wurde mir klar, dass nur Rolf der richtige Mann für mich ist.
Er ist liebevoll, zuverlässig, treu, fleißig, anständig, charaktervoll und sieht blendend aus.
Ich brauchte viel Zeit, um innerlich von Arno loszukommen und mich von den Fesseln meiner Liebe zu ihm zu befreien.
Wenn mir dies nicht gelungen wäre, hätte ich zu Rolf nie ja gesagt, doch nun bin ich raus aus meinem Tief und habe meine Blindheit erkannt.
Ich freue mich auf mein Kind, das ich als schöne Erinnerung an eine verrückte Zeit sehe, die ich trotz allem nicht missen wollte, dessen Vater und seine Handlungsweise ich jetzt besser verstehen kann.
Sein Bruder hat mit viel Geduld und Liebe alles wieder gut gemacht, was er in mir zerbrochen hatte.
So Sofie, dir das zu erzählen war der Grund meines Besuches.
Es wird vorerst nächste Woche eine kleine Hochzeit geben, im Kreis unserer Familie und nach dem mein Kind geboren ist, wird eine der größten Hochzeitsfeiern steigen, die Schollach jemals gesehen hat.
Im Frühherbst, kurz vor oder nach dem Erntedankfest,

werde ich die offizielle Hochzeit mit Rolf feiern. Müllerin dazu lade ich dich und deine Familie schon jetzt von ganzem Herzen ein.
Nun wollte ich gerne noch deiner Familie, soweit sie anwesend ist, Grüß Gott sagen."
Lautstark rief Sofie nach dem Müller, der sofort freudestrahlend erschien und von Resi herzlich in den Arm genommen wurde.
Als Hubert die Küche betrat, lief Resi ihm entgegen und fiel ihn um den Hals.
"Hubert," heute traue ich mich das erstemal, dich zu umarmen, weil ich unbefangen bin."
Hubert geriet sehr in Verlegenheit, er wusste nicht, wie ihm geschah, warum Resi seine Mutter besucht hatte.
Resi blieb vor Hubert stehen, der jahrelang ihre große Liebe war und sah ihm strahlend in die Augen.
"Mindestens 15 Jahre lang habe ich mir sehnsüchtig gewünscht, dass du mein Mann würdest, nur wegen dir Hubert habe ich jahrelang keinen anderen Mann eine Chance gegeben.
Ich wollte und konnte es nicht glauben, daß du nicht irgendwann für mich entflammen würdest, dich in mich verlieben könntest, doch anscheinend sollte es nicht sein.
Jetzt endlich bin ich glücklich, auch ohne dich Hubert, schau dir meinen dicken Bauch an, komm leg deine Hände drauf. Ich freue mich auf dieses Kind, es wird in den nächsten Tagen zur Welt kommen.
Ich habe Sofie soeben über alles informiert, lasst euch von ihr meine Geschichte erzählen.
Sie hat nun doch ein gutes Ende gefunden.
Ich werde nächste Woche Rolf Kinast heiraten, ich liebe

ihn von ganzem Herzen.
Er ist nicht der Ersatzmann für Arno oder Ersatzvater für mein Kind, nein, er wird mein Mann, weil ich ihn wirklich über alles liebe und vorher einige Monate mit Blindheit geschlagen war. Sehend wurde ich erst durch die öffentliche Blamage beim Erntedankfest.
Bei mir war es wie in diesem alten Sprichwort:
"Wer nicht hören will, muss fühlen."
Mein Dickschädel brauchte eine dicke Keule, damit ich endlich zur Vernunft kam.
Hubert, wie sieht es bei dir aus.
Du bist der älteste Junggeselle in unserer Gemeinde, verspürst du noch immer keine Lust auf Zweisamkeit?"
"Wer weiß, wer weiß," antwortete Hubert vielsagend und verlegen.
"Red keinen solchen Blödsinn," sagte die Müllerin forsch, "bei ihm tut sich nichts Resi, er wird ganz sicher bis an sein Lebensende alleine bleiben."
"Hubert, du weißt ja nicht was du versäumst, wenn du wirklich alleine bleibst. Es ist so wunderschön, jemanden zu haben, den man lieb hat und von dem man Liebe zurück bekommt. Ich kann dir nicht beschreiben, wie glücklich Liebe machen kann. Vielleicht überlegst du es dir noch, bevor du dich entschließt, alleine alt zu werden und gehst noch einmal auf Brautschau.
So nun wird es Zeit, daß ich nach hause fahre, Rolf wartet sicher auf mich, er macht sich jetzt Sorgen, weil ich doch kurz vor der Niederkunft stehe, wenn ich zu lange weg bleibe."

Zehn Tage nach ihrem Besuch in der Mühle, wurde Resi von einem gesunden Buben entbunden.

Rolf kam persönlich in die Mühle und überbrachte glückstrahlend Sofie die freudige Nachricht.

„Resi hatte im Schrickerhof entbunden, es war alles gut verlaufen, es ginge ihr sehr gut und sie würde sich freuen, wenn die Müllerin bald käme und ihren Stammhalter besichtigen würde," berichtete Rolf.

Schon am nächsten Tag fuhren Sofie und Hubert zum etwas außerhalb liegenden Schrickerhof und überbrachten ein großzügiges Geldgeschenk für Babykleidung und statteten Resi und ihrem Mann einen Besuch ab.

Das Kind wurde nach dem alten Schricker benannt.

"Unser kleiner Hannes hätte uns beinahe in Verlegenheit gebracht," erzählte Rolf," denn als wir von der Trauungszeremonie zurückkehrten, bekam Resi ihre Wehen und in der Nacht hatte der kleine Kerl schon mit Gewalt ans Licht der Welt gedrängt. Anscheinend wusste er genau, dass er nicht unehelich zur Welt kommen durfte."

Rolf hatte am Bettrand von Resi Platz genommen und den Arm um sie gelegt, so als wollte er demonstrieren, wie sehr er sie liebt.

Sofie und Hubert waren überzeugt, als sie zur Mühle zurückfuhren, dass mit der großen Liebe auch echtes Glück bei Resi und Rolf eingezogen war.

Die Müllerin seufzte nachdenklich,

"Gott sei Dank, daß Resi's Schicksalsweg doch ein sehr glückliches Ende gefunden hat, auch ohne dich Hubert."

Im Oktober fand das angekündigte große Hochzeitsfest statt, daß sich über zwei Tage erstreckte.
Zweihundert Personen waren eingeladen aus nah und fern.
„Wie die Schricker Resi geheiratet hatte, sollte keiner so schnell vergessen können," sagte sie voll Stolz und wollte allen Gästen ihren gutaussehenden Ehemann und Herrscher über das Schricker-Imperium vorstellen.
Das Hochzeitsfest übertraf tatsächlich alles bisher Dagewesene an Ausstattung, Festlichkeit, Stimmung, Harmonie und Prunk, sogar das alljährliche Erntedankfest.
Resi trug ein prachtvolles weißes Brokatdirndl, dass sie sich in Regensburg hatte anfertigen lassen, dazu silbernen Trachtenschmuck mit Türkisen.
Rolf konnte seine Begeisterung und Verliebtheit bei ihrem Anblick nicht verbergen. Der gut aussehende, dunkelhaarige, schlanke, sehr große Mann liebte die appetitliche Fülle seiner temperamentvollen und lebenslustigen Bäuerin.
Die Tische bogen sich unter der Last des guten Essens.
Im Schrickerhof hatte man ein großes Zelt mit Tischen und Bänken aufgestellt, in welchem die Gäste Speis und Trank genießen konnten.
Zwei zünftige Musikkapellen spielten abwechselnd ohne Unterbrechung bis in die frühen Morgenstunden.
Am nächsten Tag war für alle noch Anwesenden ein feudales Frühstück mit Frühschoppenkonzert geboten.
Als sich Sofie und ihre Familie in den frühen Morgenstunden von dem glückstrahlenden Ehepaar verabschiedete, flüsterte Resi ihr geheimnisvoll ins Ohr:

"Sofie, ich bin schon wieder im dritten Monat schwanger, wir sind überglücklich.
Für Rolf war es sehr wichtig, mit mir so schnell wie möglich ein eigenes Kind zu zeugen, jetzt ist er außer sich vor Freude und Stolz, dass es sofort geklappt hat. Das ist nun die Krönung unseres Glück's."
"Ich gratuliere, wünsche euch weiterhin viel viel Glück und freue mich Resi, dass es der Herrgott jetzt so gut mit euch meint," rief die Müllerin ihr zu.

Hubert, wie immer der Chauffeur der Müllerfamilie fuhr in diesen frühen Morgenstunden zuerst seinen Vater mit Rollstuhl und im Fond Rosa und seine Mutter nachhause.
Rosa sah ziemlich mitgenommen aus, sie hatte sich schon zweimal übergeben.
Streng tadelte die Müllerin:
"Du hast wieder zu viel getrunken, so wie in letzter Zeit öfter und alles durcheinander gegessen vor Langeweile, ich habe dich beobachtet, kein Wunder, dass dir schlecht ist."
Paul konnte an diesem großartigen Hochzeitsfest nicht teilnehmen, er musste arbeiten und hielt sich im König Otto Bad auf.
Emma war noch in ein Gespräch mit Thekla Buricek vertieft, als die Müllerin rief:
"Heute holt dich der Hubert als Letzte, erledige in Ruhe die Planung der Schulspeisung mit Thekla."

Emma und Thekla Buricek hatten tatsächlich in den letzten Wochen sehr viel zu organisieren. Der Grund hierfür war die Genehmigung und Zuteilung der Schulspeisung durch die Besatzungsmacht an die Gemeinde Schollach.

Damit hatte der Gschwendtner Bauer sein Versprechen gegenüber den Flüchtlingen erfüllt, denen er bei der Unterschriftensammlung für das Bürgermeisteramt versprochen hatte, die Schulspeisung für Schollach durchzusetzen. Dafür hatte sich auch der getötete Anton Buricek in seiner Eigenschaft als Flüchtlingsobmann, mit vielen schriftlichen Anträgen schon bemüht.

Die Schulspeisung wurde von den Amerikanern zur Verfügung gestellt.
Sie beinhaltete zwei riesige Töpfe aus Edelstahl und Naturalien, die erforderlich waren, um täglich warmes Essen für die Schulkinder in Schollach zubereiten zu können. Die Lebensmittel wurden in Monatsrationen im voraus geliefert und stellten in dieser schlechten Zeit eine nahrhafte, abwechslungsreiche Köstlichkeit für die Schulkinder dar.
Es gab Trockenmilchpulver in Dosen, gesüßten Reis mit getrockneten Rosinen, woraus mit wenig Aufwand ein herrlich süßer Reisbrei mit Vanillegeschmack zubereitet werden konnte, in dem die getrockneten Rosinen zu weintraubengroßen Kugeln aufquollen. Desweiteren Erbsensuppe mit großen Fleischstücken, eine Vielzahl von Fleischgerichten sowie Nudelgerichte mit Fleisch, alles in voluminösen Dosen, mild und harmonisch gewürzt und servierfertig.
Die Zubereitung der Schulspeisung wurde von den Flüchtlingsfrauen des Dorfes, jeweils monatlich im

Wechsel daheim vorgenommen, zur Mittagszeit dann heiß, in großen Töpfen auf einem Leiterwagen zum nahen Schulhaus gefahren und dort an alle Schulkinder in selbst mitgebrachte Essensgefäße verteilt.
Die Kinder waren verrückt nach den leckeren und sehr wohlschmeckenden Gerichten.

In Schollach gab es nur zwei Flüchtlings-Familien mit schulpflichtigen Kindern, die Familien Buricek und Vogt.
Deshalb teilten sich Emma und Thekla die Zubereitung der Mahlzeiten.
Im monatlichen Wechsel übernahm jeweils eine der beiden Frauen die Versorgung der Schollacher Schulkinder.
Als Entgelt für die Zubereitung des Essens durfte die jeweilige Köchin in diesem Monat ihre Familie mit Schulspeisung verköstigen, wofür sie extra eine Privatration an Nahrungsmitteln ausgehändigt erhielt, die sehr reichlich bemessen war.
Lukas und auch die Müllersleute warteten begierig darauf, von diesem guten neuartigen Essen, wie der Müller die Schulspeisung nannte, eine Portion abzubekommen, wenn Emma die vierwöchige Versorgung der Kinder durchführte.
Emma spürte deutlich, daß Thekla nicht begeistert war, jeden zweiten Monat vier Wochen lang ihre kostbare Zeit mit der Zubereitung und Verteilung der Schulspeisung vergeuden zu müssen. Für die erste Arbeitskraft des Gschwendtnerhofes war dies verlorene Zeit, doch Emma ließ sich nicht erweichen, diese Aufgabe alleine zu übernehmen, da auch sie täglich ihr Arbeitspensum in der

Mühle erledigen musste.

Neugierig fragte Thekla, als sie ihr Dispositionsgespräch beendet hatten:
"Na, wie gefällt es deinem Mann im König Otto Bad?"
"Sehr gut" antwortete Emma, schade daß er heute bei diesem einmaligen Hochzeitsfest nicht anwesend sein konnte, aber für den guten Arbeitsplatz kann er schon ein Opfer bringen."
"Hast du keine Lust, mit deinen Kindern zu ihm zu ziehen, dann wäre eure Familie nicht mehr getrennt und Paul könnte sich die zeitraubenden Wochenendfahrten ersparen."
"Nein, antwortete Emma entschieden, momentan haben wir das nicht vor, denn Paul bemüht sich, in Weiden oder Regensburg eine feste Anstellung zu finden, wo wir uns dann für immer niederlassen wollen.
Jetzt ist er froh, im König Otto Bad untergekommen zu sein. Er verdient gut, das ist wichtig für uns und an das dezimierte Familienleben haben wir uns gewöhnt."

"Schau da kommt Hubert, um dich abzuholen" rief Thekla zur Eingangstüre blickend, "lass ihn nicht warten, der Gschwendtner ist auch schon ungeduldig, weil er endlich heimfahren möchte. Es ist spät geworden heute, aber es war wunderschön.
Gute Nacht Emma" wünschte sie und begab sich zu Vinzenz, der sich mit müdem Gesicht dem alten Schricker gewidmet hatte, der heute am Ehrentag seiner Tochter ausnahmsweise noch ansprechbar war.

Hubert und Emma, die sich bereits mit der Müllerfamilie von Resi und Rolf verabschiedet hatten, verließen eilig den Schrickerhof, der im hellen Mondlicht lag.
Sie wussten, dass sie nicht nach hause fahren würden, ohne sich geliebt zu haben.
Hubert vergewisserte sich, dass ihm kein Auto folgte und bog nach wenigen Minuten in einen schmalen Waldweg ein. Obwohl der Morgen nahte, schien der Mond noch sehr hell, so dass der holprige Weg, der sich durch einen dunklen Tannenwald wandte, ohne Mühe zu überblicken war. Die Tannen standen zeitweise so dicht, dass nur schmale Lichtstrahlen des Mondes durchfallen konnten.
Neben einer alten Eiche, deren Rinde schon tiefe Risse zeigte, stoppte Hubert sein Fahrzeug.
"Schau" sagte Emma glücklich zu ihm, überwältigt von der Romantik des Augenblicks, "wie schön die Sterne leuchten. Such dir einen ganz für dich alleine aus Hubert, ich schenke ihn dir, es ist dein Stern."
Gedankenverloren und fasziniert von der Helligkeit des Himmels fuhr sie fort:
"Als wir uns das erstemal sahen, wurde ein tanzender Stern geboren und seine Strahlen, die Strahlen der Liebe haben unsere Welt verändert Hubert, haben uns beiden geholfen, den Weg aus der Dunkelheit zu finden."
Während Emma sprach, streichelte Hubert ihren Körper, wodurch kleine Wellen des Entzückens und eine warme glückliche Energie ihren ganzen Beckenbereich durch-durchflutete bis zu den Zehenspitzen.
Unbeschreibliche Lust überwältigte sie bei seinen immer deutlicher werdenden, fordernden Berührungen, die von jeder Pore ihres Körpers aufgenommen wurden und ihr

Herz tanzte voll Freude in Gedanken an das nun Kommende.
Seine Hände lösten lustvolles Wohlbehagen hier im Schein des Mondes in ihr aus und sie merkte, wie sich ihre Lust über die Grenzen ihres Körpers hinaus ausweitete.
Die erotischen Künste Hubert's steigerten ihr gemeinsames Verlangen und brachten Emma in einen Zustand der Verzückung, in welchem er sie dann in seiner gewohnt heftigen Weise zu lieben begann.
Sein Sex war wie immer wild und urwüchsig, es war eine ekstatische Vereinigung von Körper zu Körper und Seele zu Seele. Hubert verstand es, seine sexuelle Leidenschaft bis zu dem Punkt auszudehnen, wo die gemeinsame Energie in einer orgastischen Entladung nach außen explodierte.
Beide hatten inzwischen gelernt, auf subtilste Weise Lust zu pflegen und zu empfangen.
Jede Sekunde ihre Zusammenseins nützen sie zum Austausch von zärtlichen Berührungen und hatten immer wieder das Bedürfniss, die Nähe des anderen in sich aufzunehmen, die Impulse seiner Haut zu spüren, den Atem des anderen in sich einzusaugen. Ihre sexuelle Lebendigkeit war ungebrochen, im Gegenteil steigerte sich bei jedem Zusammensein, denn beide hatten die natürliche Fähigkeit zu intensivem Genuß.
Atemlos und brennend vor nicht enden wollender, verliebter Sehnsucht, vollendeten sie in dieser sternenklaren Nacht das Opfer ihrer Liebe bis zum Einbruch des Tages.
"Hubert es wird Zeit für uns, "unterbrach Emma die zärtlich romantische Atmosphäre.

Sie lösten ihre schweißnassen Körper voneinander und mussten traurig akzeptieren, dass die Helligkeit des Tages unweigerlich zum Aufbruch mahnte.
"In der Mühle wird man uns nicht abnehmen, daß wir noch so viele Stunden bei Resi verbracht haben."
"Emma, niemand wird hören, dass wir jetzt erst zurückkommen, die liegen alle im Tiefschlaf.
Ein Gläschen zuviel hat jeder zu sich genommen und das ist eine Garantie für besonders intensives Schlaferleben.
Emma, meine Liebe zu dir wird immer stärker, immer besitzergreifender," begann Hubert zu sprechen, als er aus dem schmalen Waldweg mit größter Vorsicht rückwärts herausfuhr.
„Emma ich bin froh, dass Paul dich nicht geschwängert hat, denn das wäre für mich entsetzlich gewesen."
"Ja Hubert, du sprichst mir aus der Seele."
"Emma, wenn er dir noch ein Kind gemacht hätte, wären alle Aussichten für unsere gemeinsame Zukunft zu nichte gemacht worden."

"Was redest du Hubert, welche Aussichten für unsere gemeinsame Zukunft, wie meinst du das?"
"Emma, ich wollte mich schon lange mit dir darüber unterhalten, aber irgendwie hatte ich immer Angst, über unsere Zukunft zu reden."
"Was hast du für Zukunftspläne Hubert," fragte Emma.
Sie spürte, wie ein eigenartiges Gefühl der Unruhe in ihr hochstieg.
"Emma ich möchte dich nie mehr hergeben, ich möchte daß wir für immer zusammenbleiben und dass du meine Frau wirst."

"Hubert," stammelte Emma atemlos und entsetzt," das ist doch unmöglich, wie stellst du dir das denn vor?"
"Ich habe sehr viel über uns nachgedacht Emma und lange Zeit sah ich keine Möglichkeit für eine gemeinsame Zukunft, doch nun glaube ich, die Lösung gefunden zu haben, wenn du bereit bist ein kleines Opfer zu bringen."
"Ja Hubert und das wäre?"
"Emma, ich könnte dich nur zu meiner Frau nehmen, wenn du dich von deinen Kindern und deinem Mann trennen würdest. Lass dich scheiden, verzichte auf Lukas und Lisa und ich heirate dich sofort. Sicher werden wir bald eigene Kinder haben, so dass es dir vielleicht nicht zu schwer fallen würde, deine Kinder zu vergessen.
Ich bin sicher, daß auch meine Familie unter diesen Umständen nichts dagegen hätte, wenn ich dich zu meiner Ehefrau machen würde. Mutter und Vater machten in letzter Zeit sehr oft Anspielungen in dieser Richtung.
So sagte erst gestern meine Mutter zu mir:
"Wenn die Emma keine Kinder von Paul hätte, könnte sie sich von ihm scheiden lassen. Für uns wäre sie die ideale Schwiegertochter, ich habe schon lange gemerkt Hubert, dass du Emma liebst."
Emma's Gedanken fuhren Karussell.
Sie hatte niemals daran gedacht, dass Hubert mit ihr ernste Absichten hatte und irgendwann in Erwägung ziehen würde, sich offiziell zu ihr zu bekennen.
Natürlich hatten beide immer wieder darüber gesprochen, dass sie sich nie verlieren dürften und Emma war der Meinung, dass sie ihre verbotene Liebe aufrecht erhalten wollten, solange es möglich war.
Hubert's Pläne für eine gemeinsame Zukunft erschreckten

sie und die Vorstellung, sich von Lisa und Lukas für immer trennen zu müssen, sie nie mehr sehen zu dürfen, löste in ihr Entsetzen, Panik und Übelkeit aus.
Nein, ihre Kinder würde sie nie weggeben, niemals.
Eine Trennung von Paul wäre für sie kein Problem, dazu wäre sie sofort bereit aber ihre Kinder müsste Hubert schon akzeptieren, wenn er sie zu Frau wollte.
"Emma," fragte er angstvoll," warum antwortest du nicht, haben dich meine Worte erschreckt?"
Du brauchst dich ja heute nicht zu entscheiden, überlege dir alles sehr gut und in Ruhe. Glaube mir, es ist wirklich die einzige Lösung, die es möglich macht, dass wir ein Leben lang zusammensein könnten.
Emma, ich liebe dich unbeschreiblich, versuche mich aus diesem Grunde zu verstehen."
"Ich dich auch Hubert," entgegnete sie mit trauriger Stimme, du bist mein Lebensinhalt geworden, bist mein ganzes Glück. Von Paul würde ich mich sofort trennen Hubert, aber meine Kinder, ich kann doch nicht meine Kinder weggeben."
"Emma überlege es dir bitte, mit den Kindern eines anderen Mannes kann ich dich nicht zur Frau nehmen, nicht hier in diesem Dorf. Du weißt ja inzwischen wie man hier denkt. Sie würden uns behandeln wie Aussätzige, auch meine Eltern und Geschwister würden das nicht akzeptieren, da bin ich sicher.
Emma bitte denke darüber nach, sag nicht gleich nein, zerstöre mir meine große Hoffnung nicht, nimm mir nicht meinen Lebensinhalt, den ich durch dich gefunden habe, ich liebe dich, ich wollte mit dir Kinder zeugen, nur für dich leben und dich lieben."

"Ich empfinde das Gleiche für dich Hubert und wollte von dir sofort ein Kind und immer in deiner Nähe sein, aber der Preis, den du von mir hierfür verlangst ist zu hoch, zu hoch Hubert."
"Mich persönlich würden deine Kinder nicht stören Emma, aber wir müssen hier leben in meiner Mühle, in meinem Hof und in diesem Dorf, denke darüber nach."
Kurz vor der Mühle hielt Hubert nochmals kurz sein Fahrzeug an, riss Emma in seine Arme und küsste sie wild.

"Emma "rief er verzweifelt, „meine herrliche kleine Frau, du musst mir gehören, mein Leben ist zu Ende, wenn du eines Tages von hier weggehst, Emma stürze mich nicht ins Unglück."
Emma's Verzweiflung schrie aus ihren Augen, während sie antwortete:
"Ich werde sterben, wenn ich dich verlassen muss Hubert, aber ich kann auch nicht mit dir leben, wenn ich meine Kinde verleugnen muss."
Als sie sich trennten, spürten sie, daß sich eine dunkle bedrohliche Wolke über ihren bisher so klaren Himmel der Liebe gebildet hatte.

Im Laufe der folgenden Wochen bekam das Glück ihrer großen Liebe wieder die Oberhand.
Sie verhielten sich so, als hätte es dieses schicksalhafte Gespräch in Resi's Hochzeitsnacht nie gegeben.
Sie liebten sich nach wie vor gefühlvoll, ekstatisch und wild und verschmolzen immer mehr zu einem Ganzen,

wurden immer unzertrennlicher und ihre Liebe erlebte immer noch eine Steigerung.

In Schollach hatte der Winter in diesem Jahr schon sehr bald Einzug gehalten. Völlig überraschend war Schnee gefallen.
Die Schneeflocken rieselten leise zu Boden und blieben, da der Boden hartgefroren war, liegen. Auf den Dächern der Bauernhöfe lagen Hauben aus Schnee und es sah so aus, als hätten die Häuser Mützen auf, die jeden Moment herunter zufallen drohten.
Die Zäune waren wie mit kleinen Eiskristallen umkleidet und Eiszapfen hingen in den Regenrinnen.
Hubert und Emma genossen den Anblick dieser herrlichen Winterlandschaft bei einen ausgiebigen Spaziergang.
Die Wege waren weiß geworden und ihre Fußspuren erschienen darin wie schwarze Muster. Eng umschlungen stapften sie über Felder und Wiesen, die glänzend vor ihnen, ihre Augen blendend, in der Nachmittagssonne lagen und blieben immer wieder stehen, um Zärtlichkeiten auszutauschen.
Die kahlen Äste der Bäume und jeder trockene Grashalm war von Schnee umhüllt, alles wirkte wie verzuckert.
In den Eiskristallen spiegelte sich das Licht der Sonne wieder und in ihren Augen das Licht einer großen Liebe.

Die Müllerin hatte ihnen unbewusst das Vergnügen dieses herrlichen Spaziergangs ermöglicht, weil sie Hubert gebeten hatte, Emma nach Waldsassen zu fahren, um Einkäufe für die Weihnachtsbäckerei zu tätigen und natürlich hatten sie einige Stunden dieser geschenkten Zeit für ihre Liebe genützt.

Wie immer zu dieser Jahreszeit lag ein großer Frieden über dem weiten Land und auch im Dorf war wieder Ruhe eingekehrt.
Niemand sprach in dieser stillen Jahreszeit über Anton Buricek, die Kuni, den Gschwendtnerbauern, die Schricker Resi oder den Penzkofer Skandal.
Jeder freute sich darüber, die Arbeit für einige Wochen ruhen lassen zu können und genoss den inneren und äußeren Frieden.
Paul war schon seit drei Wochen nicht mehr nach Schollach gekommen, da die Wetterverhältnisse es nicht zuließen. Die PS seines Zündapp Motorrades waren den schneeverwehten Straßen und Wegen nicht gewachsen.
Emma und Hubert nützten jede Minute der ihnen dadurch zu Verfügung stehenden Zeit für verliebte Gemeinsamkeit.
Verfolgt von inneren Ängsten versuchte Emma jeden Gedanken an ihre Zukunft zu verdrängen. Sie fand keine Sichtweise, die ihr eine positive Zukunftsperspektive gebracht hätte und sie wusste, dass es nur entweder oder gab.
Im Laufe der letzten Wochen hatte sich in ihrer Liebe Melancholie breitgemacht, eine Melancholie, über die weder Hubert noch Emma ein Wort verloren, aber von beiden sehr deutlich wahrgenommen wurde.

Für die Weihnachtsfeiertage hatte Paul's Mutter ihren Besuch angekündigt Sie brachte für Paul eine erfreuliche und für Emma eine erschreckende Neuigkeit ins Haus.
"Wenn alles gut geht," verkündete sie glückstrahlend unter dem festlich erleuchteten Weihnachtsbaum, sozusagen als Weihnachtsgeschenk für Emma und Paul," seid ihr nächstes Jahr um diese Zeit schon nicht mehr auf diesem Dorf am Ende der Welt. Ich habe gute Gründe zu glauben, dass ich Paul in Weiden beim Finanzamt unterbringen kann. Ein schwerkranker Patient, den ich seit Wochen im Krankenhaus betreue, beendet dort seine Tätigkeit zum 30. Juni nächsten Jahres und hat mir versprochen, alles zu unternehmen, damit Paul diesen freien Arbeitsplatz bekommt. "
Paul vernahm sprachlos vor Glück diese Meldung und Emma hatte Mühe, ihren Schock zu verbergen.
"Was geschieht mit mir und den Kindern, wenn Paul in Weiden zu arbeiten beginnt," fragte sie.
"Zuerst wird Paul alleine für einige Monate dort arbeiten und wenn er nach dreimonatiger Probezeit sicher ist, einen Arbeitsvertrag zu bekommen, der eine Dauerstellung bedeuten würde, wird er sich sofort um eine Wohnung bemühen, um euch so schnell als möglich nachkommen zu lassen."
"Emma, Lisa, Lukas, was macht ihr denn für betretene Gesichter. Es sieht ja fast aus, als wolltet ihr von hier nicht weg."
"Doch schon," antworteten wie aus einem Mund die Befragten, es klang jedoch nicht sehr überzeugend,

jedenfalls nicht von Emma.
Die Weihnachtsfeiertage vergingen schleppend, für Emma fast unerträglich. Paul's Mutter führte das Regiment und stundenlang schmiedete sie mit ihrem Sohn Zukunftspläne.
Emma war todunglücklich, weil sie keine Möglichkeit fand, mit Hubert zu sprechen, ihm diese Neuigkeit erzählen zu können.

Nach dem Kirchgang am zweiten Weihnachtsfeiertag berichtete die Müllerin am gemeinsamen Mittagstisch, dass die Platzerfamilie noch kurz vor Weihnachten vom Penzkoferhof weggezogen ist.
Nur Eva, die Geliebte des Penzkoferbauern wäre noch hier. Ihr Vater hatte ab ersten November in seinem Beruf in Tirschenreuth Arbeit gefunden und nur sechs Wochen später hatte er eine kleine Wohnung eingerichtet und seine Frau und die jüngere Tochter kurz vor Weihnachten zu sich geholt
"Ja" seufzte die Müllerin zu Paul und Emma gewandt," die Zeit vergeht, man denkt ihr seid erst vor ein paar Monaten hierher gekommen, dabei sind einige Jahre vergangen. Nun ist unser Dorf bald wieder flüchtlingsfrei und die wenigen, die noch hier sind, werden wahrscheinlich für immer bleiben.
Thekla Buricek wird mit ihrer Mutter den Gschwendtner Hof sicher nicht mehr verlassen, der Gschwendtner hat ihr inzwischen alle Rechte eingeräumt, die nur eine Bäuerin hat. Für diesen Hof ist eine energische, weibliche Hand schon wichtig.
Am Schrickerhof ändert sich auch nichts mehr. Die alten

Kinast's, Resi's Schwiegereltern sind glücklich, eine zweite Heimat gefunden zu haben und freuen sich auf viele Enkel von ihrem Sohn und Resi.
Ob sich beim Penzkoferbauern noch etwas ändern wird, werden wir bald erfahren, denn daß die Platzer Eva hier geblieben ist könnte bedeuten, daß er tatsächlich ernste Absichten mit ihr hat.
Auf der anderen Seite kann ich mir nicht vorstellen, daß die Irma ein Leben lang bereit sein wird, mit seiner Geliebten am Hof zu leben. Hier ist noch nicht das letzte Wort gesprochen, davon bin ich überzeugt.
Und was wird mit euch werden, Paul und Emma?
Es wäre jammerschade, wenn auch ihr uns den Rücken kehren würdet."

"Sicher werden wir nicht für immer hier bleiben Müllerin "antwortete Paul sehr selbstsicher.
„Sobald ich mich beruflich verbessern kann, ich denke dabei an eine mittlere Kleinstadt, werde ich dort mit meiner Familie wieder ein geordnetes Familienleben führen und meinen Kindern etwas Anständiges lernen lassen."
Betretenes Schweigen folgte seiner Antwort.
Emma's und Hubert's entsetzte Blicke trafen sich im Bruchteil einer Sekunde.

Ende Februar erhielt Paul tatsächlich die Aufforderung zu einem Vorstellungsgespräch beim Finanzamt Weiden.
Er fuhr mit seiner Mutter dorthin und glückstrahlend zeigte er am darauf folgenden Wochenende Emma die schriftliche Bestätigung, daß er am ersten Juli die heiß

ersehnte Stellung beim Finanzamt Weiden antreten konnte.
Emma zog es das Herz zusammen, als sie den weißen Zettel mit der für sie so schrecklichen Gewissheit vor sich sah. Sie hatte das Gefühl, als hielte Paul ihr das Todesurteil vor Augen.

Anfang März lud der Gschwendtnerbauer seine unmittelbaren Nachbarn, die Müllerfamilie mit Emma zu einer großen Taufe ein, eine Schwiegertochter hatte wiederum Zwillingen das Leben geschenkt.
Der Gschwendtnerbauer hatte sich seit Anton's Tod etwas aus der Öffentlichkeit zurückgezogen und heute bat er das erstemal wieder Gäste in seinen Hof.
Feierlich gekleidet empfingen Thekla und Vinzenz die wenigen Geladenen. Kinderstimmen im Hintergrund ließen vermuten, dass alle Enkel des Gschwendtnerbauern vollzählig an diesem Tauffest teilnehmen durften.

"Bevor wir uns zu dem jungen Gemüse begeben," sprach der Gschwendtnerbauer geheimnisvoll," würde ich euch bitten, kurz in mein Büro zu kommen, da ich euch etwas wichtiges mitzuteilen habe."
Voll Erwartung in Anbetracht der Ankündigung des Hausherrn, nahmen Müllerin und Müller, Hubert, Karl, Rosa sowie Emma in dem großräumigen, mit schweren rustikalen Eichenmöbeln ausgestatteten Büro Platz.
Vinzenz machte es wirklich sehr spannend.
Er setzte sich hinter seinen Schreibtisch, Thekla stellte sich demonstrativ, selbstbewusst lächelnd neben ihn.

Auf dem Schreibtisch stand ein Tablett mit einer geöffneten Sektflasche und acht Gläsern.
Der Gschwendtnerbauer räusperte sich etwas verlegen, völlig ungewohnt von ihm und begann endlich zu sprechen:
"Liebe Nachbarn, "nur ihr sollt erfahren, daß Thekla und ich heute morgen in Waldsassen geheiratet haben.
"Ja" sagte er," ihr habt richtig gehört," als er die erstaunten Gesichter der Müllerfamilie sah," ab heute gibt es keine Thekla Buricek mehr, sondern nur eine Thekla Gschwendtner."
Stolz stand er auf, legte seinen Arm um Thekla und hauchte ihr verlegen einen flüchtigen Kuss auf die Wange.
"Darauf stoßen wir jetzt erst einmal an, bevor ich euch dazu noch einiges sagen möchte."
Ziemlich verstört erhoben sich die verblüfften Zuhörer und stießen mit vielen Glückwünschen auf das frisch gebackene Ehepaar und vor allem auf die neue Bäuerin des Gschwendtnerhofes an.
"Setzt euch," bat der Gschwendtnerbauer," denn ich kann mir denken, daß euch jetzt viele Fragen beschäftigen, die ich bevor ihr lange nach Antworten suchen müsst, beantworten möchte."

"Kuni und ich sind geschiedene Leute, und zwar wurde die Scheidung vergangene Woche rechtskräftig.
Es war eigentlich nur eine Formalität, da sie ja seit Jahren von mir die Scheidung verlangt hatte. Die wirtschaftliche Seite haben wir bestens geregelt. Ich habe Kuni mit einer sehr hohen Bargeldsumme abgefunden, da sie auf

Grundstücke in Schollach oder Umgebung, die ich ihr gerne überlassen hätte, keinen Wert legte.
Zusätzlich habe ich ihr in Waldsassen das Haus gekauft, in dem ihr schon eine große Wohnung gehört hatte und ein unmittelbar daneben liegendes großes Mietshaus.
Sie ist nicht schlecht gefahren, das könnt ihr euch denken, sonst hätte sie sich mit der Scheidung nicht so schnell einverstanden erklärt.
Und nun das Wichtigste für mich, denn ein Gschwendtnerbauer würde natürlich nie eine Frau mit drei Kindern von einem anderen Mann heiraten.
Die Kuni hat die drei Buben von Thekla und Anton adoptiert. Thekla hat sich mit dieser Adoption einverstanden erklärt, weil sich die drei Buben seit dem Tod von Anton von ihr abgewandt und auf stur geschaltet haben.
Die Kinder hatten von sich aus hinter unserem Rücken Kontakt zu Kuni aufgenommen und diesen intensiv und in jeder freien Minute gepflegt.
Es ist alles notariell und gesetzlich abgesegnet.
Die Buricekkinder werden ihre Mutter nicht mehr sehen und auch den Gschwendtnerhof nie mehr betreten. Damit ist für mich der Name Buricek ein für allemal aus der Welt geschafft.
In dieser heiklen Angelegenheit hat natürlich auch das Glück für uns ein wenig Schicksal gespielt.
"Müller, Müllerin "rief er euphorisch, der Gschwendtnerhof hat endlich die Bäuerin die er braucht, jung, energisch, dynamisch, tüchtig und knallhart, fast so wie ich.
Stellt euch vor, sie hat es sogar fertig gebracht, dass meine Söhne ihr gehorchen.
Wenn ich einmal alt und gebrechlich bin weiß ich, dass

sie unser Vermögen zusammenhält und den Jungen auf die Finger schaut. So etwas habe ich gebraucht, Thekla und ich sind einer Meinung, wir haben die gleichen Ansichten und sie fürchtet sich vor nichts, auch vor mir nicht, das ist gut für sie und auch für mich.
Und noch etwas sage ich euch heute.
Ich bin zwar schon ein alter Knochen, aber im Bett klappt es bei uns auch recht gut. Die Thekla ist im Bett ein energisches Weib, das hat mir gefehlt.
Thekla, deswegen brauchst jetzt nicht rot zu werden, ist doch keine Schande, sondern Gutes, was ich von dir sage. Stimmt doch, bist doch eine Vollblutfrau mit deinen 38 Jahren, hast mich wieder auf den Geschmack gebracht und mir gezeigt, dass es nach der Arbeit noch was anderes gibt als Essen und Schlafen," sagte er und lachte stolz.
„Und wenn der Herrgott will, mache ich der Thekla noch zwei oder drei Kinder. Vielleicht kann sie mir auch diesen Wunsch noch erfüllen. Müllerin und Müller, ihr wisst ja wie hart es für mich war, als die Kuni nach meinen zwei Söhnen keine Kinder mehr bekommen konnte.
Thekla komm her zu mir, heute probieren wir es gleich wieder zur Feier des Tages," lachte er "und zog sie schmunzelnd auf seinen Schoß.
"Vinzenz es wäre gelacht, wenn wir beide nicht noch ein paar Kinder in die Welt setzen würden.
Ich werde dem ganzen Dorf beweisen, dass du mit deinen 60 Jahren noch kein alter Mann bist, sondern strotzt vor Potenz. Meine drei Buben habe ich der Kuni abgetreten und dir schenke ich noch drei, das verspreche ich dir Gschwendtner."
Wie Öl flossen Thekla's Worte an ihn hinunter, er strahlte

so wie man ihn nur sehr sehr selten gesehen hatte.
"Ihr seid die ersten und einzigen, die es heute direkt von uns erfahren haben und ihr braucht daraus kein Geheimnis zu machen, in ein paar Tagen wird es sich sowieso im Dorf herumsprechen und man wird froh sein, daß man wieder für einige Zeit etwas zum Klatschen hat.
Jetzt kommt, gehen wir in die große Wohnstube, da werden wir schon sehnsüchtig erwartet."

Es wurde ein lustiger Abend, denn eine Stube voll Kinder, alle Enkel des Gschwendtnerbauern, durften an diesem Fest teilnehmen. Ohrenbetäubendes Stimmengewirr mit fröhlichem Kinderlachen vermischt und lautstarkes Babygeschrei lag über der feiernden Taufgesellschaft.
Der Gschwendtner strahlte vor Glück, als seine zahlreichen Enkel wie im Chor immer wieder nach ihrem Opa riefen.
Die Kinder waren durchwegs schlecht erzogen, taten was sie wollten und gehorchten weder ihren Müttern noch Vätern. Eine normale Kommunikation unter Erwachsenen war nicht möglich, da der Gschwendtnerbauer seine Gäste mehr oder weniger zwang, seinen selbstsicheren, zum Teil sehr frechen Enkelkindern zuzuhören, deren Mitteilungsbedürfnis unübertrefflich war.
Als gegen 23.00 Uhr die Kinder endlich das Feld räumten, nachdem auch dem letzten die Augen zugefallen waren, bezog sich die Unterhaltung auch weiterhin nur auf Kindererziehung und Erzählungen über die Streiche seiner ungezogenen Enkel, wozu außer Emma keiner von den Anwesenden einen Beitrag leistete. Die Müllerfamilie saß teilnahmslos und gelangweilt in dem vor

261

Kinderspielzeug überquellenden Wohnzimmer des stolzen Großvaters und hoffte, dass sich das Tauffest bald dem Ende nähern würde.

Gegen Mitternacht löste sich die kleine Gesellschaft endlich auf, da sich gähnende Langeweile ausgebreitet hatte, durch des Gschwendtnerbauern nicht enden wollende Erzählungen über seine vielen Nachfolger.

Sogar Thekla, die immer lautstark bei seinen Unterhaltungen mitmischte, ließ nach einigen Stunden durchblicken, daß es genug sei, weil sie Mühe hatte ihre Augen offen zu halten.

Kurz nach Mitternacht verabschiedete sich die Müllerfamilie aufatmend und froh, nach Hause gehen zu können. So interessant der Abend durch die Eröffnung des Gschwendtnerbauern zu werden schien, so unbeschreiblich langweilig verlief der Rest.

"Schade, daß wir durch diesen Zirkus mit den Kindern keine Gelegenheit hatten, über die sensationelle Neuigkeit weiter zu sprechen," sagte die Müllerin.

"Er hat doch alle offenen Fragen beantwortet," entgegnete der Müller gähnend," ich muss das sowieso erst einmal verdauen ihr wahrscheinlich auch, Gute Nacht."

Durch den langweiligen Abend wurde auch Karl ausnahmsweise viel früher als sonst von seiner Beaufsichtigungspflicht entbunden. Emma ging zur Wohnung ihrer Kinder, um Karl das Zeichen zum Aufbruch zu geben.

Bei einem kurzen Blick auf Lisa und Lukas stellte sie fest, dass Lisa entweder noch nicht eingeschlafen oder durch die von ihr und Karl verursachten Geräusche wach geworden war, sie lag zwar mit geschlossenen Augen in

ihrem Bett, doch ihre Lider zuckten verdächtig.
Emma verließ mit Karl die Wohnung und zog sich müde in ihre eigenen vier Wände zurück. Sie begann sich zu entkleiden, als die Türe vorsichtig geöffnet wurde und Lisa im Nachthemd zu ihr hereinhuschte.
"Lisa, kannst du nicht schlafen, warum kommst du zu mir," fragte Emma erstaunt.
Aufgeregt und zitternd sprudelte es aus Lisa hervor.
"Mama ich möchte, dass der Karl nie mehr auf uns aufpasst wenn du ausgehst, sag ihm das bitte, ich fürchte mich jetzt nicht mehr, ich bin älter geworden und habe gesehen, daß kein Einbrecher in die Mühle kommt und außerdem ist der alte Müller fast immer zu Hause Mama," sag ihm das bitte gleich morgen."
"Aber Lisa, was ist denn los, ist etwas vorgefallen mit Karl?"
"Nein Mama, es ist nichts vorgefallen," rief sie noch eine Spur lauter und aufgeregter," was sollte vorgefallen sein, ich fürchte mich nicht mehr und will mit Lukas alleine sein. Auch nach dem Abendessen möchte ich ihn nicht mehr sehen, er soll überhaupt nicht mehr zu uns kommen, nie mehr, nie mehr."
"Also, Lisa, du kannst mir doch nicht erzählen, dass nichts geschehen ist, du bist doch aufgeregt und nervös, du zitterst an Händen und Füßen, komm, leg dich zu mir ins Bett, ich wärme dich."
Lisa krabbelte zu ihrer Mutter unter die Bettdecke.
Emma legte den Arm um sie und sagte:
"Beruhige dich mein Kind, ich werde morgen mit Karl sprechen und ihm sagen, dass er nicht mehr den Beschützer für euch spielen braucht. Er wird das schon ver-

stehen, vielleicht freut er sich sogar, dass er wieder mit uns ausgehen kann. Lisa ich fühle, dass du mir etwas zu sagen hast, mit dir stimmt etwas nicht.
Bitte sprich, erzähle mir was dich so aus der Fassung gebracht hat, ich verspreche dir, mit niemanden darüber zu sprechen, wenn du es nicht willst."
"Mama, ich kann und will darüber nicht sprechen, ich bitte dich nur um den Gefallen, alles zu unternehmen, dass Karl nie mehr mit mir alleine ist."
Emma setzte sich abrupt in ihrem Bett auf.
"Lisa, hat er dir etwas getan," rief sie und schüttelte sie an den Schultern, „ich bitte dich rede endlich.
Du weißt, ich hatte damals Verständnis für dich, als du mir deine Beobachtungen bei Anton und Kuni erzählt hast und auch dein Bedürfnis nach Selbstbefriedigung habe ich akzeptiert."
Plötzlich fiel Lisa ihrer Mutter um den Hals und begann bebend zu schluchzen:
"Mama, er hat mir heute so weh getan und nicht nur heute, sondern schon seit Wochen tut er mir immer weh."
"Lisa, wo tut er dir weh, was hat er mit dir gemacht?"
"Mama, er hat mir mit den Fingern so weh getan zwischen meinen Beinen so weh, dass ich schreien musste".
"Du hast soeben gesagt, dass er dir schon seit Wochen weh tut."
"Ja Mama."
"Und warum hast du mit mir nicht schon vor Wochen darüber gesprochen?"
"Weil es mir immer Spaß gemacht hat, was wir miteinander getan haben Mama. Wir haben wunderschöne Spiele gemacht, viel schöner als die Kuni mit dem Anton

damals und ein bisschen anders als die beiden.
Karl und ich waren dabei genauso glücklich.
Ich durfte mir Karl seinen Penis genau ansehen und habe damit gespielt, bis er sein schönes Gefühl bekommen hat und er hat an mir rumgespielt, bis dieses herrliche Gefühl kam, das ich mir früher immer selbst gemacht habe hinter den Holzstößen, kannst du dich erinnern Mama? Ich weiß und kenne jetzt alles, was ein Mann mit einer Frau tun kann. Karl und ich haben alles ausprobiert, nur hineingesteckt hat er mir das Ding leider nie.
Wenn ich ihn gefragt habe, warum er das bei mir nicht macht, hat er immer gesagt:
"Das soll der Mann machen, der dich einmal heiratet."

Emma merkte, wie ihr allmählich schwarz vor den Augen wurde.
Sie versuchte mühsam, vor Lisa ihr Entsetzen zu verbergen und fragte weiter.
"Wie lange geht das schon Lisa?"
"Ach Mama, schon sehr lange.
Bereits als Karl das erstemal hier war habe ich mich vor ihm nackt ausgezogen und getestet, ob ich ihm gefalle, anschließend haben wir dann Würfelspiele mit Anfassen gemacht und seither ist uns immer mehr eingefallen.
Wir hatten die schönsten Ideen und ich hatte mir auch gewünscht, daß es immer so bleibt.
Ich weiß nicht, was der Karl jetzt bei mir macht, auf jeden Fall tut er mir immer sehr weh und merkt nicht, wenn ich Aua schreie. Erst wenn er dann sein schönes Gefühl gehabt hat, hört er auf und sagt: "Ich habe gar nicht mitbekommen, dass ich dir wehgetan habe." Und deshalb

will ich jetzt nicht mehr mit Karl Mama, bitte hilf mir."
Emma war erschüttert.
Sie könnte sich ohrfeigen wegen ihrer Gutgläubigkeit und dem Vertrauen, daß sie in ihre Tochter gesetzt hatte.
Vorerst war sie nicht in der Lage, näher auf Lisa's Erzählungen einzugehen.
Langsam legte sich Lisa's Aufregung und Ablehnung, nachdem sie ihr Gewissen erleichtert hatte und Emma fand es besser, für heute die Sache auf sich beruhen zu lassen und sie nicht weiter mit Fragen zu quälen.

"Versprich mir Mama, dass du Karl nicht sagst, dass ich dir alles erzählt habe, versprich es mir," flüsterte sie noch und schlief erschöpft in Emma's Armen ein.

Emma konnte in dieser Nacht kein Auge schließen.
Mein Gott, war sie naiv und blauäugig gewesen.
Es gab für sie keinen Zweifel, dass ihre Tochter Lisa, dieses kleine triebhafte Luder, den harmlosen Karl zu diesen Sexspielen herausgefordert hatte und ihn sicher sehr direkt an die Wäsche gegangen war.
Wie hatte sie nur vergessen können, dass Lisa vor nicht allzu langer Zeit einmal zu ihr sagte:
"Mama, ich würde mir wünschen der Anton würde das mit mir tun, was er mit der Kuni treibt."
Sie hätte sich denken können, dass Lisa nicht ohne Ersatz mit ihren Selbstbefriedigungs-Orgien aufhören würde, sondern diese Energie nur umkanalisiert hatte. Ratlos lag sie mit offenen Augen in ihrem Bett, ihre Gedanken rasten kreuz und quer, bis es endlich Tag wurde.
Wie sollte sie sich nun verhalten überlegte sie, Karl zur

Rede stellen, die Müllerin eventuell einweihen?
Nein, das wäre nicht der richtige Weg, denn Karl würde die Wahrheit sagen und Lisa auch, so wie sie auch zugab, dass sie Karl verführt hatte.
Emma wartete auf Lisa's Reaktion, wenn sie erwachte. Würde sie zu ihrem Zusammenbruch in der vergangenen Nacht und dem damit verbundenen Geständnis stehen? Vielleicht hatte sie es sich anders überlegt und kam mit einer anderen Version dieser Geschichte, überlegte Emma.
 Lisa blieb auch am nächsten Morgen bei der wahrscheinlichen Wahrheit.
 Kaum erwacht, schaute sie Emma bittend an und fragte:
"Mama wirst du heute gleich mit dem Karl reden und ihm sagen, dass er nicht mehr kommen soll?"
"Ja Lisa, das mache ich, aber so einfach wie du dir das vorstellst, geht es nicht.
Wenn wir ausgehen, kann ich ihm sagen, dass du dich nicht mehr fürchtest, aber was sage ich ihm heute abend, wenn er mit dir hochgehen möchte?"
"Darüber habe ich auch nachgedacht," antwortete Lisa „und habe eine gute Idee Mama."
Ich bleibe nach dem Abendessen immer solange bei dir in der Küche sitzen, bis du rauf gehst, dann brauchst du zu ihm überhaupt nichts sagen und er kommt nicht auf die Idee, dass du etwas weißt."

Emma dachte sofort an ihre schönen gemeinsamen Abende mit Hubert in der Müllerischen Küche und wehrte sich dagegen, ihr Vergnügen wegen Lisa aufzugeben. Berechtigter Egoismus stieg in ihr hoch.

Lisa hat ihre Sexspiele hinter ihrem Rücken solange ausgekostet, bis es ihr zu anstrengend oder intensiv wurde und jetzt würde sie sich wieder von früh bis spät an ihre Mama hängen.
„Nein, sagte Emma zu sich selbst," nein, ich lass mir mein kleines Glück nicht zerstören, weil ihr das Feuer, das sie entfacht hat, jetzt zu heiß lodert."
Wie ihre Gedanken, fiel ihre Antwort aus:
"Nein Lisa, bei mir in der Küche bleibst du nicht, du musst früh aufstehen und zur Schule gehen.
Ich bleibe oft bis 23.00 Uhr bei der Müllerin sitzen, und um diese Zeit hast du dort nichts mehr zu suchen.
Ich helfe dir gerne, dass du mit Karl nicht mehr alleine zusammen kommst, doch müssen wir uns für seine täglichen Abendbesuche eine andere Lösung einfallen lassen.
Diese Ausreden müssen von Fall zu Fall anders aussehen Lisa, der ist ja nicht blöde, sonst merkt er genau, dass etwas nicht stimmt.
Heute würde ich sagen, dass mich Lehrer Polster zu sich bestellt hat um mir mitzuteilen, dass du in der Schule nachgelassen hast. Deshalb werde ich Karl bitten, seine Besuche bei dir vorübergehend einzustellen, da du jeden Abend lernen musst, und zwar in meiner Wohnung, damit ich dich kontrollieren kann.
Damit haben wir für's Erste eine sehr glaubhafte Ausrede Lisa."
"Eine gute Idee Mama," strahlte Lisa," wenn ich in deiner Wohnung bin, traut er sich nur zu kommen, wenn du es ihm ausdrücklich erlaubst."

Als Emma die zurecht gelegte Ausrede am Abend an Karl

herantrug, bekam er einen feuerroten Kopf, senkte die Augen und erklärte nervös:
"Ja ja, alles klar, verstehe ich.
Wir haben manchmal schon zu lange gespielt, nicht wahr Lisa. Schau, dass du in der Schule wieder besser wirst, dann können wir uns manchmal am Abend wieder zusammensetzen und spielen."

Tagelang konnte sich Emma nicht beruhigen, quälte sich mit Gedanken, wie weit die beiden wohl in ihren Handlungen gegangen waren.
Lisa sprach nie mehr darüber.
Sie sagte, als Emma noch einmal auf dieses Thema zu sprechen kam:
"Mama, ich habe dir alles erzählt, ich möchte darüber nie mehr sprechen und auch nichts mehr hören.
Ich warte jetzt auf den Mann, der mich heiratet und der es mit mir endlich richtig macht."
Emma sah bei diesen Worten, dass die Sexualität Lisa nach wie vor sehr stark beschäftigte.
Nun hing sie in jeder freien Minute wieder an Emma's Rockzipfel, ging nie mehr zu den Holzstößen wenn Karl arbeitete und unternahm alleine nichts mehr, blieb nur in ihrer Nähe.

Eines Tages bat sie Emma, ihre Ferien bei ihrer Großmutter in Waldassen verbringen zu dürfen.
Emma sah durch diese Bitte, Lisa fürchtete sich vor einem Zusammentreffen mit Karl und wollte ihm nie mehr alleine begegnen.
Auf Emma's Drängen kaufte Paul Lisa ein neues Fahrrad

und mit dem Einverständnis ihrer Eltern fuhr sie, wenn Oma nachmittags frei hatte, nach Waldsassen und kam erst am Spätnachmittag vor Einbruch der Dunkelheit wieder zurück.
Lisa verzichtete nach ihren Ausflügen auf das gemeinsame Abendessen und zog sich im Laufe der nächsten Wochen von den Mahlzeiten in der Müllerischen Küche vollkommen zurück.
Paul`s Mutter, über die unerwartete Zuneigung ihrer Enkelin erstaunt und hocherfreut, ermöglichte Lisa viele schöne Nachmittage seit ihrer Versetzung nach Waldsassen, nachdem sie in diesem Krankenhaus überwiegend Nachtschicht arbeitete, um bessere Verdienstmöglichkeiten zu haben. So konnte Lisa fast allen Begegnungen mit Karl aus dem Weg gehen.

In seinem Verhalten trug Karl ein schlechtes Gewissen zur Schau. Er vermied es, Emma in die Augen zu sehen, da er nicht wusste, ob sie von Lisa in ihr großes Geheimnis eingeweiht worden war.
Emma vermutete, Karl würde sich hüten von sich aus etwas an die Öffentlichkeit dringen zu lassen.
Er zeigte eher Angst, Lisa könnte ihn mit ihrer Geschwätzigkeit in Verlegenheit bringen.
Emma benahm sich Karl gegenüber unbefangen, sie zeigte mit keiner Geste, keinem Wort, was sie wusste und sie empfand auch kein Hassgefühl für den jungen Mann, im Gegenteil er tat ihr leid, denn sie war überzeugt, dass Lisa ihn nicht nur verführt, sondern ihn wahrscheinlich auch die Freude an der Lust beigebracht hatte und nun warf sie ihn weg, wie einen alten Handschuh.

Emma war froh, als sich die Wogen über diese heikle Angelegenheit geglättet hatten und keiner der Müllersleute darüber informiert wurden.

Es war Anfang April, als Hubert eines Morgens blass und erregt nach dem Reinigen der Auffanggitter hinter der Mühle in die Küche stürmte, wo Emma für Sofie und Rosa einen großen Brotzeitkorb füllte, der Verpflegung für einen harten Tag auf den Feldern enthielt.
"Mutter, Rosa, Emma, kommt bitte sofort mit mir."
Er rief dies in einem energischen und ungewohnten Ton, sodass die drei Frauen ihn verwundert anblickten und sich sofort ohne Widerrede und Fragen an seine Fersen hefteten.
Er schritt durch das offene Hoftor in Richtung Mühlbach hinter die Mühle. Emma, Rosa und die Müllerin folgten ihm schweigend.
Vor dem kleinen Privatsteg, der über den künstlich abgeleiteten Mühlbach führte, blieb er stehen und deutete mit der Hand auf ein dort liegendes tropfnasses, verschnürtes Bündel, das zur Hälfte geöffnet war.
"Das war am Gitter angeschwemmt, "sagte er kurz," ich habe es vor wenigen Minuten aus dem Wasser gezogen. Geht hin, geht nur hin, was seht ihr mich denn so ängstlich an," forderte er gereizt die Frauen auf.
Rosa wagte als erste drei Schritte auf das Bündel zu und sah neugierig an der geöffneten Seite hinein.
Plötzlich begann sie zu schreien, schlug die Hände vor ihr

Gesicht, schrie und schrie, sie hörte nicht mehr auf.
"Rosa," rief die Müllerin," reg dich nicht so auf, komm zurück, lass mich sehen, was in dem Bündel ist."
"Ein Kind, ein totes Kind," schrie Rosa," ein totes Baby."
Ungläubig betrachteten die Müllerin und Emma den entsetzlichen Inhalt:
"So eine Sauerei," schrie Hubert empört," wer könnte so etwas getan haben?"
Er zog mit seinem großen Haken das Bündel auf die Uferwiese, wobei sich die restlichen Schnüre lösten und die wenigen Tücher auseinander fielen.
Ein kleiner Junge, wahrscheinlich neugeboren, lag tot mit aufgedunsenem Bäuchlein vor ihnen.
"Schnell Rosa, hol den Leiterwagen," rief die Müllerin," wir bringen das Kind in den Hof."
Rosa nickte geistesabwesend und lief weg, um den Leiterwagen zu holen.
Behutsam legte Hubert das tote Baby hinauf und gemeinsam beförderten sie es in den Hof der Mühle.

Der Müller bewegte seinen Rollstuhl aus dem Haus.
Als er den leblosen Kinderkörper sah, rief er erschrocken:
"Herrgott, was wird in diesem Dorf noch alles passieren, das ist ja furchtbar.
Ein Kind, ein kleines Kind ins Wasser zu werfen unvorstellbar, wer könnte das getan haben?"
Alle fragten das Gleiche," war es jemand aus unserem Dorf?"

Thekla, die vom Gschwendtnerhof aus die Müllersleute beobachtet und Rosa`s markerschütterndes Schreien ge-

hört hatte, kam sofort herübergelaufen und fragte:
"Was habt ihr auf dem Leiterwagen, warum hat Rosa so geschrieen, ich hörte es bis zum Gschwendtnerhof."
Als sie das tote Baby sah, wurde auch sie kreidebleich.
"Entsetzlich, wie kann man nur so einen kleinen wehrlosen Wurm ins Wasser werfen."

Nach kurzer Zeit war wiederum das ganze Dorf auf den Beinen und versammelte sich im Hof der Mühle, um den toten Säugling zu sehen.
Abscheu über dieses Verbrechen machte sich breit.
Sofort wurden Spekulationen angestellt, wem diese Tat zuzutrauen wäre.
Die große Frage war, hatte der Fluss das tote Kleinkind von weit her mitgebracht oder wurde es unmittelbar hinter der Mühle in den schmalen künstlich abgeleiteten Bach geworfen.
An der Verschnürung waren große Schlingen zu sehen, die darauf schließen ließen, dass das Bündel mit Steinen beschwert worden war, bevor es ins Wasser geworfen wurde.
Der Gschwendtnerbauer, der seinen entsetzten Blick nicht von dem toten Buben wenden konnte, erklärte lautstark:
"Ich persönlich werde den Leichnam mitsamt Tüchern und Schlingen nach Waldsassen fahren und auf meine Kosten untersuchen lassen, um zu erfahren, an was der arme kleine Kerl gestorben ist und ob Anhaltspunkte über die Mutter festzustellen sind.
So ein gemeines Verbrechen kann man nicht einfach vom Tisch wischen."
„Thekla" befahl er, „wir fahren gleich mit dem toten Kind

nach Waldsassen und werden alles Erforderliche für die Aufklärung dieser Tragödie veranlassen.
Damit ihr mir nicht wieder etwas ans Zeug flicken könnt möchte ich, dass einer von euch mit uns fährt," erklärte er der neugierigen Menschenmenge.
„Müllerin, du bist eine vertrauenswürdige und zuverlässige Bäuerin, bitte fahr mit uns."

Sofie erklärte sich ohne Widerede bereit, denn es war ganz in ihrem Sinne, dass man dieser Grausamkeit nachgehen sollte.
Emma holte ein großes Wachstischtuch aus der Küche, legte das tote Baby samt Zubehör hinein und verstaute es im Kofferraum des von Vinzenz inzwischen herbeigeholten Fahrzeuges.
Mit Thekla und Sofie verließ der Gschwendtner mit seiner traurigen Fracht den Müllerischen Hof.
Ratlosigkeit und Entsetzen stand auf den Gesichtern der umstehenden Bauern geschrieben.
Es wurde weiter diskutiert und festgestellt, dass das Unglück im Dorf nicht mehr abzureißen schien, da eine Greueltat der anderen folgen würde.
„Erst der Anton, dann das arme Kind, wer könnte die Mutter des toten Babys sein," das große Rätselraten begann wieder einmal von vorne.
Heute gab es nur Vermutungen und Spekulationen, keiner war anwesend, der klar und deutlich aussprach, wie vor einigen Monaten die Gschwendtner Kuni, wer der Mörder oder die Mörderin war.

Spät am Abend kam der Gschwendtnerbauer mit Thekla

und der Müllerin von seiner traurigen Fahrt zurück.
Mit ernstem Gesicht betrat Sofie die Küche, wo sie schon ungeduldig von ihrer Familie erwartet wurde.
"Stellt euch vor," sagte die Müllerin noch immer blass von dem Erlebten, der Gschwendtnerbauer hatte darauf bestanden, dass der kleine tote Körper gleich untersucht wurde, um etwas Licht in die Dunkelheit dieses Falles zu bringen.
Was glaubt ihr, kam dabei heraus?
Der kleine Bub wurde erwürgt.
Es handelte sich um ein voll ausgetragenes Kind, das höchstens sechs bis acht Stunden im Wasser gelegen hat, als man es fand.
Hubert du hast es um 8.00 früh gefunden, was bedeutet, dass es gestern nach Mitternacht ins Wasser geworfen wurde.
Die durchgescheuerten Schnüre könnten ein Hinweis darauf sein, dass das Bündel mit scharfen Steine beschwert worden ist, bevor es dem Wasser übergeben wurde.
Die Würgemale waren eindeutig und hatten ohne Zweifel zum Tod des Kindes geführt, erklärte uns der Arzt.
Man hat den Gschwendtnerbauern versprochen, eine Fahndung zu starten, um die Mutter des Kindes zu finden.
Das Ärzteteam war der Meinung, wenn eine Frau im neunten Monat schwanger ist und ein so großes kräftiges Kind zur Welt bringt, müsste den Personen in ihrer Umgebung die Schwangerschaft aufgefallen sein.
Wisst ihr, was der Gschwendtnerbauer gesagt hat, als wir heimfuhren.
Ich traue mich fast nicht, es zu wiederholen."

"Jetzt red schon," fuhr sie der Müller ungeduldig an.
Er sagte, „diese Tat traue ich der Platzer Eva zu und wenn es jemand von unserem Dorf war, kommt nur sie in Frage, dann war das tote Kind dem Penzkofer sein Sohn.
Wenn die Eva schwanger war, wusste der Penzkofer es, da er mit ihr ja laufend geschlafen hatte und dann weiß er inzwischen auch, dass die Eva sein Kind umbrachte, weil er es wahrscheinlich nicht anerkennen wollte."

"Müllerin sei vorsichtig, erzähl das keinem Menschen außer uns," flüsterte der Müller warnend.
"Wenn man genau überlegt," plapperte Rosa, "würde schon einiges auf die Eva als Mutter des kleinen toten Buben hinweisen.
Vor genau drei Monaten haben Eva's Eltern und ihre Schwester den Penzkofer Hof unerwartet verlassen.
Es hieß ja vorher, dass es ihnen noch nie so gut gegangen war, weil der Penzkofer ein Verhältnis mit der Eva hatte.
Es könnte also durchaus sein, dass er über die Schwangerschaft informiert war und der Familie klar machte, dass er das Kind nie anerkennen würde und Eva samt Familie vor der Niederkunft verschwinden sollten.
Die Platzer`s haben daraufhin die Konsequenzen gezogen, nur Eva wollte es nicht glauben und blieb."
"Der Kinast Arno könnte doch der Eva auch ein Kind gemacht haben," meinte Karl.
"Nein nie" rief die Müllerin," ich kenne die Geschichte vom Kinast Arno und der Resi bis ins kleine Detail.
Der Kinast ist untergetaucht und hatte nie echtes Interesse an der Eva und es außerdem nicht nötig gehabt, hinter einem Penzkoferbauern nach zuarbeiten.

Nein den Kinast lasst mal schön aus dem Spiel."
"Und wie wird es weitergehen,"fragte Karl naiv.
„Ich glaube nicht, dass sie der Eva nachweisen werden, dass es ihr Kind war, denn weitere kostspielige Untersuchungen wird der Gschwendtner nicht mehr beantragt haben.
Wichtig für ihn war zu erfahren, wurde das Kind umgebracht oder ist es ertrunken," gab die Müllerin abschließend im Brustton der Überzeugung bekannt.
"Was mir noch aufgefallen ist " sagte Karl," von allen Höfen waren Leute hier, um das tote Kind zu sehen, vom Penzkofer Hof kein Menschen, nicht einmal die Irma, die sich sonst nichts auskommen lässt."
"Beruhigt euch " rief der Müller, alles Spekulationen.
Eines steht fest, seit die Flüchtlinge ins Dorf gekommen sind, ist es mit unserem heiligen Frieden vorbei, den wir hier seit Jahrzehnten gelebt hatten.
Emma, das ist nichts gegen dich, verstehe mich bitte nicht falsch, aber was sich in den letzten vier oder fünf Jahren hier zugetragen hat, das haben wir und die Bauern vor uns noch nie erlebt.
In jedem Hof der Flüchtlinge beherbergte gab es bis jetzt ein Unglück oder eine Affäre, nur bei uns nicht, Gott sei Dank," seufzte der Müller.

Erstaunt waren viele Dorfbewohner, als zwei Monate nach dem grausigen Fund der Kinderleiche, die Penzkofer Irma zu ihrem Geburtstag alle unmittelbaren Nachbarn einlud.
Seit der Penzkofersohn den schweren Unfall hatte, durch

den er zum Pflegefall wurde, feierte man im Penzkofer Hof nicht mehr.

„Ungern und mit gemischten Gefühlen gehe ich dorthin," betonte die Müllerin," da gibt es sicher wieder Zirkus, denn ich kann mir nicht vorstellen, dass Eva und Irma gemeinsam und vor allem friedlich als Gastgeberinnen auftreten."
Beschämend für die Gastgeber war, dass nur zwölf der vierzig geladenen Gäste erschienen waren.
Der Grund für diese Provokation lag darin, dass viele Dorfbewohner ihn in Verdacht hatten, an dem Kindsmord nicht unschuldig zu sein und zum anderen, weil man ihm zeigen wollte, dass sein Verhalten als verheirateter Großbauer nicht akzeptabel war, seit er mit Geliebter und Ehefrau unter einem Dach lebte.
Erstaunt nahmen die wenigen Gäste wahr, dass sie nur von einer strahlenden Irma und ihrem Mann begrüßt wurden. Als sich auch nach einigen Stunden Eva nicht blicken ließ, konnte der Gschwendtnerbauer sich nicht mehr zurückhalten und fragte lauernd:
"Na Penzkofer, wo hast denn heute deine zweite Frau?"
"Was für eine zweite Frau," fragte dieser scheinheilig.
"Die Eva meine ich natürlich, du hattest sie doch in den letzten zwei Jahren immer an deiner Seite."
"Ach die Eva," sagte der Penzkofer langgezogen, "die hat uns schon vor vier Wochen für immer verlassen.
Sie hat sich hier am Hof nicht mehr wohl gefühlt nachdem ihre Eltern weggezogen waren, sie wollte auch in die Stadt. Da habe ich sie halt ziehen lassen, ihr wisst ja,

Reisende soll man nicht aufhalten. Ich war wahrscheinlich doch nur ein alter Trottel für das junge Mädchen.
Fast zu spät habe ich eingesehen, dass ich zu Irma gehöre, sie wird mir verzeihen hoffe ich, dass ich sie eine Zeit lang geärgert habe."
"Mal sehen Penzkofer, wie das wird mit dem Verzeihen," antwortete sie zynisch, „mir wird leider am Ende nichts anderes übrig bleiben."
„Ja seine Eva, die hat mir viel Nerven gekostet," sprach sie tief verletzt und aufgeregt weiter.
„Die hat geglaubt, sie kann es erzwingen, Bäuerin auf dem Penzkofer Hof zu werden, mit allen Mitteln hat sie es versucht, sage ich euch.
Als sie zum Schluss zu weit gegangen ist und ihn zu stark in die Enge trieb, hat der Penzkofer ihr den Stuhl vor die Türe gestellt.
Sagen wir es doch ehrlich Penzkofer, du hast sie rausgeworfen, sonst wäre sie heute noch hier, deine Lügen, die du vorhin erzählt hast, glaubt dir ja doch keiner.
Du warst ihr nicht zu alt und auch gefallen hat es ihr bei uns nach wie vor, obwohl ihre Familie weggezogen war.
Du kamst nicht mehr zurecht mit ihren Erwartungen, ihren Ansprüchen und ihren Repressalien und plötzlich bist du durchgedreht und hast gehandelt."

Betretenes Schweigen erfüllte die Räume nach den harten, ehrlichen Worten der Penzkofer Bäuerin.
"Irma, was sagst du zu dem toten Kind, das vor einigen Wochen im Mühlbach gefunden wurde, "fragte wie aus der Pistole geschossen, Thekla in die Stille dieser prekären Situation.

"Dazu habe ich nichts zu sagen, gar nichts. Fragt doch den Penzkofer, was er dazu meint, fragt ihn nur, nehmt ihn in die Mangel, er kommt sowieso immer so gut weg."
Nach diesen Worten drehte sie sich um und verließ das große Wohnzimmer.

Der Penzkofer erhob sich drohend und sagte:
"Entweder ihr sucht euch jetzt sofort ein anderes Gesprächsthema oder ich sehe mich gezwungen, euch alle hinauszuwerfen, denn mein Wunsch war es nicht, euch einzuladen, das hat die Irma inszeniert.
Mir wäre meine Ruhe lieber gewesen, ich habe dieser Einladung nur zugestimmt, weil sie mir eingeredet hat, dass wir uns für die vielen Einladungen, die wir von euch angenommen haben, endlich einmal revanchieren müssen."
Nach dieser deutlichen Aufforderung verließen die wenigen Gäste empört und beleidigt den Penzkoferhof.
"Eines sage ich dir," polterte der Gschwendtner als er durch die Haustüre ging," rausgeworfen hat mich noch niemand Penzkofer, mich siehst du auf deinem Hof nie mehr."
"Darauf lege ich auch keinen Wert Gschwendtnerbauer," zischte der Penzkofer böse," ich an deiner Stelle würde den Mund nicht so voll nehmen, denn so viel Dreck, wie an deinem Stecken klebt, habe ich auf jeden Fall nicht dran."

Bei der kleinen Gesellschaft, die mit ihren Fahrzeugen langsam aus dem Penzkoferhof fuhr, gab es nun keinen

Zweifel mehr und man war sich einig, dass an diesem Abend das Rätsel um das tote Kind gelöst worden ist.
Der Penzkofer hatte die Eva nach der Geburt ihres Kindes vom Hof gejagt, als sie ihn damit erpressen wollte, daraufhin hat sie das Neugeborene in einer Kurzschlußreaktion erwürgt, in den Mühlbach hinter der Mühle geworfen und ist auf und davon.
Diese Version, durch Irma's Vorhaltungen bestätigt, ging hinter vorgehaltener Hand wie ein Lauffeuer durchs Dorf.
Jeder sah den Verdacht bestätigt, den viele in sich getragen hatten.
Es wurde allmählich still in diesem Mordfall, man hörte nicht, dass die Mutter des toten Kindes oder die Mörderin gesucht wurde.
Eva blieb verschwunden, Irma und der Penzkofer ließen sich im Dorf nicht mehr blicken.
Notwendige Erledigungen wurden von der dienstältesten Magd ausgeführt, von der man seit dieser Zeit den Eindruck hatte, sie wäre taubstumm.
Mit der Zeit nahm das Interesse an dem Verbrechen und den beteiligten Personen ab.
Zur Rechenschaft für diese Tat wurde nie jemand gezogen.
Für Schollach war letzten Endes wichtig, dass Eva, die Flüchtlingsschlampe, wie man sie betitelt hatte, auf Nimmerwiedersehen verschwunden war und der Penzkoferhof wenigstens nach außen hin, seine Bauernehre wieder hatte.

281

Paul hatte seine Tätigkeit im König Otto Bad in Wiesau zum 15. Juni beendet und kam für zwei Wochen nach Schollach zu Emma und den Kindern. Er wollte sich in dieser Zeit erholen, sein Motorrad auf Vordermann bringen und sich auf seine berufliche Tätigkeit in Weiden vorbereiten.

Schon am Abend seines ersten Urlaubstages bat er die Müllerfamilie um ein Gespräch.
Stolz erzählte er der ungläubig lauschenden Familie, dass er ab ersten Juli in Weiden als Angestellter im öffentlichen Dienst Arbeit gefunden hätte, was er den guten Beziehungen seiner Mutter verdanken würde. Er berichtete von einer dreimonatigen Probezeit, die er mit Sicherheit aufgrund seiner vorhergehenden langen Berufserfahrung bestehen würde.
"Und was geschieht mit deiner Familie," unterbrach ihn Sofie.
"Emma und die Kinder bleiben vorerst bei euch in der Mühle, wahrscheinlich wird es erst zum Jahresende klappen, wenn ich eine geeignete Wohnung gefunden habe, dass ich sie zu mir hole. Auf Wohnungssuche begebe ich mich, wenn ich nach der Probezeit einen festen Arbeitsvertrag in Händen habe, denn die Versorgung und Nachholung von Emma und den Kindern ist natürlich das Wichtigste für mich."

Durch die überraschende Eröffnung Paul`s breitete sich beklemmende und traurige Stimmung in der Müllerischen

Küche aus. Die sonst so lebendige Runde saß mit niedergeschlagenen Augen am großen Küchentisch und fand keine Worte.

"Emma, "rief der alte Müller, das ist eine gute Nachricht für euch, aber nicht für uns. Wir haben uns so an dich gewöhnt, du bist ein Teil unserer Familie geworden, unvorstellbar, wenn es dich hier nicht mehr gibt."

Rosa sagte traurig, mit Tränen in den Augen:

"Wenn du gehst Emma, ist unsere schönste Zeit vorbei, es wird wieder langweilig und trist werden in der Mühle. Seit du hier bist, wurde alles anders, du hast so viel verändert. Ich wünsche mir, dass es mit deiner neuen Stellung nicht so schnell klappt Paul, wie du es dir vorstellst, tut mir leid, wenn ich das jetzt sagen muss."

"Fangt nicht heute schon an zu trauern," versuchte Sofie die Stimmung aufzuheitern,"vorerst haben wir sie noch fast ein halbes Jahr und ich hoffe ebenso wie Rosa, dass sich bei Paul etwas Negatives ergibt, damit Emma noch ein paar Monate länger bei uns bleiben kann."

Hubert und Karl saßen teilnahmslos am Tisch. Sie konnten ihren Schrecken über Paul's Eröffnung nicht verbergen. "Für mich ist der Gedanke unvorstellbar, von der Mühle wegzugehen und mich von euch trennen zu müssen. Mich zieht es nicht mehr in die Stadt, ich hätte mein Leben gerne hier verbracht, ich fühle mich in eurer Familie sehr wohl.

Schade, sehr schade," flüsterte Emma gedankenverloren und traurig.

Paul sah sie verständnislos an und fragte erstaunt:

"Emma was redest du, ich bin fassungslos, dass dir der Abschied von hier so schwerfällt. Mutter und ich haben

alle Hebel in Bewegung gesetzt, damit ich endlich in einer schönen Stadt beruflich Fuß fassen kann. Du enttäuscht mich sehr, denkst du denn nicht an unsere und die Zukunft unserer Kinder."
Selbstbewusst mischte sich nun auch noch Lisa ein:
"Mama" ich kann dich auch nicht verstehen, ich bin so froh, dass ich hier wegkomme und freue mich schon auf das Stadtleben, es wird sehr interessant werden. Papa tut so viel für uns und du sagst solche Sachen."
Lukas rutschte neben Emma und lehnte sich an sie, dann sagte er unschuldig:
"Lisa geh du mit Papa in die Stadt und ich bleibe mit Mama in der Mühle, nicht wahr Mama, uns gefällt es hier sehr gut."
Emma war so voll innerer Trauer, dass sie gerührt durch die Worte ihres kleinen Sohnes die Beherrschung verlor und zu weinen begann.
"Komm Emma, wir gehen sofort rauf," forderte sie Paul völlig verstört auf, „was ist bloß mit dir los."

In ihrer kleinen Wohnung angelangt, kam es zu einer harten Auseinandersetzung, in der Paul mit Vorwürfen nicht sparte, weil er sich durch Emma's Worte und ihr Verhalten vor der ganzen Müllerfamilie blamiert fühlte.
"Liegt dir denn nichts daran, unser Familienleben wieder aufleben zu lassen Emma?
Ich kann es kaum erwarten, endlich mit euch vereint zu sein und du vermittelst den Eindruck, keinen Wert mehr auf unsere Ehe und ein geregeltes gemeinsames Leben zu legen."
Emma schickte die beiden neugierig lauschenden Kinder

in ihre kleine Wohnung. Die Auseinandersetzung war nicht für deren Ohren bestimmt. Sie fühlte sich unendlich schwach und elend und wehrte sich nicht gegen Paul's Vorwürfe, was hätte sie ihm auch entgegnen sollen. Er sagte die Wahrheit, sie hatte keinerlei Interesse, mit ihm und den Kindern in einer Wohnung zusammen leben zu müssen, im Gegenteil, die Vorstellung löste in ihr Abwehr aus. Sie liebte Paul nicht mehr, respektierte und achtete ihn nur als den Vater ihrer Kinder. Viel lieber würde sie mit den Kindern alleine leben, als mit ihm intaktes Familienleben zu spielen.
Emma liebte Hubert mit jeder Faser ihres Herzens und für sie gäbe es keine Sekunde zu überlegen, wenn er ihre Kinder akzeptieren würde, mit ihm in seiner Mühle in Schollach glücklich alt zu werden.
Es könnte so einfach sein, dachte sie.

In den nächsten Tagen ging sie jeder Auseinandersetzung mit Paul aus dem Weg. Sie wollte ihn nicht noch mehr verletzen, er war so stolz über seinen Erfolg und tat wirklich alles für seine Familie, doch sie konnte für ihn nur Mitleid empfinden.
Nachdem er sich endlich damit abgefunden hatte, dass er bei Emma vergeblich auf die himmelhoch jauchzende Freude über seine berufliche und in Aussicht stehende Familienveränderung wartete, begann er seine Rechte auf eine routinemäßige oder Entspannung abzielende Sexualität zu fordern. Emma weigerte sich stur und beharrlich gegen jede Intimität.
Die letzten vier Nächte seiner Anwesenheit schlief sie zwischen ihren Kindern in der Zweitwohnung und

erklärte denen, dass es Streit mit Papa gegeben hätte und es besser sei, ihn deshalb alleine schlafen zu lassen.
Heute war endlich Abreisetag.
Paul befestigte die nötigsten Sachen auf seinem Motorrad und machte sich auf den Weg nach Weiden. Er wollte zwei Tage vor Arbeitsantritt bei der Familie vorstellig werden, die ihm für einige Monate ein möbliertes Zimmer zur Verfügung gestellt hatte. Diese Unterkunftsmöglichkeit hatte er ebenfalls den Beziehungen seiner Mutter zu verdanken.
Mit Emma hatte Paul vor seiner Abreise vereinbart, nachdem die Entfernung von Weiden nach Schollach doch erheblich war, seine Besuche auf zweimal monatlich zu beschränken.

Nach einer Woche erhielt Emma einen ausführlichen Brief von ihm, in dem er seine ersten beruflichen Erfahrungen und Erlebnisse, die durchwegs positiv waren, zu Papier brachte. Zum Schluss schrieb er, dass er erst in vier Wochen nachhause kommen würde, da er den Eindruck gewonnen hätte, dass sie ihn nicht sehen wollte und ihr seine Nähe lästig sei. Mit dieser Ablehnung würde er nicht zurecht kommen. Er appellierte an sie, ihre Haltung zu ändern, da sie damit ihre gute Beziehung zerstören würde.

Emma und Hubert klammerten sich aneinander, als befänden sie ich auf einem sinkenden Schiff. Sie spürten das nahende Unheil und lebten in großer Angst davor.
Seit Emma's Abschied im Raum stand, zeigte die gesamte

Müllerfamilie durch viele kleine Gesten, wie schlimm die in Aussicht stehende Trennung für sie war. Die Zeit nahm keine Rücksicht auf Gefühle, sie raste nur so dahin.
Lisa hatte die großen Ferien bei ihrer Oma verbracht und kam erst einen Tag vor Schulbeginn zurück.
Hubert und Emma konnten sich während dieser Zeit oft und ungestört ihrer Liebe widmen. Hubert hatte sogar einige Male bei Emma übernachtet. Er kam spät abends über den Getreidespeicher und verließ vor Morgengrauen auf dem gleichen Weg das gemeinsame gemütliche Liebesnest.
Lukas schlief ohne Furcht alleine in der Zweitwohnung und wartete jeden Morgen, bis Emma ihn weckte und zum Frühstück abholte.
Bei jedem Zusammensein drängte Hubert intensiver und voll Panik:
"Emma hast du es dir überlegt, bitte entscheide dich für mich."
Emma wich dieser Frage permanent aus, sie wusste nicht was sie tun sollte, bat ihn nur immer wieder:
"Nimm mich mit den Kindern Hubert, dann weiß ich sofort, was ich zu tun habe und es gibt nichts mehr zu überlegen," worauf er voll Verzweiflung versuchte, ihr klar zu machen, dass dies nicht durchführbar wäre.
Seit Lisa aus den Ferien zurück war, mussten Emma und Hubert die Freiheiten ihrer Liebe extrem reduzieren.
Hubert benützte wieder seine kräftigen Schritte über Emma's Wohnung, um ihr zu zeigen, dass er Lust auf sie hatte und in Liebesbereitschaft war.

So geschah es eines Tages, dass Lisa bei Emma saß um

Schularbeiten zu machen, als Hubert's Schritte klar und deutlich über der Wohnung zu hören waren. Natürlich konnte Emma Hubert`s Forderung nicht Folge leisten. Er wollte dies anscheinend nicht kapieren und wiederholte im Rhythmus von wenigen Minuten seine Schritte ohne Unterbrechung.

Lisa schien etwas zu ahnen, denn obwohl Emma sie bat, ihre Schularbeiten in ihrem Zimmer fortzusetzen, war sie nicht bereit, dorthin zu gehen und erklärte:

"Mama, ich schreibe die Arbeit heute bei dir, dann kann ich dich fragen, wenn ich nicht mehr weiter weiß."

Emma nickte verstört und hoffte, Hubert würde seine unüberhörbaren Spaziergänge über ihr endlich einstellen. Als nach zwei endlos erscheinenden Stunden Lisa ihre Schulsachen zusammenpackte, lief sie sofort zu Hubert in die Mühle, um ihm den Grund ihres Nichtkommens zu erklären. Hubert zeigte sich das erstemal verärgert und sagte ungehalten:

"Hättest du sie hinausgeworfen, sie hat ihre eigene Wohnung, du gehörst mir und nicht deinen Kindern. Wenn ich dich wieder begehre, schick sie bitte weg und komm sofort, sonst bringe ich dich mit meinen Schritten so lange in Verlegenheit, bis du dir etwas einfallen läßt, um für mich bereit zu sein".

Emma bedauerte, dass Hubert kein Verständnis für ihre Situation zeigte. Sie wusste, dass er süchtig nach ihr und ihrem Körper war um genussvollen Sex zu praktizieren und wenn er sie besitzen wollte, musste es sofort geschehen. Ihr gefiel das, sie liebte seine Spontaneität beim Sex und war jederzeit bereit, seinen Forderungen nachzukommen und mit ihm erotische Wonnen zu erleben. Hubert's Liebespotential war unerschöpflich. Daher konnte und wollte er auch nicht verstehen, dass er wegen Lisa sein sinnliches Erleben reduzieren sollte. Er genoss es immer intensiver, die lebenssprühende Seite mit Emma zu leben und war zu keiner Einschränkung bereit.

Einige Tage später wiederholte es sich, dass Lisa mit einer Schularbeit nicht zurecht kam und genau in dem Moment bei Emma auftauchte, als sie den fordernden Schritten Hubert's folgend auf den Speicher gehen wollte.
"Setz dich einstweilen in die Küche," bat Emma ihre Tochter," ich komme gleich wieder."
Sie wollte Hubert persönlich mitteilen, dass es eine kleine Verzögerung geben würde, da Lisa gekommen war und sie ihr etwas erklären müsste. Doch Hubert in seinem sexuellen Hunger ließ sich mit einer Ausrede nicht abfertigen.
"Emma," stöhnte er voll Lust als er sie sah," nein ich lass dich jetzt nicht mehr runter zu deiner Tochter, ich muss dich haben und zwar sofort."
Er hob sie hoch, die sich nur schwach wehrte, da sie durch die Berührung seiner starken Arme die Erregung bereits in allen Körperbereichen spürte, legte sie auf einen weichen gefüllten Mehlsack und nahm sie voll sexueller Ekstase, die ganze Fülle des gegenwärtigen Augenblicks in sich aufsaugend, bis seine Erregung ihren Höhepunkt fand. Rücksicht nahm er heute nur in der Weise, dass er nicht versuchte seine Entladung hinauszuzögern, damit Emma`s Speicheraufenthalt etwas kürzer als sonst ausfiel.
In wilder Erregung stimulierte er durch den Stoff des Kleides ihren üppigen Busen, der ihn immer wieder aufs

neue in Verzückung brachte und verschloss ihren Mund mit verrückten Zungenspielen.
Als er sich endlich erleichtert und gesättigt von ihr löste, sah sie mit ihrem roten Kleid aus, als hätte man über ihr einen Sack Mehl entleert.
"Hubert," flüsterte sie noch immer erregt," während sie sich auf die Zehenspitzen stellte, um ihn noch einmal zu küssen," du bist unersättlich, hoffentlich bekomme ich unten jetzt mit Lisa keinen Ärger."
"Emma," entgegnete Hubert, "wir haben doch nichts zu verlieren, wir können nur gewinnen. Mir ist inzwischen egal, wenn uns jemand sieht oder Zeuge unserer Liebe wird. Ich stehe zu dir und diesem herrlichen Gefühl und fürchte mich vor keinem Menschen mehr, vor allem nicht vor deiner Tochter."
Emma lief nach unten. Bevor sie die Türe zu ihrer Wohnung öffnete, versuchte sie ihr Kleid von Mehlstaub zu befreien und ihr Aussehen etwas zu reparieren, was ihr nur teilweise möglich war.
Als sie zu Lisa eintrat, schaute sie diese prüfend und erstaunt an:
"Mama wie siehst du denn aus "und lachte.
Emma antwortete:
"Ich habe Mehl abgefüllt zum Backen, du weißt ja selbst wie es auf dem Getreidespeicher ist, wenn man zwischen den vielen Säcken rumsuchen muss, wird man überall weiß".
Lisa gab sich anscheinend mit dieser Antwort zufrieden und erwiderte nichts. Sie konzentrierte sich auf ihre Hausaufgaben und bat Emma, ihr Verschiedenes zu erklären, da sie sonst nicht weiter machen könnte. Emma

erfüllte ihre Bitte und Lisa ging daraufhin unaufgefordert wieder in ihr Zimmer. Emma's Angst war wie weggeblasen und sie hatte auch kein schlechtes Gewissen mehr, als sie feststellte, daß Lisa arglos ihre Ausrede akzeptiert hatte.
So geschah es während der nächsten Wochen häufiger, dass Emma, obwohl Lisa bei ihr saß um Schularbeiten zu machen, der Aufforderung von Hubert's Schritten nachkam und Lisa alleine sitzen ließ. Meist war Lisa verschwunden, wenn Emma von ihrem Liebesabenteuer zurückkam und wenn nicht, erzählte sie ihr eine beliebige Ausrede, die anscheinend von Lisa nie in Frage gestellt wurde.

Eines Vormittages, Lisa und Lukas befanden sich in der Schule, zeigte Hubert sein Bedürfnis nach Liebe bereits gegen 9.00 Uhr früh durch feste Schritte. Glücklich darüber, dass sich seine Lust zu einer Zeit zeigte, wo sie keinen Spion im Rücken hatte, lief Emma zu ihm hoch. Wieder liebten sie sich wild und hemmungslos zwischen Mehlsäcken und auf dem harten Bretterboden des Speichers. Als gegen 11.00 Uhr vormittags ihr Lustgeschrei über den Speicher hallte, hatten sie von Stürmen der Leidenschaft überwältigt, wieder einmal das Opfer ihrer Liebe vollendet. Nach einem letzten saugenden Kuss lief Emma leichtfüßig und glücklich nach unten. Bevor die Kinder aus der Schule kamen, wollte sie sich schnell umziehen und ein bisschen zurecht machen. Sie konnte sich lebhaft vorstellen, dass Hubert's glühendes Verlangen an ihr heute Spuren hinterlassen hatte. Schwungvoll betrat sie ihre kleine Wohnung und vor ihr stand Lisa mit verbissenem Gesicht. Emma hätte etwas dafür gegeben, wäre es ihr jetzt möglich gewesen, im Erdboden versinken zu können.

"Mama, "schrie Lisa böse," wie siehst du aus, ich weiß wo du warst und ich weiß auch was du gemacht hast."
Emma brachte kein Wort über die Lippen.
Lisa war außer sich, sie schrie weiter:
"Seit um 10.00 Uhr bin ich hier und warte auf dich, so lange warst du bei Hubert auf dem Speicher."
"Halte deinen Mund, du freches Ding," schrie nun auch Emma, der nichts anderes übrig blieb, als in die Offensive zu gehen. Wo ich war, geht dich überhaupt nichts an, merke dir das."
"Da täuscht du dich Mama, das geht mich eben schon etwas an. Ich weiß genau, was du auf dem Getreidespeicher mit dem Hubert treibst, ich weiß das schon lange, oder denkst du ich bin blöde?
Ich habe dir nie geglaubt, wenn du von dort oben kamst und mir erzählt hast, dass du Mehl geholt hättest. Ich sah dein unnatürlich rotes Gesicht, deine Kleider waren voll Mehl und hinten an deinem Rock konnte man den Abdruck von Hubert's weißen Mehlfingern erkennen.
Ich konnte sogar riechen, wenn du mit ihm zusammen warst, da hattest du einen eigenartigen, aber immer gleichen Geruch an dir.
Was die Schritte über unserer Wohnung bedeuten, weiß ich auch Mama, das sind Zeichen von Hubert, dass du zu ihm kommen sollst, weil er es mit dir machen möchte."
Emma war außer sich über die Dreistigkeit ihrer Tochter, mit der sie ihr diese Worte ins Gesicht schleuderte. Sie

konnte sich nicht mehr beherrschen, die Hand rutschte ihr aus und sie klatschte Lisa eine kräftige Ohrfeige ins Gesicht.

"So Mama, jetzt schlägst du mich, weil du nicht mehr weißt, was du mir antworten sollst, das hätte ich von dir nicht gedacht, dass du mich schlagen würdest, wenn dir keine Ausrede einfällt."

Emma hatte vergessen, dass sie in dieser peinlichen Situation durch ihr lädiertes Aussehen, wahrscheinlich sehr lächerlich vor ihrer Tochter stand. Sie befand sich in unbeschreiblichem Aufruhr und griff sich einen Stuhl.

"Lisa, ich vergesse jetzt, was du gesagt hast und du vergisst das auch."

"Nein Mama, warum sollte ich das vergessen."

"Mama" fragte sie lauernd, "hast du etwa Angst vor mir? Du weißt genau, was los ist, wenn ich Papa sage, was du mit Hubert treibst. Wenn du noch einmal zu Hubert auf den Speicher gehst und es mit ihm machst, erzähle ich es sofort Oma und Papa, dann weiß er wenigstens, warum du ihn nicht mehr lieb hast und warum du mit ihm das nicht tun willst, was du mit dem Hubert machst. Ich habe in Papa's Urlaub genau gehört und gesehen, dass er mit dir Liebe machen wollte und du dich immer gesträubt hast."

"Lisa, halte jetzt sofort deinen Mund, ich fürchte mich vor dir nicht, meinetwegen machst du was du willst."

"Wirklich Mama, hast du wirklich keine Angst vor mir," fragte Lisa zynisch.

Wenn Lisa in diesem Augenblick in Emma hätte hineinschauen können, so hätte sie gesehen, dass Emma vor Angst fast starb.

Emma ließ Lisa stehen, ging in ihr Schlafzimmer und zog sich um, damit Lukas sie nicht in diesem lächerlichen Zustand sah, lief anschließend eilig die Treppe hinab zur Müllerischen Küche, um für den alten Müller und Hubert ein paar Eier in die Pfanne zu schlagen, da die Zeit für die Zubereitung eines Mittagessen's nicht mehr reichte. Sie war so verstört, dass der alte Müller fragte:
"Emma du zitterst ja, ist etwas unangenehmes geschehen, geht es dir nicht gut."
"Nein, nein" log Emma, "alles in Ordnung, nur wegen Lisa gibt es in der Schule Probleme, Müller."
Emma war zutiefst aufgewühlt über die Worte ihrer Tochter. Sie wusste nicht, wie sie sich ihrem frechen, frühreifen und jetzt mit diesem Wissen nicht ungefährlichem Kind gegenüber verhalten sollte.
Wenn sie Lisa bitten würde, Paul nichts zu sagen, lieferte sie sich ihr vollkommen aus, also fand sie es besser zu tun, als würde sie nicht stören, was Lisa wusste. Die von Lisa behaupteten Tatsachen abzustreiten hatte keinen Sinn, ihr waren zu viele Einzelheiten bekannt.
Lisa ließ sich für den Rest des Tag nicht mehr blicken, sie spielte die Beleidigte und verkroch sich in ihrer Wohnung. Emma wartete sehnsüchtig, dass sie kommen würde, um sich mit ihr unterhalten zu können, den Gefallen tat Lisa ihr nicht.

Hubert zeigte Erstaunen, als Emma ihm den Vorfall schilderte und sie merkte, dass es ihn nicht stören würde, wenn Lisa ihren Vater über die Beziehung unterrichten würde. Hubert verknüpfte damit die Hoffnung auf eine Entscheidung zu seinen Gunsten.

Nach dem aufdeckenden Vorfall war Hubert nicht mehr bereit, Einschränkungen in seinen Liebeshandlungen aus Rücksicht auf Lisa hinzunehmen oder besondere Vorsicht walten zu lassen. Er forderte nach wie vor mit schweren Schritten sein Recht, wenn er Appetit nach Liebe verspürte und Emma hatte nicht die Absicht, ihren Geliebten hungern zu lassen, obwohl sie Lisa versprochen hatte, sich mit ihm nicht mehr zu treffen.
Es war nicht zu vermeiden, dass sich Lisa manchmal in der Wohnung von Emma aufhielt und Zeuge wurde, dass Hubert nach wie vor seinen Wunsch nach Liebe durch die ihr bekannten Schritte zum Ausdruck brachte. Mit heftigen emotionalen Ausbrüchen machte sie sich dann lautstark Luft:
"Der soll aufhören Mama, sage es ihm, der soll aufhören, ich halte das nicht mehr aus Mama."
Sie gebärdete sich, als würde sie verrückt werden.
Emma war sich über die Beweggründe von Lisa`s Hysterie nicht im Klaren. War wirklich der alleinige Grund, dass ihr Vater betrogen wurde oder war sie eifersüchtig auf das Vergnügen, das sie mit Hubert erlebte und sich in ihrer Phantasie wahrscheinlich in den buntesten Farben ausmalte.
Je häufiger Lisa diese emotionalen Zustände bekam, wenn sie Hubert's Schritte hörte, umso mehr kam Emma zu der Überzeugung, dass Penisneid eine große Rolle spielte und sie ihr die Sexualität mit Hubert neidete.
Immer öfter sprach Lisa die Drohung aus:
„Wenn ich dich noch einmal mit Hubert erwische, erzähle ich es Papa und Oma."
In den folgenden Wochen schien Lisa überprüfen zu

wollen, ob sich Emma an ihr Versprechen hielt. Leider geschah es mehrmals in kürzesten Abständen, dass Emma erhitzt, voll weißen Mehlstaub direkt aus Hubert's heißer Umarmung vom Speicher kam und an der unteren Türe von Lisa erwartet wurde. Sie verlor beim Anblick ihrer von den Spuren der Liebe gezeichneten Mutter so die Beherrschung, dass sie laut schreiend begann, mit beiden Fäusten auf Emma einzuschlagen.
Schluchzend rief sie:
"Jetzt sage ich es Papa, jetzt sage ich es ihm, dann kannst du mit Hubert nicht mehr Liebe machen."
Emma nahm Lisa`s Worte und hysterischen Anfälle inzwischen nicht mehr so tragisch wie zu Anfang. Ihr war klar, dass es so nicht weitergehen konnte und es in Kürze zu einem Eklat kommen musste.

Ende September hatte Paul seine Probezeit bestanden und wurde ab ersten Oktober in ein festes Arbeitsverhältnis übernommen, mit einem Anstellungsvertrag auf lange Zeit. Wie geplant, nützte er nun jede freie Minute, um eine geeignete Wohnung für sich und seine Familie zu finden.
Stolz kam Lisa einige Tag nach ihrem letzten Tobsuchtsanfall von einem Besuch bei ihrer Oma zurück.
Unbefangen erzählte sie Emma, dass sie mit Oma in Weiden war, ihren Papa im Büro besucht hatte und nach Arbeitsschluss gemeinsam mit ihm auf Wohnungsbesichtigung war.
"Wenn Papa den Mietpreis noch ein wenig runterdrücken

kann, wird er die Wohnung für uns nehmen," bemerkte Lisa altklug.
Emma registrierte, dass Lisa plötzlich ein unerwartet freundliches Benehmen an den Tag legte, konnte ihr aber während der Erzählung nicht in die Augen sehen.
Am Abend des nächsten Tages staunte Emma, als Paul mit seinem Zündapp Motorrad völlig unerwartet in den Müllerischen Hof einfuhr.
Sie lief aus der Küche und rief fragend:
"Paul welch eine Überraschung, dich mitten unter der Woche hier zu sehen. Hat es etwa mit der Wohnung geklappt, Lisa hat mir gestern abend davon erzählt."
"Ja Emma, es hat geklappt, aber ich bin nachhause gekommen, um mit dir etwas anderes zu besprechen. Würdest du bitte hochkommen, ich habe es eilig und fahre heute Nacht wieder zurück."
Emma wusste sofort, was es geschlagen hatte. Sie entschuldigte sich bei den Müller's und begab sich mit Paul nach oben. Zu Ihrem Erstaunen saß Lisa mit spöttischem Gesicht bereits wartend am Tisch der kleinen Wohnküche.

"Emma," begann Paul lautstark und erregt zu sprechen, so dass Emma sofort aufsprang, um die Fenster zu schließen, da die folgende Unterhaltung nicht für fremde Ohren bestimmt war.
„Lisa war gestern mit meiner Mutter bei mir und hat uns erzählt, dass du mit Hubert ein Verhältnis hast. Ich möchte jetzt keine peinlichen Details wiederholen, Lisa hat uns alles, angefangen von deinem erhitzten Körper, gerötetem Gesicht, den weißen Fingerabdrücken von

Hubert's Händen auf deinem Hintern und seinen Schrittsignalen über unserer Wohnung und vieles mehr erzählt. Unsere Tochter nimmt auf meinen ausdrücklichen Wunsch hier an dieser Aussprache teil und ist bereit, alles noch einmal vor dir zu wiederholen, wenn du es möchtest. Emma, ich frage dich als dein Ehemann und vor den Augen deiner Tochter, trifft es wirklich zu, dass du mit Hubert eine sexuelle Liebesbeziehung unterhältst?"
"Ja," antwortete Emma, "es trifft zu und nun schicke sofort das Kind weg, sonst spreche ich kein Wort mehr.
"Lisa, bitte geh jetzt zu Lukas in deine Wohnung," bat Paul sanft seine Tochter.
"Emma, wie lange geht das schon?"
"Sehr sehr lange Paul," entgegnete Emma nachdenklich und ehrlich, "wirklich schon sehr sehr lange."
"Ich Idiot, deshalb hast du dich mir seit Monaten verweigert, dass ein anderer Mann hinter deinem abweisenden Verhalten steckt, auf diese Idee wäre ich nie gekommen. Nun wird mir vieles klar, deine spürbare Abneigung gegen mich und jede meiner Berührungen, dein Entsetzen und deine Melancholie, als du erfahren hast, dass ich euch in Kürze nach Weiden zu mir holen werde. Emma, warum hast du mir das angetan, warum bloß, kannst du mir darauf eine Antwort geben?"
"Ja Paul, aus Liebe zu Hubert. Ich liebe diesen Mann, ich liebe ihn über alles und habe noch nie in meinem Leben so stark empfunden. Hubert liebt mich ebenso, unsere Liebe zueinander ist von gleicher Größe und Intensität."
Paul traten Tränen in die Augen.
"Emma, ich liebe dich auch über alles, wir haben gemeinsame Kinder, zählt das alles für dich nicht mehr. Schau,

nur für dich und die Kinder habe ich mich jetzt wieder hochgearbeitet, habe geschuftet und gekämpft, dass wir ein menschenwürdiges Leben in einer Stadt führen können und dass ich dir wieder etwas bieten kann Emma, ich dachte, dass zwischen uns Liebe wäre."
"Ich weiß das alles Paul, aber ich kann nichts für meine starken Gefühle, sie sind so unendlich groß für Hubert."
"Emma, wie soll es jetzt weitergehen, du hast mit Hubert doch keine Zukunft. Er wird sich nie zu dir bekennen, du bist eine verheiratete Flüchtlingsfrau, nie Emma überlege dir das."
"Hubert hat mich mehr als einmal gebeten, seine Frau zu werden, wenn ich mich von dir scheiden lasse."
"Und warum hast du es nicht längst getan Emma, wenn du ihn so sehr liebst."
"Hubert verlangt, dass ich nicht nur dich, sondern auch meine Kinder aufgeben soll. Er möchte mich alleine, für Lisa und Lukas ist kein Platz in dieser neuen Beziehung. Er wünscht sich eigene Kinder mit mir Paul, da kann er die Kinder eines anderen Mannes nicht mit in seine neue Ehe nehmen. Nur deshalb habe ich noch keine Entscheidung getroffen, weil mir die Vorstellung, mich von Lisa und Lukas für immer trennen zu müssen, entsetzlich ist."
Paul's Mundwinkel begannen verdächtig zu zucken:
"Ich sehe Emma, dass dein Verhältnis zu Hubert viel tiefer und weiter entwickelt ist, als ich dachte, ich bitte dich, lass uns diese Angelegenheit zusammen erledigen, ich möchte nicht, dass wir dieses Problem zu dritt, in Anwesenheit von Hubert lösen. Mit dir alleine möchte ich sein, wenn du mir sagst, wie du dich entschieden hast. Ich

liebe dich Emma und würde alles vergessen und verzeihen, was ich gestern gehört und heute schreckliche Gewissheit für mich wurde, wenn du bereit wärst, mit mir noch einmal neu anzufangen. Ich werde nicht versuchen, dich gegen Hubert zu beeinflussen, aber überlege dir deine Entscheidung gut wegen Lisa und Lukas.

Solltest du dich für mich und die Kinder entscheiden, verspreche ich dir, viel Geduld für dich aufzubringen und wenn auch deine Liebe zu mir nicht mehr brennt wie früher, würde ich damit leben können. Ich verdiene jetzt gut, du bräuchtest nicht mehr zu arbeiten, könntest dich um die Kinder kümmern und dein Leben an meiner Seite genießen.

Auf was ich allerdings nicht verzichten könnte Emma, das möchte ich bei dieser Gelegenheit nicht unausgesprochen lassen, das ist die sexuelle Intimität mit all ihren Genüssen wie Streicheln, Berührungen und Küssen. In diesem einen Fall verlange ich, dass du mit mir als fordernde Geliebte, die du früher warst, unser Liebesleben pflegst, ohne Zwang und ohne Einschränkung. Überlege dir auch das genau, denn Sexualität ist für das Funktionieren unserer Beziehung sehr wichtig.

Mehr habe ich dir nicht zu sagen Emma. Übrigens, meine Mutter weiß alles, Lisa hat es ihr zuerst erzählt. Sie hat mich bearbeitet, sofort zu dir zufahren und mich gebeten, zu retten wenn noch etwas zu retten ist. Ich werde mich nun bei dir nicht mehr melden, damit du alleine und unbeeinflusst deine Entscheidung treffen kannst.

Heute ist der erste Oktober, am ersten Dezember komme ich ein letztes Mal hierher zurück. Ich wünsche mir nichts sehnsüchtiger, als dich und die Kinder dann für immer

von hier wegholen zu können. Hast du dich bis dorthin für Hubert entschieden, hole ich nur unsere beiden Kinder und werde meine Mutter bitten zu uns zu ziehen, damit sie deren Erziehung übernehmen kann.
Im Falle einer Trennung verspreche ich dir, eine schnelle und saubere Scheidung ohne Schwierigkeiten. Die schönen Jahre, die ich mit dir erlebt habe bevor wir hierher kamen, sind ein faires Verhalten wert.
Die Wohnung habe ich gemietet und werde sie in den nächsten Wochen mit den wenigen mir zur Verfügung stehen Mitteln liebevoll einrichten, so als würdest du dort mit mir leben."
Paul drehte sich um und mit tränerstickter Stimme wiederholte er noch einmal:
"Emma vergiss nicht, wie sehr ich dich liebe, ich liebe dich über alles."
Er lief die Treppe hinunter, startete sein kleines Motorrad und Emma sah ihn mit schwerem Herzen aus dem Hof fahren.

Traurig, innerlich völlig zerrissen und voll Mitleid für Paul, legte sie sich auf ihr Bett, es gab viel nachzudenken.
Gegen ihre Enttäuschung und Wut über Lisa's Verhalten konnte sie sich nicht wehren, sie wollte ihre Tochter heute nicht mehr sehen. Ein undankbares Kind dachte sie, all ihre pubertären Probleme habe ich mit ihr aufgearbeitet und ihr immer Toleranz und Verständnis entgegengebracht, nie ihren Vater, der sicher oft anders gehandelt und sie bestraft hätte, in ihre Geheimnisse mit einbezogen und nun dieser hinterhältige Verrat. Emma wäre es lieber

gewesen, mit Paul von sich aus über eine eventuelle Trennung sprechen zu können und ihn nicht mit diesen vielen sehr schmerzenden Details quälen zu müssen.
Emma unterrichtete Hubert am folgenden Abend von Lisa's Indiskretion. Er war sprachlos, dass sie die Frechheit besaß, so weit zu gehen und erlaubte sich diesbezüglich den schwachen Einwand:
"Denke nach Emma, ob dieses Kind es wert ist, dass du dein Lebensglück dafür aufgibst. "
Wiederum bat er sie bei dieser Gelegenheit, seine Frau zu werden, bei ihm hier in seiner Mühle zu bleiben. Hubert appellierte an ihr Gefühl und ihren Verstand und versuchte ihr mit vielen Beispielen vor Augen zu führen, wie trostlos und leer ihr Leben an der Seite ihres ungeliebten Mannes und der zwei Kinder verlaufen würde, wobei Lisa sicher seit heute nicht mehr so tief in ihrem Herzen verankert wäre, als bisher.
"Du nimmst mir und dir den Lebensinhalt Emma, wenn du wegen den Kindern bei Paul bleibst. Getrennt voneinander sein bedeutet nicht mehr Leben für uns, nur Vegetieren. Die Sehnsucht würde uns täglich aufs neue verbrennen."
Emma beruhigte sich mit dem Gedanken, dass sie noch eine Frist bis zum ersten Dezember für ihre Entscheidung hatte.
An diesem letzten Tag würde ihr Herz entscheiden, was sie tun sollte.

Emma und Hubert pflegten ihre Liebe nach Paul`s Besuch in der Mühle intensiver als jemals zuvor. Durch die Angst, einander in Kürze verlieren zu können, schlich

sich Wehmut in ihre Gefühle, die in all ihren Aktivitäten, auch während sie sich körperlich liebten, eine Welle von tiefer Trauer auslöste, die ihnen das Herz zu sprengen drohte.
Lisa und Emma begegneten sich seit Paul's Besuch wie Fremde. Lisa bat ihre Mutter nie mehr, ihr bei den Schularbeiten zu helfen. Nach der Schule fuhr sie entweder zu ihrer Großmutter nach Waldsassen oder sie vergrub sich in ihrer Wohnung. Sie betrat die Müllerische Küche ebenso wenig wie Emma`s Wohnung. Gesprochen wurde nur, was unbedingt erforderlich war.
Sie unternahm auch nie mehr den Versuch, ihrer Mutter nachzuspionieren oder sie zu beobachten, Emma war Luft für sie geworden.

Zwei Wochen vor Emma's geplanten Abschied von der Mühle, saß wie gewohnt die gesamte Müllerfamilie mit Emma am großen Tisch."
„Emma," begann der alte Müller verlegen, „wir alle möchten heute mit dir ein sehr wichtiges Gespräch führen. Es fällt mir schwer, als Fürsprecher für Hubert, meinen ältesten Sohn zu fungieren, doch ich spreche auch im Namen von Sofie, Karl und Rosa zu dir.
Hubert hat uns sein Vertrauen geschenkt und das bestätigt, was wir alle schon lange gesehen und gespürt haben, dass ihr euch liebt. Emma du weißt, Hubert hatte noch nie Interesse an einer Frau gezeigt und wärst du nicht gekommen, wäre er wahrscheinlich als männliche Jungfrau gestorben. Du siehst, wir wissen auch, dass ihr seit langem ein Verhältnis miteinander habt und haben

stillschweigend darüber hinweggesehen, weil zu einer großen Liebe normalerweise auch Sexualität gehört.
Emma, wir alle würden uns sehr freuen, wenn du dich entscheiden könntest, Hubert`s Frau zu werden, unsere Schwiegertochter und die Schwägerin von Rosa und Karl. Wir lieben dich.
Leider sind die Bedingungen, die Hubert und auch wir an diese Ehe knüpfen müssen, in einem Teil nicht leicht für dich als Mutter, ich meine den Verzicht auf deine Kinder."
"Emma bitte überleg es dir gut, bleibe bei uns, wir brauchen dich, eine bessere junge Müllerin als dich können wir uns nicht wünschen," sagte bittend und voll Überzeugung Sofie.
"Ja Emma, bleibe bei uns, "baten auch Rosa und Karl.

Stolz erhob sich Hubert, seine Augen glänzten vor Glück, weil seine Familie sich solidarisch mit ihm erklärt hatte.
"Emma, sagte er, ich frage dich jetzt hier vor meiner ganzen Familie:
Willst du meine Frau werden?
Emma, bitte sag jetzt endlich ja," flehte er.
"Ich kann nicht Hubert, ich kann nicht, bitte seid mir nicht böse, ich kann meine Kinder nicht im Stich lassen, ich kann es nicht."
Emma sprang auf und verließ laut schluchzend die Küche. Hubert folgte ihr, holte sie auf der Treppe ein und nahm sie in seine starken Arme.
"Emma beruhige dich, du kannst es dir noch zwei Wochen lang überlegen, du solltest nur wissen, dass meine Familie dich nicht gehen lassen möchte."

Er führte Emma in ihre Wohnung und sie liebten sich mit einer traurigen Innigkeit, als wäre es das allerletzte Mal in ihrem Leben.

Der Kalender zeigte den ersten Dezember.
Gegen 8.00 Uhr morgens fuhr Paul mit dem Pkw eines Bekannten in den Hof der Mühle ein.
Emma und die Kinder hatten ihn am Fenster ihrer kleinen Wohnung schon erwartet.
Lisa und Lukas stürzten die Treppen hinunter und stiegen freudig in seinen Wagen.
Oben zog Emma zum letzten Mal die Türe ihrer kleinen Wohnung hinter sich zu und folgte mit schleppenden Schritten ihren Kindern.

Es herrschte absolute Stille in dem großen Haus, keiner der Bewohner war zu sehen, die Mühle schien tot zu sein und jedes Leben in ihr erloschen.
Emma ging traurig über den Hof und stieg zu Paul in den Wagen. Sie spürte, dass sie ihr Herz zurückließ, doch sie nahm von hier auch etwas mit, sie war im zweiten Monat von Hubert schwanger.

Emma und Hubert hatten sich nie mehr gesehen.
Emma brachte seinen Sohn zur Welt, Paul gab ihm seinen Namen und seine ganze Vaterliebe, wie seinem eigenen Kind.
Hubert hatte nie erfahren, dass Emma von ihm schwanger war. Er blieb alleine und wurde ein verschrobener Junggeselle.
Emma konnte Hubert nie vergessen und wenn sie noch nach vielen Jahren seinen Namen aussprach, klang das fast wie ein Gebet.

Roman

Erika Beck-Herla

Wenn Gefühle eskalieren

 Bekum-Verlag, Regensburg

Roman

Eisblumenblüten im Dezember

Erika Beck-Herla

Bekum-Verlag, Regensburg